금융, 배워야 산다

생각하는 금융, 지적인 시장분석

금융,
배워야 산다

최일, 박경화 지음

금융시장 편

FINANCE MARKETS

한국경제신문

차례

저자의 글
1

사르트르가 인생은 태어나서 죽을 때까지 선택의 연속이라고 했지만, 금융이야말로 선택의 학문입니다. 무엇을 사고 무엇을 팔 것인가? 언제 사고 언제 팔 것인가? 금융인과 금융 소비자에게는 피할 수 없는 주제입니다.

판단은 순간적으로 행해지지만 시장은 냉정하고 돈에는 자비가 없기에 잘못된 선택의 대가는 때로 혹독했습니다. 그래서 두려움은 커지고 결정은 피하고 싶은지도 모릅니다. 이런 틈새를 파고든 미신과 맹신의 범람 속에서 금융은 본질을 의심받게 되었습니다.

그사이 세상은 더 빠르게 변해갔고, 경제의 복잡성은 더 커졌습니다. 경영 환경은 불확실했고, 금융 환경은 급격한 변동성을 보이고 있습니다. 딜레마의 시대 속에 의사결정은 더 힘들어졌습니다. 임기응변의 초근시적 대응 속에 우리는 더 위태로워졌습니다. 금융, 배울 수 있습니다. 제대로 배우면 현명하게 선택할 수 있습니다. 배워야 삽니다.

복잡성의 시대입니다.

세상에는 변하는 것과 변하지 않는 것이 있습니다. 동서남북은 내가 어디에 있든 변하지 않고, 변할 수도 없습니다. 하지만 상하좌우는 내가 선 위치에 따라 수시로 바뀝니다. 프레임을 아는 것은 동서남북을 배우는 일입니다. 현실에 응용하는 것은 상하좌우의 분별과 관련된 일입니다. 복잡성의 시대의 솔루션은 프레임을 알고 분별의 기준을 정하는 것입니다.

불확실한 시대입니다.

우리나라는 김연아를 키워냈지만 피겨 강국이 아닙니다. 박태환을 키워냈지만 수영 강국이 아닙니다. 선택과 집중이라는 이름으로 당장의 이익에 집중했기 때문입니다. 벤치마킹과 속성 재배를 더 우대하다 보니 모방과 추격에는 대응할 수 있었지만, 불확실한 환경 변화에는 대응하지 못했습니다. 불확실한 시대의 솔루션은 본질적 지식과 통찰적 사고입니다.

변동성이 큰 시대입니다.

새들과 짐승들 사이에 큰 싸움이 벌어집니다. 짐승이 이길 듯이 보입니다. 그러자 박쥐가 말합니다. "나는 얼굴도 몸도 모두 쥐와 같은 짐승이야"라고 말합니다. 그리고 다음 싸움에서는 새들이 이길 것처럼 보이니까 "나는 날개가 있는 새야"라고 말하죠. 시간이 지나고 양편에 평화가 오자 박쥐는 양쪽에서 모두 버림받게 됩니다.

어떤 원칙 없이 이리저리 둘러대는 사람들을 우리는 박쥐라고 합니다. '귀에 걸면 귀걸이, 코에 걸면 코걸이'면 고객의 신뢰를 받을 수 없습니다. 변동성이 큰 시대의 솔루션은 헤매지 않을 수 있는 원칙과 비전의 확립입니다.

강의를 책으로 만들어달라는 오래된 요청에 이제야 응답하게 되었습니다. 늦어져 미안한 마음에 두루뭉술하지 않는 기준과 원칙 그리고 활용 가능한 실천 방안을 제시해봅니다. 금융회사 PB들과 교육 담당자들께 감사의 말씀을 전하며, 금융인뿐만 아니라 금융을 사랑하는 많은 분에게 작은 도움이라도 되길 바랍니다.

아이가 혼자서 컸을 리 없는 것처럼 이 책이 나오기까지 많은 스승님이 있었습니다. 저에게 이론적 뼈를 만들어주신 해리 마코위츠와 윌리엄 샤프 등 상아탑의 거인들에게 감사드립니다. 또, 저에게 현실의 살을 붙여주신 존 버 윌리엄스와 벤저민 그레이엄, 워런 버핏 등 금융의 거인들에게도 감사드립니다. 또, 한국은행 및 정부의 관계자들과 많은 전문가의 데이터 덕분에 세상을 생생하게 볼 수 있었습니다. 또, 길을 잃고 헤맬 때 망치로 일깨워주신 많은 과학자와 철학자께도 감사드립니다. 마지막으로 세상을 구경시켜주시고 탐험을 격려해주신 부모님께 감사를 전하며, 항상 나의 편이었던 아내 소영과 아빠의 친구이자 경쟁자인 하연, 현우에게도 사랑을 전합니다.

2017년 1월 새로운 시작을 기대하며
최일

저자의 글
2

2000년도에 금융업에 입문한 이후 많은 금융인과 금융소비자들을 만나 왔습니다. 금융인들의 한결같은 고민은 '무엇이 고객에게 올바른 시비스인가?'이며, 금융소비자들의 고민은 '어떻게 올바른 선택을 할 것인가?'였습니다. 그리고, 모두가 윈윈할 수 있는 방법을 찾아내는 것이 저에게 가장 중요한 과제였습니다.

금융업은 제조업과 달라 서비스의 내용이 눈에 보이지 않으며 결과는 시간이 지나서야 알 수 있습니다. 또한, 금융자산은 경제변화에 따라 수시로 바뀌고 주식, 채권과 같은 자산가격에 즉시 반영됩니다. 눈에 보이지 않는 자산이 형태를 계속 바꾸니 금융은 어렵다는 선입견이 생기게 되고, 금융시장과 금융상품은 최대한 피하고 보자는 분들도 있었습니다. 저금리에 지쳐 투자에 떠밀린 금융인과 고객들에게 최근 10여년의 자산관리와 재테크는 즐거운 드라이빙이 아닌 네비게이션이 고장 난 차를 타고 있는듯한 불안과 공포가 많은 시간들이었습니다. 서브프라임 사태에서 촉발된 전세계의 경제적 불안성은 최근의 브렉시트와 미 대선 결과로 이어지며 사람들의 불안은 커졌습니다. 게다가 알파고로 상징되는 4차 산업혁명은 금융업에 핀테크라는 새로운 기회와 일자리 위협으로 다가왔습니다. 우리 삶이 많은 부분 바뀌었습니다.

하지만 금융은 '자금의 흐름'이며, FINANCE는 곧 '문제해결'이라는 본질은 바뀌지 않을 것입니다. 올바른 금융서비스와 제대로 된 선택은 어떻게 이루어져야 할까요? 고객은 금융상품을 사고 팔지만, 그 안에는 금융시장이 존재합니다. 중국 주식형상품을 사는 것은 중국기업의 미래를 사는 것이고, 채권 상품을 사는 것은 저성장 저물가를 전망하는 것입니다. 그래서 올바른 금융서비스는 시장전망과 상품을 잇는 과정입니다. 금융서비스는 고객에게 어울리는 옷을 찾는 것임과 동시에 계절에 적합한 옷을 찾는 것과 같습니다.

이제 금융은 과학이 되어야 합니다. 전문가들만의 영역이 아니어야 합니다. 바르게 나누고, 제대로 합하면 금융은 우리 삶에 유익한 도구가 될 것입니다. 또 금융은 생활이 되어야 합니다. 민주주의 사회에서 정치가 삶이 듯, 자본주의 사회에서 금융도 삶이기 때문입니다.

이 책이 금융을 제대로 공부하고 분석해보고 싶은 분들께 나침반과 등대가 될 수 있기를 바랍니다. 마지막으로 항상 바쁜 와이프를 전폭적으로 지지해준 남편과 보석처럼 빛나는 두 아들 승원이와 승우 그리고 태산처럼 높은 부모님께 사랑과 감사를 전합니다.

2017년. 1월 따뜻한 봄을 기다리며…

박경화

| 이 책은 이렇게 읽으시면 좋습니다 |

이 책은 현재 금융가에 재직 중인 금융인들과 금융을 사랑하는 소비자 모두에게 도움을 드리기 위해 출발하였습니다. 따라서 어떤 장은 재미있을 수도 어려울 수도 있습니다. 혹은 쉽거나. 시간 관계상 기획 독서를 하고자 하시는 분들을 위해 필요한 내용을 별도 정리했습니다. 먼저 필요한 내용부터 읽으시고, 천천히 시간을 두고 다른 장들까지 함께 보시기를 추천드립니다. 각각의 장들이 필요한 모든 분께 정보와 용기를 드릴 수 있길 바랍니다.

금융 소비자 중에서 금융에 **처음 입문하고자 하시는 새내기 분들께**
1장, 3장, 9장, 10장을 추천합니다. 금융은 차근차근 들여다보면 어렵거나 멀리 있지 않습니다. 금융을 바라보는 올바른 시각을 갖게 되면 지혜로운 금융 생활을 하실 수 있습니다.

금융 소비자 중에서 **투자 경험이 있으신 분들께**
1장, 3장, 4장, 7장, 8장, 9장, 10장을 추천합니다. 투자 경험과 함께 확장해보시면 투자에 여러 가지로 도움이 되실 것입니다.

금융인 중에서 **애널리스트, 펀드매니저 등 전문가들께**
2장, 3장, 4장, 5장, 6장, 8장, 9장, 10장을 추천합니다. 하시는 업무와 직·간접적으로 도움이 되실 것입니다.

금융인 중에서 **PB 등 고객과 직접 만나시는 분들께**
고객과 직접 만나시는 분들은 금융시장을 입체적으로 아실 필요가 있습니다. 1장부터 10장까지 모든 장을 다 읽으시길 권합니다.

경제와 금융의
시소 게임

온고지신溫故知新: 옛것을 익히고 그 원리를 깨우쳐 새것을 앎.

금융의 과거와 현재를 조명하며, 금융 스스로 독자성을 갖게 된 이유와
배경을 살펴보겠습니다. 경기가 좋아 자산이 오르는 것이 아니라,
자산이 올라 경기가 좋아지는 프레임 변화를 통해 금융시장을 좀 더
가깝게 느껴보는 장이 되시길 바랍니다.

1부에서 다룰 내용은 '금융 프레임'입니다. 프레임이 필요한 이유는 국내 시장이 고성장·고물가·고금리에서 저성장·저물가·저금리로 변화했기 때문입니다. 저성장·저물가·저금리는 금융의 역할을 바꾸었고, 재테크의 패러다임을 저축에서 투자로 바꿔놓았습니다.

20세기까지 국내 금융업은 기업 대출을 통한 고도성장을 이끌어왔습니다. 이제 생산자본주의는 소비자본주의로 변화했습니다. 그사이 국내 금융 자산의 규모는 1980년 100조 원 수준에서 2010년에는 1경 원으로 100배 가까이 증가했고, 가계의 금융 자산 규모도 3000조 원을 넘어섰습니다. 금융업은 자산 관리를 통해 이러한 시대적 요구에 응했습니다.

최근 10년간 금융업에 많은 일이 있었습니다. 은행에서는 펀드를, 증권에서는 보험을, 보험에서는 변액이라는 새로운 상품을 다루기 시작했습니다. 그러나 2008년 금융 위기가 발생하면서 기쁨은 잠시, 고통은 길었습니다. 고객의 신뢰를 확보하기 위해 금융은 다시 한 번 변화해야 합니다. 국내 제조업이 가격 경쟁에서 품질 경쟁으로 진화했듯, 이제 금융업도 '양'에서 '질'로 전환해야 합니다.

그래서 새로운 프레임이 필요합니다. 저축 상품은 가입 자격이 다를

뿐, 금리나 기간 등의 조건이 유사해 금융 상품 선택에 어려움이 없었습니다. 그러나 투자 상품은 시장 환경의 변화에 따라 수익률의 편차가 크고 손실의 위험이 따릅니다. 이런 위험을 줄이기 위해 열심히 시장을 분석하고 정보를 취합하지만 양은 많고 내용은 어렵습니다. 경제가 복잡하고 금융은 변화무쌍하기 때문입니다.

숲 안에서는 다른 나무가 보이지 않습니다. 하지만 높은 곳에 올라서면 숲도 나무도 잘 보이게 마련입니다. 햇볕을 좋아하는 나무도, 그늘을 좋아하는 나무도 보입니다. 늙은 나무도 젊은 나무도 보입니다. 잘 보기 위해 조금 멀리서 시작하겠습니다.

산업의 성장과 금융 시스템

우리나라 국민을 가슴 뜨겁게 한 유명한 일화가 있습니다. 한국 경제가 정말 어렵던 1970년대에 정주영 회장은 500원짜리 화폐 속 거북선으로 차관을 끌어내고 그 자금을 바탕으로 조선회사를 설립합니다. 세월이 지나 차관과 수주를 받은 회사는 당당히 세계 1위의 현대중공업이 됩니다. 이 감동적인 실화는 광고로도 만들어졌습니다. "당신이 배를 사주면 영국 정부에서 차관을 얻어서 네 배를 만들어줄 테니까…… 사라."

이 짧은 광고에 많은 내용이 들어 있습니다. 첫째, 당신이 사주면(매수하면) 둘째, 차관을 얻어서(돈을 빌려서) 셋째, 배를 만들겠다(생산하겠다)는 이야기입니다. 중간 내용을 삭제하면 이런 이야기가 됩니다. "당신이 배를 사주면 내가 만들어줄게." 전혀 이상한 부분이 없어 보입니다. 통상

이뤄지는 비즈니스 대화처럼 들립니다. 하지만 문제는 당시 현대중공업은 존재감이 전혀 없었다는 사실입니다. 그 시절 정주영 회장은 자신을 '봉이 김선달'이라 불렀습니다. 황량한 바닷가에 보이는 것이라고는 소나무 몇 그루와 초가집 몇 채가 전부인 사진을 보여주며 이런 환경에서 배를 주문받아 만들겠다는 이야기는 지금 상상해도 놀랍기만 합니다.

영화보다 더 영화 같은 이야기를 실화로 바꾼 놀라운 단어가 중간에 있습니다. 바로 '차관을 얻어서'입니다. 여기서 유명한 거북선 이야기가 나옵니다. 영국은 1800년도에 조선업을 시작했지만 한국은 1500년대에 이미 철갑선을 만들었다는 이야기로 마음을 움직인 것입니다.

당시 사업계획서를 심사하던 은행 담당자가 물었습니다. "당신의 전공은 경영입니까, 공학입니까?" 정주영 회장은 대답했습니다. "사업계획서가 전공입니다." 정말 멋진 대답 아닙니까? 그리고 이 대화는 저에게 다시 이렇게 들립니다. "당신의 전공은 영업입니까, 생산입니까?" "제 전공은 금융이고, 대출 승인받기가 특기입니다." 지금 우리가 누리는 발전과 풍요로운 삶은 이런 수많은 선배의 아이디어와 노력 속에 이룬 것임을 느낄 때마다 가슴이 뜨거워집니다.

그리고 이 성공 스토리의 배경에는 '차관'이라는 금융 시스템이 있었습니다. 이렇듯 금융은 꿈같은 일도 실제 비즈니스로 성공시키는 데 결정적 역할을 합니다. 현대중공업은 정주영 회장의 아이디어와 금융이 함께 만들었다고 할 수 있습니다.

금융은 어떻게 희망을 현실로 만들 수 있을까요? 우선 사업 아이디어를 현실로 바꾸기 위해 자금을 조달해야 합니다. 이 자금으로 기계도 원재료도 구매합니다. 직원들을 고용하고 인건비도 지급합니다. 이제 물건을 만들고, 영업을 통해 돈도 법니다. 수익 중 일부는 재투자하고, 나머지 일부는 빌린 자금을 상환합니다. 나머지 일부는 수익으로 가져갑니다. 가장 단순한 사업의 형태입니다.

여기서 금융이 두 부분에 걸쳐 등장합니다. 사업 전에 자금을 조달하고, 사업하면서 자금을 상환하는 부분입니다. 이런 의미에서 금융의 첫 번째 의미는 '흐름과 융통'입니다. 실제로도 금융이라는 이름은 '자금의 융통'에서 왔습니다. 흔히 금융을 혈액 순환에 비유합니다. 즉, 우리 삶에서 짧은 순간이라도 공급이 중단되면 안 된다는 뜻입니다. 금융은 실물경제에 필요한 부분입니다.

그럼, 현재 금융은 어떤 역할을 할까요? 세계 1위 현대중공업은 충분한 규모로 성장했는데 여전히 금융의 도움을 받을까요? 대답은 '그렇다'입니다. 오히려 과거보다 금융의 도움이 더욱 중요해졌습니다. 2년 전 울산에 있는 현대중공업을 방문했습니다. 그때 저도 보고 깜짝 놀랐습니다. 실제 크기가 길이 약 400미터, 폭 60미터, 높이 30미터에 달했습니다.

100미터 달리기를 네 번 해야 하는 길이에 아파트 10층 높이(아파트 한 층의 높이가 대략 3미터)에 이르는 초대형 규모의 배를 만들려면 무엇이 필요할까요? 막대한 자금이 필요합니다. 현대중공업 같은 대기업은 경쟁자의 추격을 따돌리고 지속해서 성장하기 위해 남들이 하지 않는 사업, 남들은 할 수 없는 사업을 해야 합니다. 즉, 진입 장벽을 높여야 합니다. 그러려면 연구 개발과 생산, 마케팅 등의 혁신이 필요합니다. 그리고 이를 위해서는 전문 인력과 자금이 필요합니다. 그래서 현재 기업들에 금융은 더욱 중요합니다.

정주영 회장은 금융을 이해하고 잘 활용한 덕분에 지금의 현대중공업

| 현대중공업이 만든 컨테이너선 |

을 세울 수 있었습니다. 지금도 여전히 개인·기업·국가 모두 금융을 어떻게 활용하는지에 따라 그 운명이 좌우될 수 있습니다. 과거와 달리 저성장 시대인 오늘날 오히려 투자와 인수합병과 같은 재무적 의사결정은 더욱 중요해졌습니다. 이제 CFO^{최고재무책임자}는 재무적 의사 결정을 전담하는 전문가가 되었습니다. CFO의 기능은 경리와 자금 조달 역할에서 기업 전략 검토, 미래 발전 방향 제시 등으로 역할과 책임이 확대되고 있습니다.

좀 더 확장해서 국내 금융이 해방 이후 국가 경제에 어떤 영향을 미쳤는지 알아보겠습니다. 저는 때때로 이렇게 주장합니다. "현재의 모든 기업은 금융이 만든 산물이다." 현대중공업은 철판으로 배를 만들었습니다. 배의 원재료인 철은 당시 포항제철(지금의 POSCO)에서 사왔습니다.

포항제철은 일본으로부터 전쟁 배상금과 상업 차관을 받아 세운 기업입니다. 포항제철이 완성될 무렵 박정희 전 대통령은 새로운 계획을 세웁니다. 누가 이 철판을 사용해줄까? 박 전 대통령은 강압에 가까운 지시를 내렸고, 현대중공업은 그렇게 만들어졌습니다.

현대중공업은 처음 말씀드린 금융 시스템에 의해 설립되었고, 포항제철이 생산한 철판을 이용해 배를 만들었습니다. 그리고 수출을 통해 들어온 자금은 새로운 기업을 만들 원동력이 되었습니다. 금융을 통해 포항제철도 설립되었지만, 포항제철은 현대중공업을 통해 진정한 기업 활동을 할 수 있었습니다. 이로써 우리나라는 전쟁의 폐허를 딛고 재도약할 수 있는 초석이 마련되었습니다. 이렇듯 금융 시스템은 기업이나 국가의 중요한 출발점이 됩니다.

오늘날 금융 시스템은 기업들에 어떤 역할을 할까요? 현대중공업이나 포항제철이 금융에 의해 만들어졌다고 이야기하면 사람들은 고개를 갸웃거립니다. 이유는 금융이 중요하지만 눈에 보이지 않는 시스템이기 때문입니다. 정주영 회장이 자신을 '봉이 김선달'이라고 부른 이유도 이런 속성 때문입니다. 눈에 보이지 않으므로 존재를 느끼기 어렵고, 중요도 또한 실감하기 힘듭니다. 특히 금융을 소극적으로만 활용하는 개인이나 기업일수록 그 경향은 더욱 짙습니다.

그러나 반대로 생각하면 명확하게 알 수 있습니다. '만일 금융 시스템이 없다면'이라고 가정해봅시다. 공기가 없거나 물이 없는 세상을 상상하면 공기와 물의 중요성을 알 수 있듯 금융 시스템이 없다면, 만일 은행과 화폐, 채권, 주식 같은 금융 시스템이 사라진다면 현재 기업 경영이 가능할까요? 조금 과장해 채권과 주식을 통해 자금을 조달할 수 없다면 삼성전자는 반도체공장을 짓고 오늘날 삼성전자의 토대를 마련할 수 있을까요? 자금 조달은 기업 운영에 필수적입니다. 글로벌 기업과 전쟁에서 승리하고 기업 성장에 맞춰 자금 조달도 가능해야 비즈니스가 성장할 수 있습니다. 위험을 나누는 주식 자금 조달 방식이나 수익을 키우는 채권자금조달 방식 같은 금융의 지원이 기업 운영의 중요한 부분입니다.

돈에게 일을 시켜야 하는 시대

요즘 일부 대기업의 막대한 유보 자금이 화제입니다. 과거 자금 조달 주체인 기업이 최근에는 자산운용 주체로 바뀌었습니다. 왜 이런 일이 일어나는지, 그리고 금융은 어떤 역할을 해야 하는지 알아보겠습니다.

자본주의 경제를 도입기·성장기·성숙기·쇠퇴기의 네 단계로 나눌 때 현재 한국 경제는 어느 단계에 있을까요? 우리나라는 1945년 해방 이후 산업화, 민주화를 거쳐 선진화 단계에 이르렀습니다. 우리나라 자본주의 경제는 도입, 성장 단계를 거쳐 현재는 성숙 단계에 와 있습니다.

간단하게 성장과 성숙 두 단계로 나눠 생각해보겠습니다. 먼저 성장 단계에는 기본적으로 경제 기반이 낮습니다. TV, 냉장고, 자동차가 있는 집이 드뭅니다. 소비자들은 그 물건들을 갖고 싶어 합니다. 수요가 많으니 기업은 영업하기가 쉽습니다. 만들면 팔리고, 잘 팔리니까 또 만듭니다. 이른바 '세이의 법칙Say's law'이 지배하는 상황입니다. 공급이 수요를 창조합니다. 자연스럽게 경제성장률은 높고 물가는 상승합니다. 이제 자금에 대한 수요도 높아집니다. 자금만 조달할 수 있다면 상대적으로 손

쉽게 돈을 벌 수 있습니다.

　이제 경제가 성숙 단계로 진화합니다. TV, 냉장고, 자동차가 없는 집이 드뭅니다. 이제 소비자들은 TV를 새로 바꿀지 자동차를 국산 차에서 외제 차로 바꿀지를 고민합니다. 기업들은 영업하기가 점점 힘들어집니다. 성능, 디자인은 물론 기업의 윤리성조차 구매 시 판단의 기준이 됩니다. 소비자는 사업의 성공과 실패를 결정짓는 핵심 지위로 부상했습니다. 이

	성장경제	성숙경제
경제 기반	낮은 경제 기반	거대한 경제 기반
GDP 성장률 인플레이션	고성장 고 인플레이션	저성장 저 인플레이션
금리	고금리 자본 수요 〉 자본 공급	저금리 자본 수요 〈 자본 공급
기업의 인식	만들면 팔리고 팔리니까 만든다	사업의 성패는 소비자가 50% 정도를 쥐고 있다.
소비자의 구매 인식	무조건 사고 싶다 (최초 구매)	살까, 말까? 언제 살까? (재구매)
기업의 성패	모든 기업이 돈을 번다 직접 투자의 시대	살아남는 자만 돈을 번다 간접 투자의 시대
개인 및 가계 성패	높은 임금상승률 (열심히 일하면 돈을 벌 수 있다) 저축의 시대	낮은 임금상승률 (돈에 일을 시켜야 한다. 남은 돈을 어떻게 할까?) 투자의 시대

| 성장경제와 성숙경제 비교 |

제 경제성장률은 둔화되고 물가도 낮아집니다. 성장 단계의 높은 자금 수요는 점차 낮은 자금 수요로 바뀝니다.

경제 단계에 따라 금융 수요는 어떻게 나타날까요? 성장경제는 모든 기업이 돈을 버는 구조입니다. 고객은 어떤 TV가 좋은지 잘 모릅니다. 브랜드가 중요한 게 아니라 TV 자체가 중요하고 기능만 잘되면 충분히 만족하던 시대였습니다. 하지만 성숙경제에서는 상황이 달라집니다. 이제 TV는 디자인이 아름답고 얇으며 가벼워야 팔립니다. 스마트한 기능들도 추가돼야 합니다. 이 모든 요구를 충족시키는 기업만 돈을 법니다. 1등만 살아남는 시대, 승자 독식의 시대가 열린 것입니다.

이런 시대적 변화에 따라 금융시장에는 어떤 변화가 일어났을까요? 예전에는 삼성전자의 주가가 오르면 LG전자의 주가도 올랐습니다. 블루칩이 올랐으니 옐로우칩이 올랐다는 뉴스가 나오고, 이제 코스피가 올랐으니 코스닥이 오를 차례라고 말합니다. 하지만 이제 이런 뉴스를 좀처럼 찾아보기 힘듭니다. 차별화 장세라는 말이 일상이 되었습니다. 일반인이 쫓아가기에는 중요한 정보가 너무 많고 각각의 정보는 복잡하게 얽혀 있습니다. 최선의 대안은 전문가에게 믿고 맡기는 것입니다. 그래서 투자는 직접투자에서 간접투자의 시대로 이행하게 됩니다. 어떤 분들은 이래도 저래도 불안하니 그냥 안전한 예금에 넣겠다고 말합니다.

잠시 예전 명절 풍경을 생각해보겠습니다. 명절마다 부산으로 광주로 버스가 출발하고 정류장들은 북새통을 이뤘습니다. 직장에서는 임원들이 고향으로 출발하는 직원들에게 선물 보따리를 안기며 덕담을 건네곤 했습니다. 임원들은 마음속으로 이런 생각을 했습니다. '명절 끝나고 꼭 돌아와야 해, 김 대리.' 당시는 직원이 곧 생산이고, 생산이 곧 성장이던 시대였습니다. 임금상승률도 높았습니다. 열심히 일하면 연봉은 자연스럽게 올랐습니다. 직원 한 명 한 명이 소중한 자원이었습니다. 기업의 자금 수요도 많아 금리도 높았습니다. 고금리 저축만 들어도 쉽게 돈을 벌고 노후를 보장받을 수 있었습니다.

지금은 어떤가요? 임금상승률은 낮고, 저금리로 저축을 통해 수익을 내기는 어려워졌습니다. 일본에서는 마이너스 금리가 등장했습니다. 은행에 돈을 맡기면서 보관료를 내야 하는 상황이 올지도 모릅니다. 투자하고 싶어서가 아니라 세상에 떠밀려 투자할 수밖에 없는 상황이 된 것입니다.

성장경제와 성숙경제의 차이, 그리고 금융의 역할에 관해 알아보았습니다. 정리하면 성장경제는 경제 기반이 없는 상태에서 생산자인 기업이 만들면 팔리는 생산 중심의 시대입니다. 그래서 고성장과 고물가가 특징으로 나타납니다. 금융도 자금 수요가 공급을 넘어서는 고금리의 시대입니다. 반면 성숙경제는 이미 경제 기반이 충분해 생산 중심의 시장이 소비 중심의 시장으로 넘어가는 단계입니다. 그래서 저성장·저물가로 바뀌는 시대, 자금의 수요보다는 공급이 많은 저금리의 시대입니다. 성장경제의 금융은 대출 같은 자금 조달이 중심이지만, 성숙경제의 금융은 자산 운용이 중요합니다. 성장경제 시대에는 금리가 높고 임금상승률도 높아 '열심히 일하면 돈을 벌 수 있는 시대'였지만 성숙경제 시대인 지금은 저금리, 낮은 임금상승률로 인해 '돈에게 일을 시켜야 하는 시대'로 바뀌었습니다.

'돈에게 일을 시킨다'는 말의 의미는 무엇이며, 금융자본주의 시대를 사는 지금 금융업은 어떻게 재정의되어야 할까요? '돈에게'를 '자본에게'로 바꿀 수 있습니다. '일을 시킨다'는 목적이 있다는 뜻이고, '이윤 창출'로 바꿔 생각할 수 있습니다. 다시 말해 자본에게 이윤 창출을 시킨다, 즉 '돈에게 돈을 벌어오라고 시킨다'는 의미입니다. 언어유희 같지만 이렇게 비교하면 이야기가 좀 달라집니다. 예전에는 몸으로 돈을 벌었지만 지금은 돈으로 돈을 벌어야 하는 시대로 바뀌었습니다. 모두 공감할 내용입니다. 그렇다면 돈에게 어떻게 일을 시켜야 할까요? "어이 돈, 돈 벌어와!" 이렇게 할 수는 없는 노릇이니 말입니다. 돈은 말귀를 못 알아들으니 구체적으로 일을 시켜야 합니다.

많은 사람이 '일하지 않고 돈 벌기'를 로망으로 여깁니다. 직장은 취미로 다니고 말입니다. 회계 용어로는 '소극적 소득Passive Income'입니다. 즉, 몸으로 일해서 번 소득이 아니라 내가 가진 자산이 일해서 번 소득입니다. 부동산 임대료가 대표적 예에 해당합니다. 또 다른 소극적 소득의 유형에는 지적 재산에 따른 로열티 소득이 있습니다. 우리는 삼성전자의 스마트폰을 사지만 구글과 애플에도 로열티를 지급합니다. 또 프랜차이즈가 있습니다. 프랜차이즈 사업으로 성공한 백종원 씨는 TV에 출연하고, 우리는 그의 가맹점에서 밥을 먹고 차를 마십니다. 자연스럽게 그에게 일정 부분 수익이 돌아갑니다. 드라마의 대사처럼 "내 돈이 어디서 어떻게 벌리는지 나도 모릅니다." 일상생활에서 즐기는 게임·영화·음악의 수익원도 소극적 소득에 속합니다. 자는 동안에도 돈이 쌓인다? 상상만으로도 흐뭇합니다.

그중 가장 대표적인 소극적 소득원은 주식과 채권입니다. 유가증권을 갖게 되면 받게 되는 배당과 이자 수익이 이에 해당합니다. 빌 게이츠나 워런 버핏 같은 세계적인 부자들은 지분 가치가 높은 부자, 즉 증권 부자입니다. 국내 최고 부자인 이건희 회장이나 정몽구 회장 또한 부동산 부자가 아닌 지분 부자입니다. 그래서 소극적 소득의 가장 대표격은 부동산 자산이 아니라 금융 자산입니다. 백종원 씨처럼 요리할 수 없어도, 게임·영화·음악을 만들 수 없어도 주식과 채권은 가질 수 있습니다. 기회가 평등한 자산이 바로 금융자산입니다. 고령화와 저성장이라는 시대적 흐름에 따라 주식과 채권은 이제 '적극적 소득Active Income'이 되어가고 있습니다.

이런 소극적 소득의 기회는 세계적인 부자들만 누릴 수 있는 것이 아닙니다. 금융 시스템을 통하면 누구나 누릴 수 있습니다. 주식을 영어로 'Equity'라고 합니다. 어원이 'Equal'에서 왔습니다. 해석하자면 주식은 기업을 공동으로 소유하고 투자하며 분배받을 수 있는 수단입니다. 물론 지분의 크기에 따라 대주주와 소액 주주 사이의 간극은 발생합니다. 투자 금액에 따른 수익의 크기는 차이 납니다. 하지만 주주가 얻을 수 있는 수익률은 모두 같습니다.

이 이야기에는 이런 질문이 따라옵니다. "그게 쉬운 일이냐?" "주가가 어느 방향으로 움직일지 어떻게 아느냐?" 또는 "돈 많은 사람이야 버틸 수 있지만 우리는 버틸 수 없다." 당연히 쉬운 일은 아닙니다. 하지만 길

적극적 소득	소극적 소득
몸이 일하는 소득 (근로소득 등)	돈이 일하는 소득 (부동산 임대 소득, 주식 배당 소득, 채권 이자 소득 등)

| 소득의 종류 |

이 없다면 모를까 길이 있는데 찾아야 하지 않겠습니까?

　펀드 같은 간접 투자가 답이 될 수 있습니다. 펀드는 어려운 자산입니다. 피할 수 있다면 피하고 싶은 공포로 느껴지기도 합니다. 하지만 펀드는 좋은 상품입니다. 미국의 금융 저널리스트인 제이슨 츠바이크는 펀드를 "금융민주주의의 최고 진보"라고 극찬했습니다. 그는 펀드를 "상당히 싸고, 매우 편리하며, 일반적으로 분산되어 있고, 전문가에 의해 관리되며, 정부에 의해 엄격히 규제된다"고 정의했습니다.

　칼은 누가 쥐느냐에 따라 생명을 다루는 도구가 될 수도 있고, 생명을 위협하는 무기가 될 수도 있습니다. 칼 자체는 아무런 문제가 없습니다. 문제는 누가 어떻게 다루느냐입니다. 일단 꼭 다루어야 할까요? 네, 다루어야 합니다. 우리는 돈에게 일을 시켜야 하는 시대를 살고 있기 때문입니다. 예전에는 스무 살까지 공부하고 예순 살까지 일하다 일흔 살이 되면 인생을 정리하는 시대였습니다. 돈을 버는 기간이 40년, 돈을 쓰는 기간은 10년 정도였습니다. 안정된 직장을 다니다 정년퇴직한 뒤 퇴직금만 잘 관리해도 충분히 잘살 수 있었습니다. 하지만 시대가 바뀌었습니다. 서른 살까지 공부하고 쉰다섯 살까지 일하다 평균 여든 살까지 생존하는 시대입니다. 돈을 버는 기간이 25년, 돈을 쓰는 기간도 25년입니다.

　진짜 공포는 펀드가 아니라 오래 살아야 한다는 것입니다. 지금은 평균 수명이 80세 수준이지만 곧 100세 시대가 도래할 것입니다. 불안의 진짜 원인인 고령화를 해결할 근본 대책을 찾아야 합니다. 고객 자산관리자인 PB는 '금융주치의'라고 불립니다. 적절한 표현 같습니다. 예전에 한 드라마에서 노 교수가 학생들에게 이런 말을 하는 장면이 기억납니다. "의사는 신이 바빠서 대신 출장 보낸 사람이다. 그래서 신만이 사

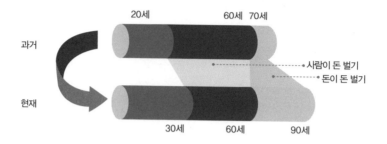

20세　　　60세 70세

과거

현재

사람이 돈 벌기
돈이 돈 벌기

30세　　　60세　　　90세

| 과거와 현재 소득 · 지출 비교 |

람의 목숨을 다룰 수 있다." 많은 사람이 돈 때문에 살고 죽는 것을 보면, 금융업에 종사하는 금융인은 사람의 목숨을 살리는 의사가 맞다는 생각이 듭니다. 금융인이 의사만큼 소명의식을 갖고 책임감 있게 공부하며 실전에 적용한다면 많은 목숨을 살릴 수 있지 않을까요? 어떻게 공부해야 할까요?

　지금부터는 금융시장과 실물시장의 관계에 관해 알아보겠습니다. 자산 관리를 힘들게 하는 것은 예기치 않은 사건입니다. 대표적으로 우리를 가슴 아프게 했고 놀라게 했던 2008년 금융 위기가 있었습니다. 진원지는 미국이었고, 원인은 서브프라임 모기지Subprime mortgage crisis(미국의 초대형 모기지론 대부업체들이 파산하면서 국제 금융시장에 신용 경색을 불러온 연쇄적인 경제 위기)였습니다. 당시 금융 전문가들은 "중국에 서브프라임이 미치는 영향은 미미할 것이다"고 말했습니다. 중국이 직접 투자한 금액이 적고 수출에 미치는 영향도 적다는 것을 근거로 들었습니다. 하지만 곧 그 판단이 틀렸음이 드러납니다. 실제 주가 하락 폭이 미국보다 중국이 더 컸던 것입니다. 왜 시장에 대한 진단과 판단이 달랐을까요?

또 다른 케이스입니다. 2016년 영국의 브렉시트라는 초유의 사태가 발생했습니다. 영국에 대한 국내 수출 규모는 2%도 안 되는 상황인데 주식시장은 한때 100포인트(5% 하락) 가까운 등락을 보였습니다. 대체 영국의 브렉시트와 한국경제가 어떤 관계길래 이런 결과가 초래했을까요? 질문들에 답하기 위해 시장을 바라보는 프레임을 살펴보겠습니다.

중국 CCTV에서 다큐멘터리 『월스트리트』를 제작했습니다. 그 영상의 인트로 내레이션이 재미있습니다.

> 아주 오래전 그곳은 인디언의 땅이었고, 400년 전 그곳은 네덜란드인의 벽이었다. 200년 전 그곳은 플라타너스 아래 금융의 씨앗이었고, 100년 전 그곳은 미국의 번영을 이루어냈다. 오늘날 그곳은 세계를 향해 금융망을 펼치고 있다. 그 금융망은 강하지만 나약하고, 빛나지만 어둡다. 그 망은 경제 발전을 가속하기도 하지만 경제를 멈춰 서게도 한다. 그곳은 바로 ○○○○○다.

빈칸에 들어갈 다섯 글자는 무엇일까요? 바로 '월스트리트'입니다. 문장 하나, 단어 하나 버릴 게 없습니다. 먼저 '세계를 향해 금융망을 펼치고 있다. (……) 그 망은 경제 발전을 가속하기도 하지만 경제를 멈춰 서게도 한다'는 대목을 보겠습니다. 이해를 돕기 위해 다른 자료를 하나 더 하겠습니다. 2008년 금융 위기 직후 워런 버핏이 주주들에게 편지를 보냈습니다. 여기에 이와 유사한 글귀가 있습니다.

> 당신이 월스트리트에 사는 금융인이든, 생산과 소비의 실물경제 시대

를 사는 일반 미국인이든, 미국은 아니지만 미국의 주변부에 살든 우리는 모두 한배를 타고 있습니다.

이 표현들은 금융망Network에 의한 경제 세계화를 이야기하고 있습니다. 그래서 미국 이외의 선진국과 중국 같은 개발도상국도 이 영향권에 있음을 언급합니다. 우리나라도 당연히 영향을 받습니다.

『월스트리트』 다큐멘터리 내레이션과 워런 버핏의 편지 모두 현재의 자본주의를 금융자본주의로 정의합니다. 자본주의는 크게 상업자본주의→산업자본주의→금융자본주의로 발달했습니다. 현재의 금융자본주의 사회에서는 금융이 실물을 지배하기도 합니다. 산업자본주의 시대에는 금융을 '실물의 시녀'라고 표현했듯, 금융은 실물을 지원하는 역할을 했습니다. 하지만 이제는 월스트리트가 바뀌어야 메인스트리트가 바뀐다고 표현할 만큼 금융이 실물과 별도로 독립적 역할을 하고 때로는 실물까지도 변화시킵니다.

아주 간단히 자본주의의 역사를 살펴보겠습니다. 쉽게 이해할 수 있도록 자본주의 단계와 국가를 연결해 함께 살펴보겠습니다. 16세기 세계 최강국은 스페인이었습니다. 스페인이 신항로를 개척했고, 남미에서 은광산을 발견해 금을 많이 보유했기 때문입니다. 하지만 금이 많다고 해서 과연 부자일까요? 단순히 우리나라가 돈을 많이 찍어내면 부자일까요? 당연히 아닙니다. 물가만 상승시킬 뿐입니다. 물가 상승 없는 생산의 증가를 '실질경제성장률'이라고 부릅니다. 국가가 부자가 된다는 말은 단순히 금을 많이 보유하는 것이 아니라 생산이 많아져야 한다는 뜻입니다. GNP국민총생산·GDP국내총생산라는 용어는 이런 개념으로 경제를 진단합니다. 유명한 애덤 스미스의 아이디어였습니다. 상업자본주의는 산업자본주의로 진화했습니다. 산업혁명 이후에는 영국을 비롯한 서유럽 국가들이 가장 부자였습니다. 금이나 돈이 아닌, 생산 규모가 가장 컸기 때문입니다.

2016년 세계 랭킹 1위인 미국은 무엇으로 세상을 지배할까요? 예전에 미국의 정치학자인 헨리 키신저가 이런 말을 했습니다. "식량을 지배하면 한 국가를 지배할 수 있고, 에너지를 지배하면 한 대륙을 지배할 수 있고, 통화를 지배하면 세계를 지배할 수 있다." 생각해볼 만한 이야기입니다. 1차 산업인 식량은 수요는 안정적이지만 공급은 불안정합니다. 그래서 독과점으로 수익을 낼 수 있습니다. 대표적인 상업자본주의입니다. 에너지는 모든 산업의 원료에 해당합니다. 에너지를 지배할 수 있다면 산업자본을 지배할 수 있다는 말로 해석할 수 있습니다. 또 음모론자들이 자주 활용하는 '화폐를 통한 세계 지배'라는 말이 있습니다. 하지만 금융을 통한 실물 지배가 가능하기에 아주 틀린 표현은 아닙니다.

실물의 시녀인 금융이 스스로 주체적 독립성을 갖기 시작한 것은 1980년대입니다. 저는 이 현상을 두 가지 이유로 해석합니다. 첫째, 공급이 수요를 창출하는 것이 아니라 수요가 공급을 창출하기 때문입니다. 산업혁명 이후 모든 업종에서 새로운 기술이 나타났고, 이는 공급 단가 하락의 주요인으로 이어집니다. 이전 시장에서는 수요가 넘쳤지만 수요를 만족할 만한 공급이 뒷받침되지 않아 항상 공급이 부족했습니다. 언제나 문제는 공급 요인이었습니다. 하지만 대공황 이후 상황이 바뀝니다. 이제 중요한 것은 공급이 아니라 수요입니다. 둘째, 금융이 비약적으로 성장합니다. 1960년대에 유가증권 가격결정모형(CAPM Capital Asset Pricing

Model ; 자본자산가격결정모형)이 등장하고 이후 1980년대에 옵션 가격결정 모형(OPM^Option Pricing Model ; 옵션 균형 가격 결정 모형)이 나옵니다. 이에 따라 주식·채권의 유가증권시장과 선물·옵션·스왑 같은 파생상품시장이 폭발적으로 성장합니다.

2016년 자산시장과 실물시장의 크기는 얼마나 될까요? 전 세계적 기준에서 본다면 실물시장의 대표는 GDP입니다. 현재 시장 규모는 약 80조 달러 수준입니다. 우리나라는 1.5조 달러 수준으로 2%에 조금 못 미칩니다. 반면 주식시장은 70조 달러, 채권은 110조 달러 수준입니다. 유가증권시장의 규모는 실물시장의 2배에 달합니다. 또 선물·옵션·스왑 같은 파생상품시장의 규모는 660조 달러 수준으로 실물시장의 8배, 유가증권시장의 3배가 넘습니다. 시장의 크기를 보면 파생상품 시장이 움직이면 유가증권시장이 따라 움직일 수밖에 없습니다. 금융권에서는 이를 '왝더독^Wag The Dog 현상'이라 부릅니다. 꼬리가 머리를 흔드는 현상입니다. 크게 보면 실물시장의 규모가 1이라면 금융시장의 규모는 무려 10에 해당합니다. 그래서 금융시장이 움직이면 실물시장이 움직이는 것입니다. 예를 들어, 선물시장이 움직이면 주식시장이 움직이고, 주식시장이 움직이면 실물시장이 움직이는 것입니다. 또 CDS 같은 스왑시장이 움직이면 채권시장이 움직이고, 채권시장이 움직이면 부동산시장이 움직이는 것도 같은 맥락입니다.

"문맹은 생활을 불편하게 하지만 '금융 문맹'은 생존을 불가능하게 한다." 앨런 그린스펀 전 FRB^연방준비제도이사회 의장이 미국인의 금융 문맹을 질타한 말로, 금융 교육의 중요성을 강조할 때 많이 활용됩니다. 금융교육을 업으로 하는 사람으로서 다소 민망한 이야기지만 애석하게도 진실입니다. 금융시장은 실물시장을 죽일 수도, 살릴 수도 있습니다. 그리고 당연히 기업도 개인도 살릴 수도 죽일 수도 있습니다. 이런 중요한 금융 시장을 진단하는 방법이 단순히 뉴스나 신문으로 접하는 정보만으로 충분할까요? 금융시장을 제대로 바라보기 위해서는 프레임에 대한 학습이 필요합니다.

정책과 금융 시장의 관계

미국의 금융 위기와 영국의 브렉시트가 금융시장에 충격을 주고, 금융 충격은 자산 가격의 충격으로 이어집니다. 경기가 나빠져 주가가 하락하는 것이 아닙니다. 주가가 하락하니 경기가 나빠지는 것입니다.

여기까지 들으면 이런 생각이 들 수 있습니다. 주가가 하락하면 소비가 하락하고, 소비가 하락하면 기업 실적이 하락하고, 그래서 실적이 하

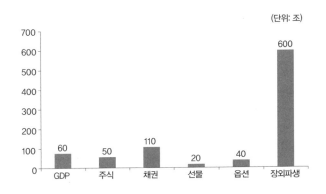

| 세계 실물시장과 금융시장 규모 |

락하면 다시 주가가 하락하는 악순환에 빠지지 않을까? 반대의 상황도 마찬가지입니다. 한번 오른 주식은 계속 오를 테고, 한번 내리기 시작한 주식은 계속 내려야 합니다. 실제로 주식시장이 그렇게 움직이나요? 시장이 흥분한 상황에서 그런 경향이 보이기도 하지만 일반적인 것은 아닙니다. 정부가 존재하기 때문입니다. 정부 정책과 금융시장의 관계를 알아보겠습니다.

'개인'은 소비를 통해 행복해지려고 하는 '효용 극대화'를 목표로 합니다. '기업'은 생산을 통해 돈을 벌고자 하는 '수익 극대화'를 목표로 합니다. 그래서 모두가 원하는 이익을 극대화하려는 목표가 있습니다. 하지만 이런 상황을 지켜보고만 있지 않습니다. 누가요? 바로 정부입니다. 정부의 목표는 개인이나 기업과 다릅니다. 정부의 진정한 목표는 생산과 소비를 통해 후생을 극대화하는 것입니다.

후생은 효율성과 형평성 두 가지를 목표로 합니다. 첫째, 국가에 도로를 만들어 모두의 효율성을 고려하는 정책이 있습니다. 둘째, 소득 재분배 같은 형평성을 고려하는 정책도 있습니다. 그래서 도로나 철도 같은 건설공사를 할 때는 다소 경제적 의사결정을 하지만 세금을 걷을 때는 정치적 의사결정을 하는 것입니다.

그리고 정부에서 한 발 떨어져 상황을 지켜보는 또 다른 이가 있습니다. 바로 중앙은행입니다. 중앙은행의 목표는 물가 안정입니다. '물가를 안정화한다'는 것은, 다시 말해 '화폐 자산을 안정'되게 유지하도록 노력한다는 뜻입니다. 한국은행은 물가 안정을 통해 금융 경제를 지탱하는 역할을 하게 됩니다.

국내 금융시장의 주요 의사결정을 담당하는 곳은 기획재정부와 한국은행입니다. 그런데 가끔 신문에 이런 기사가 나옵니다. '한국은행과 기획재정부 또 불협화음.' '연이은 엇박자. 한국경제 컨트롤 타워 흔들.' 정부와 중앙은행의 목표에서 확인했듯 한국은행과 기획재정부는 생각이 다릅니다. '성장과 안정'이라는 틀로 이야기한다면 두 기관 모두 한국 경제의 안정적인 성장이라는 큰 목표는 같습니다. 하지만 자세히 들여다보면 기획재정부는 성장을, 한국은행은 안정을 더 추구합니다. 작은 목표로 기획재정부는 공공 서비스 제공과 소득 재분배에, 한국은행은 첫째도 물가 안정, 둘째도 물가 안정입니다. 그래서 목표를 실현하는 정책도 조금 달라집니다. 기획재정부는 재정정책을 통해, 한국은행은 통화정책을 통해 목표를 달성하고자 합니다. 이를 위해 기획재정부는 크게 소득세·법인세 같은 조세정책을 사용하는 방법과 고속도로 건설·공원 조성 등 유효 수요를 통제하는 일 두 가지를 활용하고, 한국은행은 국가가 필요한 통화량을 적절히 공급하는 통화량 정책 외에 경제성장을 위해 금리를 조절하는 정책을 사용합니다.

　기획재정부와 한국은행의 목표와 실천 전략이 다름을 알았으니 금융시장 입장에서 어디가 더 중요한지 알아보겠습니다. 앞서 본 신문 기사처럼 양측이 이견을 보인다면 누구의 말을 믿어야 할까요? 서로 대립할 때 중요한 점은 기준이고 중요도입니다. 우리가 알아야 할 것은 정부 정책의 영향력입니다. 특히 자산시장에 직접 미칠 영향력이 중요합니다. 그렇게 보면 당연히 한국은행이 더 중요한 의사결정 기관입니다. 재미 삼아 질문을 하면, 현재 FRB 의장은 누구일까요? 네, 재닛 옐런입니다. 그럼 현재 미국의 재무부 장관은 누구일까요? 정답은 제이콥 루입니다. 미국에서도 경제대통령은 FRB 의장이지 재무부 장관이 아닙니다. 이유는 기획재정부의 재정정책은 실물시장에 미치는 영향이 크고, 한국은행의 통화정책은 자산시장에 미치는 영향이 크기 때문입니다.

그러니 한국은행의 통화정책에 관해 좀 더 알아볼 필요가 있습니다. 통화정책은 쉽게 말해 금리 정책입니다. 돈의 가격인 금리에 예금, 채권, 주식이 직접적인 영향을 받는 것은 당연한 이치입니다. 부동산, 원자재 같은 실물자산도 간접적인 영향을 받습니다.

이런 질문을 받곤 합니다. "결국은 경기가 좋고 실적이 좋아야 주식이 오르니, 한국은행의 금리정책은 일시적 처방 아닌가요? 금리가 하락해도 주가가 오르기는커녕 오히려 하락할 때도 있잖아요." 물론 그럴 수도 있습니다. 그때 저는 이렇게 대답했습니다. "1980년 이전에는 경기가 좋아야 주가가 올랐지만, 지금은 주가가 올라야 경기가 좋아집니다. 선진국은 자산시장 경로를 통해 낮은 금리가 자산 가격을 올리고, 이를 통해 민간 부분에서 부의 효과Wealth Effect(주가 상승으로 투자자들이 일부 이익금을 소비하여 경기가 활성화되는 효과)가 나타나고, 이것이 소비 활성화로 이어져 결국 실물경제를 살립니다."

또 다른 재미있는 질문들도 있었습니다. "금리가 이미 제로 수준으로 떨어졌는데도 통화정책이 효과가 있을까요?" "마이너스 금리를 도입한 나라도 있는데 앞으로 금리가 -10% 수준도 가능할까요?" 그러자 옆에 계시던 분이 추가로 질문했습니다. "통화정책이 의미가 없다면 재정정책은 어떻게 활용해야 할까요?" 이 질문들의 답을 종합해보겠습니다.

시대 상황과 정부 정책의 방향을 정리해보겠습니다. 자본주의 사회는 애덤 스미스의 《국부론》에서 출발합니다. 민간의 '보이지 않는 손'에 의해 잘 운용될 것 같던 시장경제는 1930년과 1980년에 두 번의 큰 위기를 거치면서 보완되었습니다. 1776~1930년까지는 시장 중심 경제였습니다. 이 시절 정부의 역할은 대외적으로 자국민의 안전을 책임지는 국방과 대내적으로 도둑을 잡는 경찰 수준의 일만 하면 충분했습니다. 즉, 야경국가로서 시장 개입을 최소화하며 국방·외교·치안·질서 유지의 임무에만 충실하던 자유 방임의 시대였습니다. 그래서 정치와 경제는 분리됩니다. 수요와 공급 부분에서는 공급주의 경제였습니다. '세이의 법칙'이 지배하는 시대로, 만들면 팔리니 팔 걱정 없이 만들기만 하면 되었습니다.

그러다 대공황이 터집니다. 영웅은 난세에 탄생합니다. 한 천재가 이 문제의 해결 방안을 제시하며 등장합니다. 바로 존 메이너드 케인스입니다. 그는 스스로 작동하는 시장경제의 결함을 발견하고 정부의 개입이 필요하다고 주장합니다. '보이지 않는 손'에서 '보이는 손'으로 바뀌게 됩니다. 이제 정부에 야경국가 이상의 역할이 주어집니다. 케인스가 제시한 처방은 바로 재정정책이었습니다. 이로써 정치와 경제는 다시 통합됩니다. 수요와 공급 부분에서는 유효 수요를 만들어내는 수요주의 경제로 기류가 바뀝니다. 이제 경제가 다시 안정되는 평화기가 찾아왔습니다.

하지만 어디에나 빛과 그림자가 함께 있는 법입니다. 모든 대통령과 경제 관료가 케인스주의자가 된 1980년대에 경기 침체와 물가 상승이라는 스태그플레이션Stagflation(경제 불황 속 물가 상승 동시 발생 현상)이 나타납니다. 이 상황에서는 케인스의 처방도 효과가 없습니다.

새로운 천재가 나타납니다. 바로 밀턴 프리드먼입니다. 그리고 30여 년간 프리드리히 하이에크, 프리드먼으로 이어지는 시카고학파(미국 시카고대학교를 중심으로 한 경제학자들을 일컫는 말)가 세상을 지배합니다. 그들은 재정정책을 통한 정부의 수요 확대가 방만한 정부를 만든다고 질타합니다. 다시 '보이지 않는 손'이 시장을 지배하기 시작합니다. 자연스럽게 정부의 역할이 축소되고 정치와 경제가 분리됩니다. 바로 신자유주의와 통화주의의 물결입니다. 스태그플레이션 상황에서 시카고학파의 처방은 통화정책이었습니다. 1980년대 통화주의자들은 통화량을 조정해 물가를 조정했지만 현재 중앙은행은 이자율 정책을 통해 통화량을 간접적으로 조정하는 방법을 선택했습니다.

아직 그 영향에서 완전히 벗어나지 못한 2008년 미국 금융 위기와 2011년 유럽 재정위기가 있었습니다. 근본적인 대책이 필요합니다. 백가쟁명 같은 논쟁이 일어났습니다. 케인스경제학·제도주의경제학·마르크스경제학 등이 이 논쟁에 뛰어들었습니다. 새로운 시도도 함께 나타납

	1776년	1930년	1980년	현재
전체	애덤 스미스	존 메이너드 케인스	밀턴 프리드먼	케인스경제학 제도주의경제학 마르크스경제학
시장과 정부	시장 100%	시장 50% +정부 50%	시장 70% +정부 30%	시장 50% +정부 50%
정부 정책	야경국가	재정정책	통화정책	재정정책 +통화정책
수요와 공급	공급주의	수요주의	공급주의	수요주의
정치와 경제	분리	통합	분리	통합

| 경제학의 역사와 금융 |

니다. 바로 인간의 일상과 투자 행태를 관찰하고 투자자의 심리를 경제학에 반영한 행동경제학도 시장에서 주목받습니다. 행동경제학은 특히 세일즈에 많이 활용되고 있습니다. 지금 정부는 통화정책, 재정정책, 금융정책 등을 모두 활용하며 저마다의 해법으로 대처하고 있습니다.

금융시장 환경을 이해하기 위해서는 큰 그림을 먼저 아는 것이 도움이 됩니다. 이제 우리는 정부 정책을 어떻게 활용해야 할까요? 재정정책은 정책 분석을 통한 자산군과 종목 선택에 도움이 되고, 통화정책은 물가와 금리 분석을 통한 타이밍 선택에 도움이 될 것입니다. 정부는 재정정책으로 선순환 구조를 만들려고 합니다. 그래서 모든 산업에 일괄적으로 투자하는 것이 아니라 파급효과가 큰 사업에 집중적으로 투자합니다. 그래야 정부가 원하는 빠르고 강력한 효과를 볼 수 있기 때문입니다. 우리나라는 경제개발 5개년 계획을 통해 민간 소비보다 수출 주도의 경제정책을 선택했습니다. 수출도 경공업에서 중공업의 순서로 경제를 일으켜 '한강의 기적'을 이뤄냈습니다.

미국도 2008년 금융 위기 당시 자동차산업이 붕괴 위기에 몰렸습니다. 자동차의 경제적 파급 효과를 고려해 오바마 정부는 '뉴 아폴로 프로젝트New Apollo Project'라는 녹색 일자리 창출을 시도했고 자동차산업이 가장 많은 혜택을 누렸습니다. 2016년 1월 오바마 대통령은 디트로이트에서 열린 모터쇼에 참가해 미국 자동차산업의 부활을 전 세계에 과시하기도 했습니다. 8년 만에 자동차산업이 부활했습니다.

주목할 부분은, 재정정책은 경기에 작용하는 힘은 강하지만 기동성이 떨어집니다. 기업에서 중요한 기안일수록 결재가 완결되기까지 시간이 많이 소요되는 것과 비슷한 이치로 보면 됩니다. 재정정책은 정부가 예

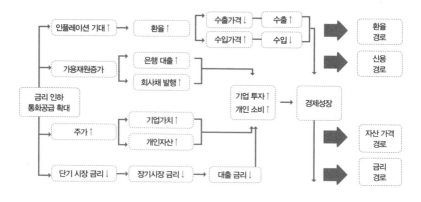

자료: 한국은행

| 통화정책 효과의 파급 |

산을 먼저 편성하면, 국회가 이를 심의 확정하고, 확정된 예산으로 다시 정부가 집행하는 절차를 밟습니다. 그래서 재정정책은 시간이 오래 걸릴 수밖에 없습니다. 하지만 승인을 받고 나면 정부는 천천히 힘 있게 이를 집행할 수 있습니다. 그에 반해 통화정책은 힘은 다소 약하지만 시장에 빠르게 작동하여 곧바로 효과로 나타납니다.

이제 시장을 진단하는 방법이 바뀌어야 합니다. 시장 규모가 달라졌고, 달라진 규모에 따라 파급되는 영향력도 달라졌기 때문입니다. FRB와 한국은행의 통화정책이 자산시장에 미치는 영향력이 날로 커지고 있습니다. 다만, 한국은행의 정책이 시장에 미치는 방법에는 약간 차이가 있습니다. 한국은행이 내놓은 자료를 보면, 금리 인하와 통화량의 확대는 다양한 방법으로 경제성장에 이바지합니다.

1960년대 우리나라는 주로 수출을 통해 경제성장을 시도했습니다. 금리 인하를 통해 환율을 상승(원화 하락)시켜 수출 단가를 떨어뜨리고, 낮은 원화 가치로 수출이 늘어나 경제가 성장할 수 있었습니다. 이는 박정희 전 대통령 시대의 성장 방식입니다. 1980년대에는 투자를 늘려 경제 성장을 시도합니다. 기업에 저금리로 자금을 대출해 투자를 유도하고 이를 통해 경제를 성장시키는 방식입니다. 이른바 '트리클 다운Trickle Down' 효과입니다. 전두환·노태우·김영삼 전 대통령 시대의 성장 방식입니다. 개발도상국의 모델은 수출과 투자를 통한 경기 확장이 전략이었습니다.

드디어 우리나라도 선진국 대열에 진입했습니다. OECD에도 가입했습니다. 낮은 금리가 주식과 부동산 가격을 상승시키고, 오른 자산 가격으로 개인의 부가 상승합니다. 예전에 한 코미디 프로그램이 유행시킨 "기분 좋다고 쇠고기 사 묵겠지"라는 말처럼 '부의 효과Wealth Effect'가 일어납니다. 바로 소비 진작을 통한 경제 상승입니다. 그래서 1980년 이전에는 경기가 좋아야 자산 가격이 오르지만 이제는 자산 가격이 올라야 소비를 통해 경기가 좋아지는 시대입니다.

지금까지 금융과 실물의 관계에 대해 살펴보았습니다. 정주영 회장이 금융을 통해 현대중공업을 이룬 이야기, 성숙경제의 자산 관리인 돈에게 일 시키기, 금융시장과 실물시장의 분석을 통해 자산시장을 올바르게 진단할 수 있는 프레임을 갖고자 했습니다. 특히 정부 정책이 어떻게 자산시장과 실물시장에 영향을 미치고 변화시킬 수 있는지도 알아보았습니다.

다음에는 금융의 자산 관리 관점에서 금융자본주의의 분업을 살펴보겠습니다. 핫 이슈를 몰고 온 알파고로 대변되는 인공지능과 금융의 미래, 삶의 변화에 관해서도 함께 자세히 알아보겠습니다.

2 장

인공지능과
금융의 미래

심모원려深謀遠慮 : 깊은 생각과 미래를 내다보는 통찰로 장기적인 계획과 안목을 갖춤.

전 세계를 강타하며 등장한 알파고로 인해 우리 앞에 성큼 다가온 인공지능 시대.
앞으로 우리의 삶과 금융은 어떻게 바뀔지, 무엇을 어떻게 준비하면 좋을지
함께 고민해보고 해법을 찾아보는 장이 되시길 바랍니다.

2008년 글로벌 금융 위기 이후 많은 사람이 금융을 걱정합니다. 고객으로부터 신뢰를 잃었고, 또 인공지능의 위협을 받는 상황이기 때문이죠. 과연 금융은 어디로 가고 있을까요? 어떤 방향으로 가야 할까요? 지금부터 금융의 미래에 관해 살펴보겠습니다.

초기에 금융은 실물의 시녀로서, 실물을 지원하는 역할을 했습니다. 하지만 시간이 지나면서 독립적인 역할을 하고 때때로 실물을 변화시키기까지 했습니다. 이렇게 금융이 덩치를 키우고 역할이 많아지면서 금융에 관한 평가도 조금씩 바뀌었습니다. 안타깝게도 긍정적인 평가보다는 부정적인 평가가 지배적입니다.

요즘 금융은 비난의 대상이 되기 십상입니다. 예금 금리는 낮추면서 왜 대출 금리는 그대로인가? 주말이나 야간에 ATM 기기를 이용하면 왜 수수료를 더 내야 하느냐? 수익률이 마이너스인데 왜 펀드 보수를 받느냐? 가입할 당시 제시한 수익률보다 실제 수익률은 왜 낮냐? 이렇듯 금융에 대한 불신은 뉴스와 인터넷 검색창의 상단을 차지합니다. 2011년에는 "월가를 점령하라"는 거센 시위까지 있었습니다. 《베니스의 상인》이 발표된 500년 전부터 지금까지 금융은 대중에게 불만이나 질투의 대상이었습니다.

2013년 노벨상을 받은 로버트 쉴러는 《새로운 금융 시대》라는 책을 썼습니다. 이 책의 원제는 'Finance & The Good Society', 즉 '금융과 더 나은 사회'입니다. 1장에서 이야기한 것처럼 금융은 지금까지 더 나은 사회를 만들어왔고, 앞으로도 더 나은 사회를 만들기 위해 변해야 합니다. 어떤 방향으로 어떻게 변해야 할까요? 그리고 신뢰를 회복하려면 어떻게 변화해야 할까요? 이번 시간에는 새로운 금융의 역할을 생각하면서 다양한 시선으로 미래 금융을 바라보겠습니다.

———

IT 혁명과 금융 생존 전략

우연한 기회에 가슴을 철렁하게 하는 말 한마디를 만날 때가 있습니다. 평범해 보이는 말이 어느 순간 뇌리에 박혀 잊히지 않는 경험입니다. 특히나 그 말의 주인공이 세상을 바꾸는 영향력이 있는 사람이라면 그 말의 무게는 더욱 강하게 다가옵니다.

"은행 업무는 필요하지만, 꼭 그것이 은행일 필요는 없다.Banking is Necessary. But, Banks are Not." 1994년 빌게이츠가 한 말입니다. 금융서비스는 필요하지만 꼭 그것이 은행·증권·보험일 필요는 없다는 말로 들립니다. 이 말을 처음 들었을 때는 진부한 금융업에 대한 질타와 견제로 다가왔습니다. 과거에는 진보적이던 금융이 최근에는 왜 진부해졌냐는 질책으로 들렸습니다.

금융의 문제는 금융이 풀어야 한다고 생각했습니다. 금융에 문제가 있다면 과연 그 원인은 무엇일까요? 금융을 진부하게 하는 이유는 정부의 규제, 거액의 자본금, 규모의 경제 때문입니다. 그래서 금융의 경쟁자는 다른 금융회사이고, 금융은 스스로 이 문제를 해결해야 한다고 생각했습니다. 적어도 2016년 2월까지는 말이죠. 하지만 2016년 3월, 알파고가 등장하면서 경쟁의 양상이 완전히 바뀌었습니다. 금융에 거대한 적이 등장한 것입니다. IT라는 거대한 경쟁자이자 새로운 물결이 금융의 해결사로 나타났습니다.

개인 PC가 대중화되면서 컴퓨터는 우리의 지성을 확장했습니다. 지능 확장의 IA^{Intelligence Augmentation} 시대에는 금융이 중심이고 IT는 금융을 편리하게 도와주는 보조 수단이었습니다. 하지만 인공지능로봇 AI^{Artificial Intelligence}의 등장으로 금융의 패러다임이 바뀌게 되었습니다. 이제 인공지능은 보조수단이 아니라 금융의 역할을 대체하고, 전통적인 금융 비즈

| 빌 게이츠 |

니스를 송두리째 흔들고 있습니다. 금융은 인공지능의 위협에 어떻게 대응해야 할지 고민해야 하는 과제와 맞닥뜨렸습니다.

현재 금융자본주의는 우리의 체감 여부와 상관없이 매우 중요한 변곡점에 있습니다. 대중은 그동안 금융을 어떻게 생각했을까요? 학생들에게 금융 하면 무엇이 가장 먼저 떠오르는지 물어본 적이 있습니다. 매 순간 상황이 바뀌고 분초마다 변화하는 곳, PC 모니터가 여러 대 있는 트레이딩룸, 그래서 몇 초 만에 수억 혹은 수십억 원의 수익과 손실이 일어나는 곳이라는 대답이 나왔습니다. 이 대답들을 정리해보면, 금융은 정보가 돈으로 바뀌는 놀라운 현장입니다. 하지만 금융 현장에 있는 분들과 이야기를 나눠보면 밖에서 보는 이미지와는 다르게 현실 금융은 훨씬 더디게 움직입니다. 특히, 전략을 수립하는 본사와 지점이 느끼는 변화속도의 차이는 더 벌어집니다.

금융은 생활 깊숙이 들어와 있는 친숙한 일상입니다. 사람들이 생각하는 금융업은 보수적이고 전통적입니다. 아직도 고객들은 금융회사가 아닌 '금융기관'이라고 부릅니다. 현대 사회는 정보가 하루에도 수차례 급변할 정도로 엄청난 속도를 자랑하지만 사람들은 쉽게 바뀌지 않습니다. 자세히 보면 금융도 상품은 변하지만 실제 서비스는 잘 변하지 않습니다. 여전히 금융회사의 문턱은 높고, 고객이 체감하는 금융서비스는 비싼 편입니다. 대출 금리는 여전히 높은 편이며, 수수료도 VIP 고객을 제외한 일반 고객에게는 비쌉니다. 하지만 금융업에 종사하는 금융인에게 수수료와 금리는 낮아져만 갑니다. 분석 정보는 무료로 배포되고, 각종 서비스도 경쟁적으로 역마진을 감당하면서까지 무차별적으로 제공합니다. 낮은 수익성, 그리고 출혈 경쟁 식의 마케팅은 결국 금융업 전체를 저성장으로 위협합니다.

빠른 금융과 느린 금융, 비싼 금융과 싼 금융, 정보 금융과 서비스 금융, 어떤 것은 눈에 보이고 어떤 것은 잘 보이지 않습니다. 금융은 하나의 산업으로서 고객에게 어떤 상품과 서비스를 제공할까요? 또 금융이 수익을 내면서 상품과 서비스 모두 동반 성장할 방법은 없을까요? 이 질문은 금융회사의 수장들이 가장 심각하게 고민하는 부분입니다. 최근에 금융회사들의 크고 작은 빅딜이 연이어 성사되는 배경에는 이런 고민의 흔적이 엿보입니다.

금융은 자금 융통에서 유래되었습니다. 그렇다면 자금은 어떻게 융통되고, 금융회사는 무엇을 해야 할까요? 금융은 자금을 공급하는 가계에는 '돈을 키우고 지키는 방법'을, 자금을 공급받는 기업에는 '돈을 활용하는 방법'을 제시해야 합니다. 그리고 가계와 기업 사이에서 금융회사는 자금을 중개하며, 상품과 서비스를 제공합니다. 이러한 금융의 고유 업무에는 큰 변화가 없습니다. 하지만 시대가 변하면 고객이 바라는 금융의 내용과 형식도 변합니다. 당연히 하나의 산업으로서 금융서비스업도 변화에 대응해야 합니다. 우리는 금융에 무엇을 요구할까요?

조셉 파인 교수는 테드 콘퍼런스에서 발표한 〈고객은 무엇을 원하는가 What Consumers Want〉에서 경제는 크게 네 가지로 진화했다고 설명했습니다. 최초의 경제는 1차산업인 농경사회입니다. 농경사회에서는 '공급 가능성 Supply Availability'이 가장 중요합니다. 인류 역사에서 온대 지역이 부유한 이유는 농업이 발달하기 좋은 조건을 갖고 있기 때문입니다. 반대로 열대 지역은 건조한 것도 문제지만 토양이 척박해 농산물의 공급 가능성이 작습니다.

다음은 2차산업인 제조업입니다. 농산물이 표준화되고 일반화되면서 농업의 경쟁력은 점차 낮아졌습니다. 이제 경제는 농경사회에서 산업사회로 이동했습니다. 산업사회에서 중요한 것은 '싸게 공급하기Cost Reduction'입니다. 온대 지역의 나라 중 기계화를 통해 대량 생산에 성공한 나라들이 나타나기 시작합니다. 여기에 선박·철도·자동차 등으로 운송비를 낮춰 결과적으로 물건의 생산 단가를 낮춘 나라들이 부유해졌습니다.

시간이 흘러 산업화에 성공한 나라들이 생산한 제품이 다시 표준화되고 일반화되었습니다. 그리고 3차산업이 나타납니다. 서비스업이 등장했고, 수많은 화이트칼라의 직업이 생겼습니다. 서비스업의 본질은 '품질 올리기Improve Quality'입니다.

또 시간이 흘러 서비스도 일상화·표준화되었습니다. 제품뿐만 아니라 서비스까지 오로지 가격으로 움직이는 세상이 되었습니다. 다시 소

| 조셉 파인 |

산업 분류	경제 분류	핵심 전략
4차산업	체험 경제	진정성 제공
3차산업	서비스 경제	품질 올리기
2차산업	제조업 경제	싸게 공급하기
1차산업	농업 경제	공급 가능성

| 조셉 파인 교수의 경제 진화 |

비자를 만족하게 하기 위해 새롭게 진화해야 합니다. 그것이 바로 현재 나타나는 '체험경제'입니다. 이제 상품이 아니라 경험이 거래됩니다. 아이들은 키자니아를 방문해 가상으로 직업을 체험합니다. 홈쇼핑은 상품을 팔지 않고, 상품 경험을 판매합니다. 그리고 이제 체험 경제는 강력한 IT 기술을 만나 증강현실과 가상현실로 나타나게 됩니다. 한 단계 혁신적인 도약을 하고 있습니다. 그렇다면 체험 경제의 화두는 무엇일까요? 바로 누가 더 리얼한가, 누가 더 진짜 같은가, 즉 '진정성 제공Rendering Authenticity'입니다.

그럼 금융은 어느 단계에 와 있을까요? 조셉 파인 교수의 '경제의 진화와 현재' 내용을 금융업과 연결해보겠습니다. 먼저 금융업은 제조업이 아니라 서비스업입니다. 누가 더 싸게 공급하느냐가 아니라 누가 더 서비스 품질을 높이는가, 즉 '양'이 아닌 '질'이 포인트입니다. 아직도 많은 금융회사가 금융업을 제조업으로 인식하는 것은 아닌지 생각될 때가 있습니다. 금융업은 제조업과 달리 공장이나 브랜드가 있는 것이 아니며, 눈에 보이지 않는 가상의 자산인 미래 가치가 예상되는 금융상품을 판매합니다. 금융회사들이 모두 유사한 상품군을 취급하다 보니 금융 소비자들이 느끼는 차별화 포인트도 낮습니다. 상황이 이렇다 보니 많은 금융회사가 경쟁적으로 다른 회사보다 더 낮은 수수료의 유혹에 쉽게 빠져듭니다. 그것이 금융 소비자를 단기적으로 만족하게 하는 요인이기는 합니다. 하지만 소비자의 상황과 맞물리게 되면 낮은 비용이 항상 정답인 것은 아닙니다.

단순한 예로 여기에 투자를 고민하는 한 사람이 있습니다. 집을 전세로 내놓을까, 월세로 내놓을까? 금융회사로서는 전자의 경우 고객이 거액의 자금을 받게 되고, 큰 금액이라 고금리인 특판 금리도 적용해줄 수 있습니다. 후자는 보증금 등이 낮아 고객의 금액이 적어지고 일반적인 금리로 적용해주게 됩니다. 고객의 입장에서는 규모와 수익률을 모두 고려하면 어느 쪽이 더 유리할까요? 또 고객은 현재 금리 수준에서 얼마 이상이면 월세로 전환하는 것이 유리할까요? 이처럼 금융회사는 고객의 다양한 상황에 적합한 서비스와 솔루션을 제시할 수 있어야 합니다.

이건 어떤가요? 만일 고객에게 전세 보증금을 펀드에 투자하시겠습니까? 라고 묻는다면 고객은 불안을 느끼겠지만, 월세 금액을 펀드에 투자하시겠습니까? 라고 묻는다면 고객은 다르게 답변할 수도 있습니다. 금융은 서비스업입니다. 비용 절감도 중요하지만 그보다는 서비스의 품질이 훨씬 더 중요합니다.

최근에는 진정성 제공이 중요하다고 언급했습니다. 어떻게 하면 금융 소비자들이 진정성 있는 서비스로 느낄 수 있을까요? 어떻게 하면 금융회사의 서비스가 돈이 되는 수익성 사업으로 이어질까요?

커피 산업에서 힌트를 얻어보겠습니다. 1차산업의 대표는 농업이었습니다. 커피 열매는 대략 1센트 수준의 수익이 나옵니다. 2차산업은 공업입니다. 커피콩으로는 5센트 수준의 수익이 나옵니다. 3차산업은 서비스업입니다. 커피 한 잔은 소비자에게 1달러 수준에 판매됩니다. 마지막 4차산업입니다. 커피 산업의 대표 주자인 스타벅스는 커피 한 잔을 5달러 수준에 판매합니다. 커피 산업에서 가장 높은 수익을 기록하는 이는 커피 농사꾼도 커피 생산자도 카페도 아닌 바로 스타벅스입니다. 도대체 무슨 차이가 있을까요? 그들이 어떻게 돈을 버는지 그 수익 구조를 살펴보겠습니다. 그 연장선에서 제조업과 금융업의 공통점과 차이점을 따져보면 좀 더 이해하기 쉬울 것입니다.

수익의 근원을 알기 위해 만든 자료로 '듀퐁 분석Dupont Analysis'이 있습니다. 내용은 단순합니다. 어떻게 돈을 버는가가 핵심입니다. 돈을 번 요인은 크게 세 가지로 나뉩니다. 마진이 높은가, 회전율이 높은가, 부채비율이 높은가. 그중 레버리지 요인은 경기 호황기에 수익은 될 수 있지만 경기 하락기에는 부도의 원인이 될 수 있는 양날의 검과 같습니다. 결국 기업이 안정적으로 돈을 버는 방법은 두 가지입니다.

이 비즈니스는 마진이 높은가, 회전율이 높은가? 과거 국내 제조업 수익의 근원은 높은 회전율이었습니다. 누가 더 많이 파는지가 핵심인 '박리다매' 전략이었습니다. 하지만 인구증가율 감소 등으로 판매 위축은 곧 회전율 감소로 이어졌습니다. 상황이 이렇다 보니 최근 국내 제조업에서는 마진이 높은 기업이 부상하고 있습니다. 인터넷 서비스·화장품·제약·바이오 등이 대표 업종입니다.

금융은 어떨까요? 금융도 과거에는 회전율 위주의 비즈니스였습니다. 높은 변동성과 고성장은 당연히 높은 회전율의 근거였습니다. 하지만 이제 금융도 낮은 회전율이 일상화되었습니다. 낮은 회전을 이길 수 있을 만큼 마진이 높은 고마진 사업이 필요한 상황입니다. 금융회사는 자금을 유통하며, 일반적으로 기간이 긴 상품이 마진이 높습니다. 당연한 결과로 예금보다는 채권, 채권보다는 주식, 주식보다는 보험의 수수료율이 더 높습니다. 낮은 수익성을 극복하기 위해 금융회사들이 치열하게 경쟁한 결과 이제 은행에서 펀드를, 증권에서 보험을, 보험에서는 변액이라는 투자 상품을 취급하고 경쟁하는 수준에 이르렀습니다.

하지만 금융 수익은 단순히 수수료로 결정되지 않습니다. 수수료에 금액을 곱해야 최종 수익이 결정됩니다. 1%의 수수료로 1억 원을 운용하나 0.5%의 수수료로 2억 원을 운용하나 운용 수익은 같습니다. 이제 금융회사는 어디에 포인트를 두어야 할까요? '규모 키우기'입니다. 제조업과 달리 금융업은 완판이라는 개념이 없습니다. 예금을 더 안 받거나 펀드를 안 팔거나 보험 가입을 막는 일은 좀처럼 보기 힘듭니다. 100억 원

$$ROE = \frac{Net\ income}{Sales} \times \frac{Sales}{Assets} \times \frac{Assets}{Equity}$$

		마진	회전율	레버리지
제조업	과거		○	
	현재	○		
금융업	과거		○	
	현재	○		

| 과거와 현재의 수익원 비교 |

을 운용하든 100조 원을 운용하든 추가 비용은 크게 발생하지 않기 때문입니다. 그래서 많은 금융회사가 법인 혹은 부자 고객인 'HNWI^{고액 순자산}_{보유자}'을 대상으로 하는 서비스와 마케팅에 집중합니다. 규모가 큰 고객을 대상으로 하는 서비스가 주류를 이루고 있습니다. 이제 고객이 아니라 지갑을 얼마나 점유하는가가 포인트입니다.

이제 우리는 어떻게 해야 할까요? 스타벅스에서 힌트를 조금 얻어보겠습니다. 스타벅스는 에스프레소·아메리카노·카페라떼 등을 팝니다. 하지만 조금만 생각해보면 진한 커피가 에스프레소, 거기에 물을 타면 아메리카노, 우유를 타면 카페라떼입니다. 그들은 커피를 얼마나 열심히 팔까요? 아닙니다. 다만 이렇게 묻습니다. "어떤 커피를 원하세요?" 이제 금융은 고객의 니즈를 찾는 것이 상자를 여는 열쇠입니다.

흥미로운 이야기를 들었습니다. 스타벅스는 핵심인 커피가 진하고 맛있다는 것이었습니다. 중요하고 또 정확한 지적입니다. 에스프레소가 맛있어야 아메리카노도 맛있습니다. 금융에서 에스프레소는 '정보'일 것입니다. 좋은 정보를 제대로 추출할 수 있어야 합니다. 그래서 정확한 정보와 정보 추출이 금융의 중요한 부분입니다. 그런데 인공지능 시대가 도래했습니다. 이제 인공지능이 정보를 추출하고, 정보를 처리하는 시대가 왔습니다.

―――

금융, 인공지능을 만나다

필연적으로 금융이 인공지능을 만나게 된 이야기를 해보겠습니다. 금융은 무엇을 다루고 무엇을 생산할까요? 자동차 공장을 예로 들어보겠습니다. 컨베이어벨트에 기계와 부품이 놓여 있습니다. 벨트가 움직이면 사람들이 원재료들을 결합해 자동차를 생산합니다. 생산된 자동차는 영업 과정을 거쳐 고객에게 전달됩니다. 금융은 어떨까요? 컨베이어벨트에 기계 대신 정보가 흐릅니다. 하지만 정보가 좀 복잡합니다. 주식·채권·외환·부동산·오일 같은 자산 정보가 흐릅니다. 또 생산·소비·수출입 같은 경제 정보도 흐릅니다. 금융인은 이런 정보를 결합해 금융상품과 서비스를 생산합니다. 그것은 또 한 번 영업 과정을 거쳐 고객에게 상품과 서비스 형태로 재생산되어 전달됩니다.

이렇듯 금융은 '정보'를 다룹니다. 문제는 정보량이 아주 많고 내용이 복잡하다는 데 있습니다. 그러므로 금융은 고도의 '정보처리기술'이 필요합니다. 금융이 IT기술을 만난 이유는 정보처리기술이 간절히 필요했고, 그것은 곧 돈이 되기 때문입니다. 정보처리기술의 발전으로 금융상품은 다양하게 개발되고 고객 서비스는 고도화될 수 있었습니다. 여기에 통신기술의 발전까지 더해져 대규모 정보가 신속, 정확하게 전달되니 거래 비용까지 줄어들었습니다.

이렇듯 IT의 시대에 금융은 혜택을 가장 많이 입은 업종이 되었습니다. 이제는 SF 영화에나 등장할 법한 일들이 일상에서도 일어나고 있습니다. 금융은 IT의 도움으로 즉각적이고 상시적인 금융 결제, 정보 제공, 위험 평가가 가능해졌습니다.

하지만 금융은 IT기술과 만남으로써 가장 많은 혜택과 동시에 가장 큰 위협과 맞닥뜨리게 되었습니다. 금융의 고유 업무 중 하나인 자금을 중개하는 단순 업무는 IT기술이 빠른 속도로 사람을 대체하는 상황에 이르렀습니다. 기술과 금융이 결합한 핀테크는 은행의 대출·환 업무를 바꾸었고, 증권의 브로커리지를 바꾸었으며, 보험 서비스의 모든 절차를 바꾸고 있습니다. 이제 막강한 기술력을 앞세운 핀테크 기업들은 과거 대출이나 개인 금융의 수준을 넘어 자산관리와 위탁매매 시장까지 위협하고 있습니다. 고객의 니즈를 평가하는 프로세스가 세분화되고 표준화되었기 때문입니다.

IT의 공격은 계속 이어집니다. 그동안 금융업에서 기계화, 자동화가 쉽지 않은 분야가 있었습니다. 은행의 심사, 증권의 IB, 보험의 언더라이팅 업무는 표준화가 어려워 단순화하기 어려웠습니다. 이 업무는 대부분 숙련된 지식과 경험, 기술을 가진 전문가에 의해 개별적으로 이뤄졌습니다. 그들은 각 금융회사에서 높은 연봉을 받는 능력자이며, 모두 선망하는 전문가 집단이었습니다.

하지만 이 업무 역시 달라지고 있습니다. 하나의 예로 인공지능 애널리스트인 '켄쇼Kenshou'가 등장했습니다. 이 회사는 '금융 리서치의 구글' 같은 곳입니다. 검색어를 입력하면 뉴스와 통계 자료가 나타납니다. 예를 들어 '북한 도발'이라고 입력하면 북한이 몇 차례나 도발했는지, 당시 주식시장과 환율시장은 어떻게 움직였는지를 알 수 있다고 합니다. 조금 더 심층적인 질문으로 '시베리아 내전 발생에 따른 에너지 관련 주가 및

| 켄쇼 |

원자재 가격 변화'라고 입력해보아도 신속하고 정확하게 답변을 내놓습니다. 한 신문 기사는 켄쇼를 소개하면서 "연봉 50만 달러의 애널리스트가 40시간 걸릴 일을 단 몇 분 만에 해치웠다"고 표현했습니다. 인공지능이 기초 데이터를 처리하는 속도는 상상을 초월합니다.

질문을 하나 던지겠습니다. 혹시 집 전화번호를 외우나요? 지하철은 어디서 환승해야 하는지 노선을 아시나요? 만약 차를 운전한다면, 언제 차량을 수리했는지 기억하시나요? 만약 당신이 비즈니스를 한다면, 명함은 어떻게 처리하시나요? 아마도 이런 질문을 받고 대부분은 "그것을 꼭 외워야 하느냐"고 반문할 것입니다. 요즘은 이 모든 정보를 스마트폰으로 처리하기 때문입니다. 맞습니다. 단순한 업무는 모두 저장하고, 평소에는 잊고 지내다가 필요할 때 꺼내 쓰면 됩니다. 전화번호만 그럴까요? 금융 정보 처리도 비슷해졌습니다. 그리고 정보 처리는 슈퍼컴퓨터가 하고, 정보 처리 결과는 스마트폰으로 언제나 꺼내 쓰고 확인할 수 있는 세상이 멀지 않았습니다.

미래에는 어떻게 정보를 처리하게 될까요? 금융 정보 처리 기술은 1단계 사무 자동화 구축, 2단계 금융 네트워크 구축, 3단계 비대면 금융서비스 구축으로 진화했습니다. 1, 2단계와 달리 3단계 비대면 금융서비스는 영업 환경을 크게 바꾸고 있습니다. 금융 생산자와 소비자가 만나는 방식이 바뀌었기 때문입니다. 온라인 업무는 영업 방식이 바뀌었지 영업 관계는 바뀌지 않았습니다. 여전히 금융회사 직원과 고객이 얼굴을 맞대고 소통하고 상담합니다. 하지만 모든 사람이 손에 모바일을 들고 24시간 모바일과 함께 생활하는 패턴이 문화가 되었습니다. 이제 금융도 영업 방식, 고객과의 관계까지도 바뀌고 있습니다. 고객으로서는 금융회사의 직원과 지점을 통하지 않고 직접 회사를 만날 수 있습니다. 그리고 모바일은 영업시간과 영업 외 시간을 구분하지 않습니다. ATM 기계는 금융회사에 있지만 모바일은 고객 손에 있기 때문입니다.

더욱이 금융 수요자에게 모바일 환경은 크게 낯설지 않습니다. TV로 보던 방송을 스마트폰으로 본다는 느낌 정도입니다. 안타깝게도 모바일 환경에서는 금융회사 직원의 도움이 특별히 필요하지 않습니다. 이제 금융 수수료는 뚝뚝 떨어집니다. 모바일을 통한 금융서비스는 고객에게는 즐거운 일이지만 금융회사 직원에게는 생존을 위협합니다. 이제 금융은 새로운 진화가 필요한 상황으로 접어들었습니다.

현재 금융업은 3단계와 4단계 진화가 동시에 나타나고 있습니다. 4단계의 금융 정보 처리 기술은 정보지식산업입니다. 가치를 측정하고 평가하는 업무가 핵심입니다. 이 분야는 정보가 복잡하고 방대하게 얽혀 있는 미지의 영역이었습니다. 언제부터인가 여기에도 IT의 공격이 시작되어 그 해결의 실마리가 나타났습니다. 눈치채셨나요? 바로 알파고의 등장입니다. 알파고는 단순히 바둑을 잘 두는 인공지능이 아닙니다. 고작

1단계
사무 자동화

2단계
금융 네크워크

3단계
비대면 금융서비스

4단계
정보지식

| IT 발전에 따른 금융의 진화 |

바둑 하나 잘 두자고 그 어마어마한 투자와 개발을 추진했겠습니까? 이 세돌 9단도 이길 만큼 혁신적으로 성장한 알파고가 다음 표적으로 금융업을 지목한다면 앞으로 금융업의 운명은 어떻게 될까요?

알파고를 통해 어떻게 정보지식산업으로 전환해야 하는지, 그리고 우리는 어떻게 대응해야 하는지도 함께 생각해보겠습니다. 금융에서는 두 가지 측면으로 생각해볼 수 있습니다. 하나는 영업의 관점에서, 또 하나는 운용의 관점에서입니다.

2016년 3월, 우리는 알파고를 만났고 모두 놀랐습니다. 알파고의 정보 처리 능력은 충격 그 자체였고, 정보 처리 과정은 혁신적이었으며, 그 결과는 상상을 훌쩍 뛰어넘었습니다. 전 세계가 놀란 이유는 단순히 기계가 인간을 이겨서가 아니라 금융을 비롯한 전 산업에 미칠 인공지능의 영향력과 파급력 때문이었습니다. 역사적인 대국을 지켜본 한 바둑기자가 재미있는 표현을 했습니다. 첫 번째 대국이 끝난 후에는 '당황', 두 번째 대국 후에는 '경악', 세 번째 대국 후에는 '좌절', 네 번째 대국 후에는 '희망', 그리고 마지막 대국 후에는 '공존'을 느꼈다는 것입니다. 아주 적절한 표현입니다.

알파고는 스스로 생각하고 판단하고 진화합니다. 근대 철학의 아버지 데카르트는 "나는 생각한다, 고로 존재한다cogito ergo sum"고 말했습니다. 중세의 인간은 "나는 믿는다, 고로 존재한다"로 표현할 수 있을 것입니다. 신의 존재를 떠난 주체적 존재로서의 인간, 그 인간의 중요한 특징은 이성입니다. '생각한다'는 인간의 고유한 특징입니다. 하지만 이제 기계가 인간의 존재를 떠나 스스로 주체적인 판단을 할 수 있는 이성을 갖게 된 것입니다. '당황과 경악 그리고 좌절.' 저뿐 아니라 많은 사람이 인공지능이 전 산업으로 확산되는 것은 시간 문제라고 생각했습니다. 다만 생각보다 그 시간이 훨씬 앞당겨졌습니다. 다가올 미래가 아닌 이미 다가온 미래였습니다. 이제 '희망'과 '공존'으로 나아가야 합니다. 인공지능의 등장에 감정적으로 당황하고 경악하고 좌절했지만 이성적으로 판단하면 이제 우리는 기계와 함께 살아가야 합니다. 다른 대안이 없습니다. 피할 수 없다면 즐겨야겠지요. 함께 잘살기 위해 머리를 맞대고 지혜를 모아야 할 때입니다.

다르게 생각하면 이상하기도 합니다. 우리는 왜 알파고의 등장을 슬퍼해야 할까요? 알파고가 금융에 미칠 영향에 대해 좀 더 이야기해보겠습니다. 혹시 이세돌 9단과 대국한 사람을 기억하시나요? 그는 아자황 박사로, 딥마인드 개발자이며 바둑 고수입니다. 사람들이 대부분 알파고는 기억하지만 아자황 박사는 기억하지 못합니다. 정확히는 관심도 없습니다. 왜일까요? 그것은 그가 알파고의 명령에 따라 지시만 이행했기 때문입니다. 인공지능 기계가 지시하고 인간은 그 지시를 따르는 시대가 도래했음을 알리는 순간이었습니다. 그래서 슬픈 것인지 모르겠습니다. 알파고는 스스로 생각하고 판단하는 기계입니다. 그가 어떤 생각을 할지, 어떤 지시를 내릴지 가늠하기가 어렵습니다. 알파고 창시자이자 핵심 개발자인 데미스 하사비스조차 알파고의 능력을 평가할 수 없다고 했습니다. 그래서 더 두렵습니다. 2016년 3월 대한민국에서 세기의 대국을 펼친 알파고와 이세돌 9단이 우리에게 보여준 것은 인류의 미래 모습일지 모릅니다.

인류 역사를 살펴보면 세상을 송두리째 흔들어놓을 만한 전대미문 사건이 세 번쯤 있었습니다. 첫 번째는 17세기 뉴턴이 등장해서 '지구가 세상의 중심이 아님'을 증명했습니다. 오랜 기간 지구가 우주의 중심, 세상의 중심이라고 알고 산 인류에게 자존심 상할 만한 사건이었습니다. 두 번째는 19세기 찰스 다윈이 "인간은 신이 빚은 특별한 종이 아니다"고 말했습니다. 인간은 박테리아부터 진화해서 600만 년 전에야 침팬지와 인간이 분화되기 시작했다는 것입니다. 시간이 조금 더 흐르고 20세기 들어 세 번째로 프로이트가 나타납니다. "인간은 자기 자신을 통제할 수 없다"며 이성이 닿을 수 없는 무의식의 세계에 의해 의식의 세계가 지배받는다고 말했습니다.

오랫동안 신에 의해 만들어지고 선택받은 인간이 우주의 중심으로 살았습니다. 그렇게 이성이라는 신이 주신 선물로 물질의 풍요도 누렸습니다. 그리고 이 믿음은 앞으로도 영원하리라 믿었는데, 모두 깨지고 말았습니다. 인간이 신처럼 여겨지던 시절도 있었는데, 현실 속의 인간은 생각보다 약한 존재였습니다. 그런데도 인간은 엄청난 발전에 발전을 거듭하며 지구의 정복자로 안심하며 살았습니다. 당연히 인간의 적은 인간만 있을 뿐 다른 경쟁자는 없었습니다.

그런 우리 앞에 갑자기 알파고가 등장하더니, 하사비스가 "기계는 인간 이성의 한계를 극복할 수 있다"고 세상에 외쳐버린 것입니다. 기계가 인간의 한계를 극복했으니 이제 인간을 대체할 수도 있고, 지구의 새로운 정복자로 자리매김할 수 있다는 생각까지 합니다. 하지만 앞으로 어떻게 바뀔지는 알기 어렵습니다. 인공지능이 만든 시대는 아무도 경험해 보지 못한 전인미답의 길이기 때문입니다.

그럼 금융 현장은 앞으로 어떻게 바뀌게 될까요? 상상을 약간 동원해 보겠습니다. 《오즈의 마법사》에 나오는 양철나무꾼은 갖고 싶은 것이 있었습니다. 바로 따뜻한 심장입니다. 이성에 해당하는 머리가 아닌 감정에 해당하는 심장인 것입니다.

알파고가 이세돌을 이긴 그 날, 구글 프로그래머를 비롯한 일부 사람을 제외한 모든 인간이 슬퍼했습니다. 하지만 어떤 인공지능도 동료인

| 뉴턴 |

지구가 우주의 중심이 아니다.

| 다윈 |

인간은 특수한 종이 아니다.

| 프로이트 |

인간은 스스로를 통제할 수 없다.

| 하사비스 |

기계는 인간 이성의 한계를 극복할 수 있다.

| 천재들이 말하는 진실들 |

알파고의 승리를 환호하지 않습니다. 이 점이 중요한 포인트가 되지 않을까요? 이 점을 확장해 금융 환경에서 생각해보겠습니다. 금융 소비자들이 금융인에게 얻고 싶은 것은 무엇일까요? 원하는 것이 돈일까요, 정보일까요? 당연히 정보일 것입니다. 금융 소비자들은 돈을, 금융회사는 정보를 가지고 있습니다. 금융업의 본질은 고객에게 정보를 전달하는 일이고, 고객은 신뢰하는 금융인에게 돈을 맡깁니다. 결국 정보를 주고^{Give} 돈을 받으며^{Take} 일정한 수수료를 취하는 것이 금융서비스업의 핵심입니다. 금융인 기준으로 보면 실패한 Giver냐 성공한 Giver냐만 남습니다. 금융 소비자들이 진정 원하는 것은 무엇일까요? 정보 중에서도 정확한 정보, 의사결정에 도움이 되는 정보일 것입니다. 관점을 금융 소비자가 원하는 정보에 맞추느냐, 금융회사에서 전달하고 싶은 정보에 맞추느냐에 따라 제대로 된 Giver가 결정될 것입니다.

하지만 인공지능은 인간을 설득할 수 있을까요? 인간은 무의식의 지배를 받는 존재로, 완전한 이성을 가진 존재가 아닙니다. 좌뇌와 우뇌를 분석해보면 좌뇌로 분석해 우뇌로 판단하는 것이 아니라, 우뇌로 판단하고 좌뇌로 합리화하는 존재입니다. 알파고는 이성과 의식으로 판단하겠지만 인간은 이성과 감성, 의식과 무의식으로 판단합니다. 기계와 달리 생물은 특이합니다. 무생물의 단백질이 모여 살아 있는 생물을 만들고, 인식 능력이 없는 뉴런들이 모여 자기인식 능력을 발현합니다. 이성의 기계는 아직 이성과 감성을 모두 가지고 복잡 미묘한 인간을 완전히 설득하기는 어렵습니다. PB^{Private Banker}, RM^{Relationship Manager}과 같이 고객의 금융 수요를 파악하고 해결책을 제시하는 업무도 표준화되기 어렵습니다. 변수가 많고, 케이스도 다양하기 때문입니다. 알파고는 고객을 설득하기 어려울 것 같습니다.

하지만 운용은 조금 다를 수 있습니다. 그래서 영업보다 운용 부분이 더 충격을 받았습니다. 알파고의 승리로 인공지능에 대한 사람들의 기대 감이 커졌고, 딥마인드를 보유한 구글은 시가총액이 거의 60조 원 상승 했습니다. 바둑 잘 두는 프로그램이 있다는 이유로 기업 가치가 이렇게 나 오를 리 없습니다. 알파고의 대국이 끝나고 구글은 무인 자동차를 소 개했습니다. 무인 자동차의 연구개발은 거의 마무리 단계이고, 법적 절 차만 마무리되면 생산과 판매 단계로 접어들 수 있습니다. 구글은 세상 에 보여주었습니다. "세계에서 가장 바둑을 잘 두는 사람보다 우리 인공 지능이 더 잘할 수 있다. 우리는 마찬가지로 운전도 잘할 수 있다. 이제 우리를 믿을 만하지 않니?" 그 질문에 답이라도 하듯 구글의 시가총액 이 움직입니다. 세상 모든 자동차 업종의 기업 가치를 생각하면 말이 되 는 주가 상승입니다. 즉, 알파고는 바둑을 통해 기계가 인간 수준으로 판 단할 수 있음을 증명해 보인 셈입니다.

우리가 본 알파고의 능력은 빙산의 일각입니다. 빙산 아래 눈에 보이 지 않는 부분 중 하나가 무인 자동차입니다. 인공지능이 여는 르네상스 시대가 점점 다가오고 있는 것입니다. 인공지능이 자동차 이외에 또 어 떤 산업에 관심을 두게 될까요? 하사비스는 바둑 다음으로 어떤 경기를 하게 될까요?

유사한 사례가 있습니다. 구글의 인공지능 프로그램인 딥마인드가 나 오기 전 IBM에 왓슨Watson이라는 인공지능 프로그램이 있었습니다. 딥마 인드가 알파고를 통해 이세돌에게 승리를 거둔 것처럼 IBM 왓슨은 인 기 퀴즈 프로그램에서 우승했습니다. 구글에 하사비스가 있다면 IBM에는 데이비드 페루치가 있었습니다. 현재 왓슨은 암 진단 도구로 활용되는 등 주로 의료계에서 큰 활약을 보이고 있습니다. 소프트뱅크의 로봇 페퍼Pepper에도 활용됩니다. 호주 뉴질랜드의 은행 ANZ, 싱가포르의 은행 DBS에서는 재무설계 업무에 활용하고 시티은행 등에서도 고객 서비스에 활용됩니다. 데이비드 페루치는 현재 '브릿지워터 어소시에이츠'라는 160조 원 규모의 헤지펀드에서 일합니다. 무엇을 의미할까요? 조만간 알파고는 금융업에 활용될 예정이며, 하사비스도 사모펀드에서 활약하게 되리라고 충분히 유추해볼 수 있는 대목입다.

왜 인공지능의 다음 표적이 금융이라고 상상할까요? 거듭 언급했듯이 금융의 본질은 결국 정보입니다. 18세기 석탄을 이용해 인류는 증기기관을 만들면서 기계화에 성공했습니다. 19세기 석유를 이용해 전기를 만들어 대량화도 이루었습니다. 20세기 반도체는 IT 혁명을 이끌었고 금융 업무는 자동화되었습니다. 이제 21세기 빅데이터를 이용한 인공지능의 혁명이 시작되었습니다. 구글은 데이터를 가지고 있고 하사비스는 데이터 활용 방법을 잘 알고 있습니다. 정보가 있고 정보처리기술이 있는데 굳이 무엇인가를 만들어 간접적으로 돈을 벌 필요가 있을까요? 직접 돈을 벌겠다는 생각을 하지 않을까요?

좀 도발적인 이야기입니다만 하사비스는 6000억 원 정도를 받고 구글에 회사를 팔았습니다. 그리고 이번 이벤트로 구글의 시가총액은 60조 원 가까이 상승했습니다. 숫자만 보면 하사비스가 조금 억울할 수 있습니다. 만약 '돈독 오른(?)' 하사비스라면 이렇게 생각할 수 있겠죠. "21세기 세상을 움직이는 힘이 바로 '데이터'인데, 그 데이터를 가장 많이 보유한 회사는 구글이다. 구글에 회사를 팔고 데이터를 활용하자. 어차피

나는 정보를 통제할 수 있다. 가격이 마음에 들지 않지만 팔자. 고작(?) 6000억 원 벌려고 내가 딥마인드를 만들지는 않았지"라고 말입니다. 물론 하사비스는 아직 어려서인지 돈독이 오른 것 같지는 않습니다. 만일 그랬다면 『네이처』지 등에 논문을 발표하지도 않았겠죠.

이유야 어쨌든 이미 판도라의 상자는 열렸습니다. 이제 새로운 금융의 운용 시대가 도래했습니다. 로보 어드바이저의 시대입니다. 벌써 로보가 만든 상품들이 봇물 터지듯 시장에 쏟아져 나오고 있습니다. 로보는 어떻게 투자할까요? 로보에 대해 이야기하기 전에 재미있는 천재들의 이야기를 좀 더 해보겠습니다.

하사비스가 창조한 새로운 인공지능, 그리고 그 인공지능을 활용한 로보 어드바이저의 운용. 하지만 이 길을 걸어온 선두주자가 하사비스는 아닙니다. 그는 좁은 길을 넓게 만든 사람으로 보는 게 맞습니다. 또는 극소수만 알던 비밀을 공개한 사람일 수도 있습니다. 느낌을 과학으로 체계화한 사람이라고 할 수도 있습니다.

실제로 인공지능 역사의 첫 장을 연 사람은 영국의 수학자 앨런 튜링입니다. 그 출발은 데카르트입니다. 데카르트의 시각으로 보자면, 인간은 생각을 해야 하고, 그 생각이 인간 존재의 핵심입니다. 17세기 데카르트에서 300년의 세월이 흘러 튜링은 이런 질문을 던집니다. '기계는 생각할 수 있을까?' 생각하는 기계를 우리는 인공지능이라고 부릅니다. 생각하는 기계라면 인간처럼 대화할 수 있어야 합니다. 기계인지 사람인지 구분되지 않는다면, 그 기계는 인공지능을 갖춘 것입니다. 이 테스트는 '튜링 테스트'로 불렸고, 오랜 기간 이 테스트를 통과한 인공지능은 나타나지 않았습니다.

인공지능의 아버지인 앨런 튜링은 알고리즘에 따라 차례로 계산하는 디지털 컴퓨터를 만든 컴퓨터의 아버지이기도 합니다. 그의 이야기는 「이미테이션 게임」이라는 영화로도 제작되었습니다. 튜링의 이야기는 호사가들에게 매우 흥미로운 소재입니다. 튜링은 제2차 세계대전 당시 독일의 통신 암호 체계인 '이니그마'를 해독하는 프로그램을 개발해 전쟁을 연합군의 승리로 이끈 암호해독자Codebreaker입니다. 당시 독일은 아무도 암호 이니그마를 해독했으리라고는 생각하지 못했고, 전쟁이 끝날 때까지도 눈치채지 못했다고 하니 그가 얼마나 놀라운 일을 했는지 짐작할 수 있습니다. 튜링은 수많은 인명 피해를 줄이고 연합국에 승리를 안긴 일등공신이었습니다.

하지만 이 전쟁 영웅이 당시 시대적 분위기로는 인정받지 못하던 동성애자로 밝혀지면서 사회적으로 매장되고 말았습니다. 그는 끝내 청산가리를 넣은 사과를 한 입 베어 물고 스스로 삶을 마감했습니다. 스티브 잡스는 컴퓨터의 선구자이자 인류 최초의 해커인 튜링을 기려 '한 입 베어문 사과'를 애플의 로고로 사용했다고도 합니다.

튜링과 달리 성공한 암호해독자로 제임스 사이먼스가 있습니다. 그는 유명한 헤지펀드 매니저이며, 하버드대학교 수학과 교수입니다. 신문기사에는 '연봉 3조 원의 사나이'라는 것도 나옵니다. 사이먼스는 어떤 사람일까요? 그는 금융가이기 전에 나사NASA에서 암호를 해독하는 일을 했습니다.

과연 암호 해독과 투자는 어떤 관계가 있을까요? 암호를 푸는 작업은 규칙이 없어 보이는 문자와 숫자 기호들 사이에서 일정한 패턴을 찾아내는 일입니다. 투자는 수많은 정보와 자산 가격의 패턴을 찾아내는 일입

| 제임스 사이먼스 |

니다. 암호 생성 기법이 더 고도화되는 것처럼 금융시장의 정보도 더 복잡해져갑니다. 수많은 과학자가 세상이라는 암호를 풀기 위해 애를 썼지만 대부분 실패했습니다. 암호 해독은 불가능하고, 세계의 사건은 확률 수준에서만 파악할 수 있을 뿐입니다. 그래서 한계가 있었죠.

저는 장기 투자 수익률의 한계를 20% 수준으로 보았습니다. 워런 버핏의 기록이기 때문입니다. 그가 1930년생이며 당시 금융시장이 덜 발달했음을 고려하면 사실상 이 숫자가 한계처럼 보였습니다. 하지만 사이먼스는 불가능할 것 같던 수익률을 갈아치웠습니다. 10년 전 이 이야기를 처음 들었을 때는 사기가 아닐까 생각했습니다. 20년간 연간 수익률이 40%라니! 높아도 너무 높기 때문이죠. 놀랍게도 이 수익률은 지금까지도 유지되고 있습니다. 30년간 40% 수익률. 베일에 싸인 사이먼스의 비결은 무엇일까요? 혹시 세상의 암호를 푼 것일까요? 그렇다면 과연 그 암호는 무엇일까요? 그동안 저에게는 미스터리로 남아 있었습니다.

사이먼스의 투자 수익의 비밀, 드디어 세상을 푸는 암호의 힌트 조각이 드러났습니다. 바로 알파고의 하사비스입니다. 하사비스의 이야기도 아주 재밌습니다. 컴퓨터에 미친 천재 소년. 고등학교를 졸업하고 게임 개발 회사에 들어가 게임에 푹 빠져 살다가 대학에 입학해 뇌 과학을 공부합니다. 2007년에는 세계 10대 과학 성과로 뽑힌 논문을 발표합니다. 해마를 분석한 결과 '과거를 기억하는 뇌 부위와 미래를 상상할 수 있는 뇌 부위가 같다'는 사실을 발견합니다. 과거를 알면 미래를 예상할 수 있다는 이 발견의 가치를 돈으로 환산하면 아마 수십 조, 아니 수백조 원쯤 되는 혁명적인 성과일 것입니다. 하사비스는 이 암호를 어떻게 풀었을까요? 그리고 이 발견은 투자와 어떻게 연결될까요?

많은 인공지능이 튜링 테스트를 통과하지 못했습니다. 하지만 알파고는 이 수준을 통과했을 뿐만 아니라 그 기대를 넘어섰습니다. 많은 인공지능 프로그램은 체스·장기·바둑 등 인간과의 게임을 통해 스스로 생각하는 존재임을 증명하고자 했습니다. 하지만 게임은 경우의 수가 모두 정해져 있습니다. 그래서 속도를 높이면 그 수를 찾아낼 수 있죠. 전문가들은 게임의 세계에서는 결국 기계가 이길 수밖에 없다고 생각했습니다. 기계가 잘하는 분야인 연산의 세계, 기억의 세계이기 때문입니다. 하지만 인간의 고유 영역이라고 할 수 있는 '생각'과 '판단'의 영역은 생각보다 더 딜 것으로 생각했습니다. 하지만 알파고는 이 어려운 두 가지를 모두 해냅니다. 계산도 잘하고 판단도 잘하는 인공지능 프로그램으로 성공한 것입니다. 인공지능의 역사는 바둑을 통해 한 단계 도약했습니다.

바둑은 다른 게임과 수준이 다릅니다. 바둑은 가로와 세로가 각각 19줄로 구성되어 있고, 그래서 총 361개의 점에 돌을 놓을 수 있습니다. 패를 제외해도 이론적인 경우의 수는 361팩토리얼이 나옵니다. 10^{170} 정도입니다. 하지만 프로 기사들은 실제로 바둑을 둘 때 나름의 규칙과 패턴 내에서만 선택합니다. 프로기사가 둘 수 있는 경우의 수를 대략 네 가지 정도로 가정하겠습니다. 150회 정도 바둑을 둔다고 가정하면, 두 번째 게임에서는 경우의 수가 2×10^{90} 정도 됩니다. 이 숫자가 어느 정도의 수준일까요? 우주 전체의 원자 수가 10^{80} 정도입니다. 프로 기사들의 패턴과 모든 경우의 수를 가정하면 바둑 한 게임에서 나올 수 있는 경우의 수는 우주의 원자 수보다 많습니다. 그러므로 바둑은 경우의 수는 존재하지만 기계가 결코 침범할 수 없는 불가침의 영역이고, 인공지능이 도전할 만한 가치가 충분한 영역입니다.

여기서 하사비스가 놀라운 발상의 전환을 합니다. 알파고 이전 인공지능의 최종 목표는 인간이 만든 모델에 기반을 두어 데이터 처리 속도를 높이는 것이었습니다. 하지만 하사비스의 생각은 달랐습니다. 과거를 기억하는 뇌 부위와 미래를 상상할 수 있는 뇌 부위가 같다면, "과거에 대한 기억의 양이 많아지면 미래를 상상할 수 있는 확률이 높아진다. 즉, 과거 정보가 많으면 미래 판단도 잘할 수 있다"고 생각한 것입니다.

멋지지 않습니까. 이 논문을 보는 순간 온몸에 전율이 흘렀습니다. 이렇게 비교하면 이해하기 쉽습니다. IBM의 왓슨은 모델 위주의 인공지능입니다. 인간이 미리 만든 모델이 데이터를 처리하는 방식으로, 목표는 연산 처리 속도를 높이는 것입니다. 반면, 페이스북의 AI나 구글의 알파고는 데이터 위주의 방식을 채택합니다. 빅데이터로 모델을 찾아내고 진화시키는 방식입니다. 모델 위주의 방식이 IQ 200의 천재 어른을 흉내 내는 것이라면, 데이터 위주의 방식은 어린아이를 진화시키는 것입니다. 처음에는 당연히 모델 방식이 데이터 방식을 이깁니다. 하지만 모델

위주의 인공지능은 한계가 분명합니다. 결코 개발자의 수준을 넘어설 수 없죠. 알파고는 인간과 달리 폭발적으로 진화에 진화를 거듭합니다.

프로 기사가 1년에 1000국 정도 바둑을 둔다고 합니다. 알파고는 4주 동안에 대략 100만 국을 둡니다. 프로 기사의 1000년 기보를 4주 만에 알파고는 알아냅니다. 자지도 먹지도 않고, 오로지 바둑만 공부합니다. 40억 년 동안의 경험과 지식이 순식간에 저장됩니다. 과거 정보량이 많아지면 연산 속도가 빨라지고 판단 수준이 높아집니다. 폭발적으로 진화하는 것입니다.

알파고와 이세돌의 대결 이후 하사비스도 "알파고가 이렇게까지 잘하리라고는 나도 예상하지 못했다"고 말했습니다. 이 말은 곧 "내가 알파고를 개발했지만 알파고가 무엇을 알고 무엇을 모르는지 나도 모른다"는 뜻입니다. 처음에는 6세 어린이의 바둑 수준이었는데 1주일, 한 달, 1년이 지나면서 어느 수준에 이르렀는지 알 수 없을 만큼 진화와 변이를 일으켰다는 뜻입니다. 알파고는 열심히 과거를 공부합니다. 그래서 그 학습 방식의 이름도 딥러닝Deep Learning입니다. 이제 알파고는 바둑뿐만 아니라 전 영역에서 인간이 진화한 오랜 역사를 공부해낼 것입니다. 이런 방식으로 자동차도 금융도 공부하고 있습니다.

금융에서 알파고는 어떤 방식으로 어떤 부분을 공부할까요? 그리고 알파고와의 대국 후 깨닫게 된 기계와의 '공존'을 금융은 어떻게 준비해야 할까요? 이런 인공지능의 기능을 탑재한 로보 어드바이저Robo Advisor는 어떻게 정보를 저장하고 처리할까요?

금융가에 성큼 다가온 미래의 일을 상상해보겠습니다. 첫 번째, 투자 천재들의 의사결정을 외우는 방법입니다. 마치 이세돌의 기보를 외우듯 벤저민 그레이엄·필립 피셔·워런 버핏·피터 린치·존 템플턴 등의 투자 방식과 의사결정의 데이터를 외우는 것입니다. 하지만 이세돌의 기보는 계량화가 쉽겠지만 투자 천재들의 비결은 쉽지 않을 것입니다. 현존하는 투자 천재들의 정보 처리를 입력한다고 해도 인과관계를 밝히는 것은 어려울 것입니다. 우연인지 필연인지 알 수 없다면 판단에 활용하기 어렵습니다.

두 번째 방법은 각종 경제지표와 자산시장의 데이터를 분석하는 일입니다. 아마 제임스 사이먼스의 방식이 이와 유사할 것입니다. 그랜저 인과관계Granger Causality라고 불리는 방식으로, 하나의 변수가 시차를 두고 다른 변수에 영향을 미치는 관계를 분석합니다. 금융에 가장 타당한 방식입니다. 블룸버그의 모든 경제·자산 데이터를 모으고 빈도·수익률·확률 등을 분석하면 됩니다. 충분히 가능한 시나리오입니다.

———

로보 시대, 자본주의와 금융

로보 어드바이저의 시대에 우리는 기계와 어떻게 공존해야 할까요? 먼저 기계에 올바른 목표를 제시할 수 있어야 합니다. 또, 올바른 정보도 제공할 수 있어야 합니다. 로보 어드바이저에 어떤 목표를 제시할지, 어떤 데이터를 제공할지는 우리가 판단해야 합니다. 데이터를 이야기할 때 '무가치한 데이터를 넣으면 무가치한 결과가 나온다Garbage In, Garbage Out' 는 표현을 씁니다. 반대로 양질의 데이터가 들어가면 양질의 결과물이 나옵니다. 또 정보 처리를 위해 최소 단위의 정보는 무엇인지, 다음 단계의 정보는 어떻게 처리되어야 하는지 의사결정의 알고리즘을 만들어야 합니다.

로보 어드바이저는 우리가 이겨야 할 상대가 아닙니다. 우리가 활용해야 할 대상이고 공존하면서 우리의 전문 영역을 더욱 확장할 수 있는 도구로 활용해야 합니다. 금융은 이제 또다시 새로운 대변신의 기회를 맞게 되었습니다. 금융의 미래를 두려워하지 말고, 과거 금융은 어떻게 세상에 기여해왔는지 살펴보도록 하겠습니다.

제가 대학생이던 시절 하숙집에서 우연히 경영학책의 한 장을 보았습니다. 대기업의 CEO가 저승에서 자기소개하는 장면을 담은 한 컷짜리 만화였습니다. 그는 자기 자신을 "알렉산더 대왕님! 칭기즈 칸 대왕님! 나폴레옹 황제님! 저는 당신들이 떠난 20세기에 세상을 지배한 다국적 기업의 최고경영자 ○○○입니다"라고 소개했습니다. 이 만화를 보고 가슴이 뜨거워지기 시작했습니다. 그 뒤 저는 전공 수업보다 경영학과 수업을 청강하러 다니는 양다리 학생이 되었습니다. 시간이 지나 알고 보니, 그 만화는 조동성 교수님이 미국 잡지 『뉴요커』에서 보신 것이라고 하더군요. 만일 21세기인 지금 또 다른 누군가가 자기소개를 한다면 어떻게 말할까요? "저는 당신들이 떠난 21세기에 사모펀드로 세상을 지배한 금융인입니다"라고 말하지 않을까요? 『이코노미스트』지가 이제는 사모펀드가 새로운 자본주의의 왕이라고 지목했으니 말입니다.

자본주의의 발달로 국가 주도의 경제가 민간 주도로 바뀐 이야기, 그리고 금융의 역할 변화에 관해 이야기하면서 이 장을 마무리할까 합니다. 현대 자본주의는 어떻게 세상을 만들었고, 거기서 금융은 어떤 역할을 했을까요? 그리고 이제는 왜 금융이 자본주의의 왕이라는 말을 듣게 되었을까요?

　이런 상상을 해봅니다. 외계인이 우리나라에 왔습니다. 한 번은 조선 시대 최고 성군인 세종대왕 시대에, 그다음은 천하의 폐륜아 연산군 시대에. 두 시대에 일반 백성의 삶은 어떻게 달랐을까요? 아마 큰 차이는 없었을 것입니다. 더 확장해서 이야기해보면 신라·고려·조선 시대에 일반 백성의 삶은 얼마나 달랐을까요? 안타깝게도 가난은 성군인 세종대왕도 어쩔 수 없는 일이었습니다. 하지만 이 그림을 한번 보시죠. 시간에 따른 전 세계 1인당 국민소득 그래프입니다. 1800년도부터 급격하게 상승하는 모습이 흥미롭습니다. 도대체 무슨 일이 있었을까요? 수천 년 동안 아무 변화도 없고 모두 가난하던 시대가 갑자기 요동치며 변화가 일어나고 사람들은 풍요로워졌습니다. 이 시기에 한 사상가가 있었습니다. 바로 애덤 스미스입니다.

　1776년 애덤 스미스는 《국부론》에서 나라의 부를 측정하는 기준은 "얼마나 많은 자산을 보유하는가가 아니라 얼마나 많이 생산하는가에 있다"고 말했습니다. 그리고 방법으로 '보이지 않는 손'이라는 시장경제

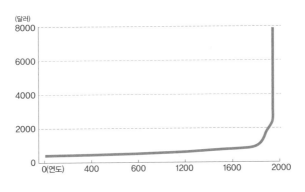

| 세계 평균 1인당 국민소득 |

| 애덤 스미스 |

를 통한 '교환'과 '핀 공장 이야기(분업과 전문화를 통해 생산량을 극대화할 수 있다는 예)'를 통해 '분업'을 제시합니다.

1인당 국민소득이 증가한 배경에는 분업에 기반을 둔 자본주의 시대와 교환 방법인 화폐경제가 있었습니다. 즉, 분업과 교환이 가능한 시대부터 우리는 부를 누리기 시작한 것입니다. 분업과 교환은 신뢰의 산물입니다. 신뢰는 다시 분업과 교환의 규모를 마을에서 국가로 그리고 그 국가는 이제 글로벌 경제와 만나면서 폭발적으로 성장하게 됩니다.

신뢰가 조금씩 무너지니 다시 자급자족경제로 돌아가겠다는 사람들이 더러 있습니다. 토스터기를 직접 만든 한 청년이 테드 무대에 섰습니다. 토머스 트웨이츠는 디자이너입니다. 그는 졸업 작품을 고민하다가 토스터기를 직접 만들어보기로 합니다. 광산에서 철광석을 채취해 이를 녹여 철을 만들고, 절벽에서 운모를 직접 캐내고, 녹말가루로 플라스틱을 만듭니다. 그렇게 9개월 동안 3000킬로미터를 돌아다닌 후 전기를 꽂고 가동하자 부품들이 녹아내립니다.

항상 새로움을 갈구하는 것이 현대라지만 토머스 트웨이츠의 시도는 아주 황당하고 무모하기까지 합니다. 우리나라의 대학원생이 졸업 작품으로 이런 시도를 한다면 아마도 부모님께 등짝을 맞았을 것입니다. 마트에 가서 1만 원 정도 주고 사면 되는데 이것을 붙들고 쓸데없는 행동을 하니 말입니다. 사람마다 느낀 점은 다르겠지만 저는 오히려 분업과 자본주의의 필요성을 더 강하게 느꼈습니다.

가끔 이런 상상도 해봅니다. 타임머신을 타고 세종대왕의 시대로 갑니다. 세종대왕을 알현하자 그가 저에게 묻습니다. "그대가 미래에서 왔다니 문겠소. 조선이 미래에 강한 나라가 되려면 지금 나는 어떤 정책을 펴야 하겠소? 그리고 백성은 어떤 일을 하면 좋겠소?" 만약 여러분이라면 어떻게 대답하시겠습니까? 선택하기 쉽게 객관식으로 예를 들겠습니다.

1 | "전하, 미래는 선비의 시대입니다. 《논어》 같은 사서삼경을 모든 백성이 읽게 하시어 선비의 나라를 만드시면 자연히 강한 나라가 될 것입니다. 과거제를 더욱 강화하시고 학교를 만드십시오."

2 | "전하, 농자천하지대본農者天下之大本이옵니다. 사람이 살아가는 근본은 역시 농업이옵니다. 모든 백성이 농사에 매진해야 나라가 강해질 것이옵니다."

3 | "전하, 공업이 발전해야 나라가 부강해지옵니다. 모든 백성을 대장간에서 일하게 하옵소서."

4 | "전하, 상업이 발전해야 분업할 수 있고 공업이 발전하옵니다. 시장을 만들고 화폐를 만드시면 저절로 공업이 발달하고 농업이 발달하며, 백성이 스스로 정보를 알기 위해 학문도 발전할 것이옵니다."

미래에 있는 여러분은 몇 번으로 답하겠습니까?

왜 금융이 자본주의의 왕이 되었는지를 이야기해보면 좀 더 명확하게 정리할 수 있을 것 같습니다. 자본주의 이전 경제에서 사람들은 자급자족하기 위해 일했습니다. 자본주의가 탄생한 후에는 돈을 벌기 위해 재화와 서비스를 생산합니다. 자본주의의 첫 번째 특징은 이윤 창출이 목적입니다. 그리고 재화와 서비스는 특정한 가격으로 시장에서 거래됩니다. 시장에서 생산자와 소비자는 서로 경쟁하면서 가격을 결정합니다. 두 번째 특징은 시장경제 체제입니다. 많은 소비자가 원하는 재화와 서비스를 제공하는 생산자가 이윤을 창출해 부자가 됩니다. 부는 화폐와 토지, 지분의 형태로 저장되고 국가는 이를 보호합니다. 세 번째 특징은 사유재산제도입니다. 자본주의는 이 세 가지를 기반으로 합니다.

초기 자본주의와 현대 자본주의는 어떻게 변화했을까요? 자본주의의 목적인 이윤 창출에는 큰 변화가 없지만 이윤을 창출하는 방식이 바뀌었습니다. 과거에는 시장에서 재화가 금과 은으로 교환되었지만 이제는 주식·채권·외환 등이 서로 교환됩니다. 사유재산을 저장하는 방식도 과거에는 귀금속이나 부동산 같은 실물자산이 주를 이루었지만 지금은 주식·채권·펀드 같은 금융자산의 형태로 저장됩니다. 주식·채권 같은 지분을 쉽게 사고팔 수 있다는 것은 놀라운 일입니다. 자본가들은 산업을 통해 이윤을 창출하고 이를 증권화하여 지분 형태로 저장할 수 있기 때문입니다. 또 필요하면 이를 유동화하여 시장에서 거래할 수도 있습니다. 지분 형태의 증권을 통해 다시 생산에 관여하고 통제권을 행사하게 됩니다. 앞에서 이야기한 '돈에게 일을 시킨다'는 과정이 더 정교해진 것입니다.

자본주의는 상업자본주의·산업자본주의·금융자본주의로 변화했다고 이야기했습니다. 상업자본주의 시대에는 돈이 많으면 부자였습니다. 산업자본주의는 생산을 위한 인프라가 많으면 부자입니다. 그리고 현대의 금융자본주의는 정보를 가진 자가 부자입니다. 다음 장에서는 정보 중에서 자산시장의 핵심 지표가 무엇인지 그 프레임을 알아보겠습니다.

3 장

자산시장
들여다보기

사리분별事理分別 : 옳고 그름을 구별하여 자산별 분석 이치를 분별함.

자본주의의 근간을 이루는 교환 가치가 어떻게 발전해왔으며,
금융은 어떤 교환 가치를 사용하는지 알아보겠습니다.
그리고 실물시장인 부동산과 원자재, 금융시장인 주식, 채권, 외환은
어떻게 판단할지 그 특징과 분석법도 함께 알아보겠습니다.
자산시장의 프레임을 갖는 장이 되시길 바랍니다.

이번 장에서는 자산시장을 보는 프레임에 대해 알아보고자 합니다. 부동산·원자재 같은 실물자산과 주식·채권·외환 같은 금융자산은 어떤 프레임으로 분석해야 할까요? 열린 시각으로 바라보면 좋겠습니다. 어떤 자산이 기존 방법으로 설명하기 힘들다면 새로운 관점으로 보아야 합니다. 우리에게는 설명력과 예측력을 모두 충족하는 큰 프레임이 필요합니다.

먼저 질문을 하나 드리겠습니다. 편의점에서 판매하는 음료수가 할인점에서 판매하는 음료수보다 가격이 비쌉니다. 같은 물건이지만 가격이 다양합니다. 해당 물건의 출고가·도매가·소매가·판매가가 조금씩 다릅니다. 주식이나 채권 같은 금융자산도 마찬가지입니다. 시간에 따라 가격이 다양합니다. 하루 가격에도 시가·고가·저가·종가가 있습니다. 물건은 어디서 샀느냐가 중요하지만 화폐 자산은 언제 샀느냐가 더 중요합니다. 왜일까요?

두 번째 질문입니다. 두 회사원이 있습니다. 둘 다 열심히 일해서 번 돈을 저축했습니다. 차이라면 한 명은 선진국에, 한 명은 개발도상국에 삽니다. 시간이 한참 지나 한 명은 부자가 되었지만, 한 명은 그렇지 못했습니다. 왜일까요? 한 명은 물가가 낮은 나라에 살지만, 한 명은 하이

퍼 인플레이션Hyper Inflation(물가 상승이 통제를 벗어난 초인플레이션 상태)에서
살기 때문입니다. 물가상승률이 높은 나라에서는 금융자산이 아닌 실물
자산이 좋은 투자 수단입니다. 반대로 물가상승률이 낮은 나라에서는 실
물자산보다 금융자산이 좋은 투자 수단입니다. 왜일까요?

질문들에 대한 답을 알아보겠습니다. 자본주의 경제의 출발은 분업과
교환이라고 말했습니다. 금융이 맡은 부분은 교환입니다.

금융의 교환 가치와 희소성

먼저 교환 가치에 대해 살펴보겠습니다. 교환 가치는 어떻게 정해질까
요? 경제학에서는 각 학파에 따라 교환 가치를 다른 방법으로 생각합니
다. 애덤 스미스 같은 고전 경제학자들은 '노동 가치'가 교환 가치를 정
한다고 주장합니다. 쉽게 말해 자동차를 만드는 데 100명의 노동력이,
배를 만드는 데 1만 명의 노동력이 필요하다면 배 한 척은 자동차 100대
가격과 같아야 한다는 주장입니다. 생산 사이드에서 봤을 때는 누구나
이해할 수 있는 합리적인 주장입니다. 하지만 이 주장은 자동차와 비슷
한 배가 아닌 전혀 다른 종류는 설득력이 떨어집니다. 예를 들어 다이아
몬드 가격이 생수 가격보다 왜 비싸야 하는지를 설명하지 못합니다.

현대 주류 경제학은 이를 '한계효용'으로 설명합니다. 소비할 때 얻을
수 있는 만족 정도를 '효용'이라고 할 때, 처음 목이 마른 사람에게 물은
100 정도의 효용이 있습니다. 물은 풍부하므로 시간이 지날수록 효용은
지속적인 감소세를 보이고, 결국 0으로 회귀하게 됩니다. 하지만 다이아

몬드는 자원이 부족하므로 시간이 지나도 한계효용이 감소하지 않습니다. 결국 전체적인 효용은 물이 높다 하더라도 한계효용에서는 다이아몬드가 높다는 설명입니다. 현대 경제학은 이를 한계효용이라는 어려운 용어보다 '희소성'이라는 단어로 표현합니다. 희소하면 한계효용이 높고, 결국 '한계효용이 교환 가치를 결정한다는 것'입니다. 가치를 결정하는 요소가 생산에서 소비로 바뀌면서 가치도 '노동 가치'에서 '교환 가치'로 바뀌었습니다. 한계효용은 곧 교환 가치입니다. 그리고 한계효용은 희소성이 결정합니다.

하지만 노동 가치의 교환 가치에 비해 한계효용에 대한 교환 가치는 자의적이며 주관적입니다. 미술 작품이 두 점 있습니다. 데미언 허스트의 〈신의 사랑을 위하여For the Love of God〉와 피카소의 〈황소머리Bull's Head〉입니다. 허스트의 작품은 실제 사람 유골에 8000개가 넘는 다이아몬드를 박아 만들었습니다. 그는 동물을 절단하고 훼손한 작품을 전시해서 '잔혹한 예술가' '악마의 자식'으로 평가받는 현대 미술가입니다. 이 작품을 만드는 데 약 200억 원이 들었고 현재 약 1000억 원에 거래됩니다.

〈황소머리〉는 아주 유명한 작품입니다. 이 작품과 관련해 재미있는 일화가 있습니다. 피카소가 길에서 자전거를 주워 안장과 핸들을 분리한 뒤 다시 결합합니다. 그리고 〈황소

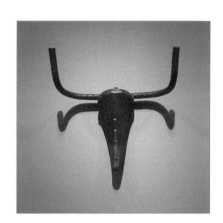

| 황소 머리 |

| 신의 사랑을 위하여 |

머리〉라는 이름을 붙였습니다. 이것이 그가 한 일의 전부입니다. 문제는 가격인데, 이 작품의 가격이 무려 300억 원입니다! 〈황소머리〉는 이 일화와 함께 높은 가격으로 판매되며 피카소의 상상력과 창의력이 만든 걸작으로 칭송받고 있습니다.

이 이야기를 처음 들었을 때 기가 막혔습니다. 먼저 교환 가치의 측면에서 보면 먼저 노동 가치가 거의 없습니다. 다른 미술가들처럼 선을 그리고 채색하고 보석을 붙이는 등의 노력도 없었습니다. 그렇다면 한계효용 가치는 높은가요? 한계효용은 희소성이 만듭니다. 하지만 자전거는 교통수단 중에서도 흔하디흔하고, 자전거로 황소머리를 만드는 일은 피카소만 할 수 있는 일도 아니었습니다. 그런데도 작품의 가격이 300억 원이라니요.

예술가들은 반론을 제기합니다. 두 작품 모두 예술품으로서 효용 가치가 있어 상품으로서 교환 가치가 있다는 것입니다. 말도 안 되는 듯한 가격의 근원은 경제학이 말한 수요와 공급이라는 것입니다. 수요는 많고 공급은 유일합니다. 공급이 유일한 이유는 그 작품이 피카소라는 거장의 최초 작품이기 때문입니다. 그리고 허스트의 작품은 새로운 장르를 개척한 작품이기 때문입니다. 그러므로 두 작품 모두 예술품으로서 효용 가치가 있다고 말합니다.

평론가들은 이렇게 말합니다. 허스트의 작품은 '짧은 인간의 삶을 영원한 다이아몬드와 함께 엮어 죽음을 아름답게 그리고 발칙하게 표현했으므로 가치가 있다.' 또 피카소의 작품은 예술성과 독창성이 잘 드러난 작품으로 값을 환산할 수 없다고 말입니다. 피카소는 "쓰레기라고 해도 위대한 가능성은 예술품의 재료가 될 수 있다"고 말했습니다. 허스트는 제목을 달았고, 평론가는 해석을 했습니다. 피카소는 혹시나 해서 제목도 달고 설명도 덧붙여 평론가들의 오해를 막았습니다.

만일 누군가가 두 작품을 현재 시세의 절반 가격에 사서 10년 동안 보관하겠느냐고 제안하고, 10년 후가 돼서야 팔 수 있다고 한다면 여러분은 사시겠습니까? 예술품을 잘 모르는 저 같은 사람은 선뜻 사지 못할 수도 있습니다. 그 이유는 한계효용이 만드는 가치가 너무 자의적이기 때문입니다. 이 가격을 인정하기도 어렵고, 또 미술가들이 들으면 무식하다고 할지 모르지만 10년 동안 두 예술가의 권위가 지속될지도 의문이기 때문입니다. 비싼 값을 지불할 만큼 피카소를 믿는 팬도 아니고, 더 비싼 값에 작품을 팔 수 있는 수완 좋은 판매상도 아니기 때문입니다.

결론적으로 현대 경제학은 가치를 결정하는 것이 '생산'이 아니라 '소비'이며, '사용 가치'가 아닌 '교환 가치'라고 설명합니다. 하지만 안정적인 공급에 비해 불안정한 수요는 가격의 급변동을 만들어냅니다. 그래서 예술품·골동품 같은 수집품은 아예 별도의 시장이 생성되어 그들만의 리그가 되기도 합니다.

과연 누구나 인정할 수 있는 시장과 가격이 존재할까요? 《사피엔스》의 저자인 유발 하라리는 인류가 상상 혹은 허구의 세계를 공유함으로써 거대한 사회를 만들었다고 주장합니다. 그리고 대통합을 이룬 세 가지로 종교·국가·돈을 이야기합니다. 대통합의 수준은 조금씩 다릅니다. 종교는 일부를 설득했고, 국가도 일부를 설득하는 데 성공했지만, 화폐는 전 세계를 설득하는 데 성공했다는 것입니다. 우리가 나누는 이야기와 연장선에서 생각해보면, 경제와 금융의 교환 가치가 좀 더 광범위하게 받아들여졌다는 것입니다.

왜 금융의 교환 가치는 모두에게 받아들여졌을까요? 이유는 금융의 교환 가치가 훨씬 단순하기 때문입니다. 금융의 교환 가치는 곧 '현재 가치'입니다. 간단합니다. 현재 가치는 '현재'와 '가치'로 나누어 생각해볼 수 있습니다. 먼저 가치의 의미는 '현금 흐름 창출'에서 출발합니다. 쉽게 말해 '돈을 벌어야 한다'는 뜻입니다. 예를 들어, 금융 자산의 대표인 채권은 '이자'와 '원금'이라는 현금 흐름을 만들어내고 주식은 '순이익'이라는 현금 흐름을 만들어냅니다. 그렇다면 '현재'는 무슨 의미일까요? 채권을 기준으로 설명드리자면 100원을 빌려주고 이자 10원, 원금 100원을 받기로 했는데 그 이자를 1년 뒤에 받는 것과 10년 뒤에 받는 것은 전혀 다른 이야기가 됩니다. 현금 흐름은 같지만 시점이 다르기 때문입니다. 현금 흐름을 시점으로 할인해서 얻은 값을 우리는 '현재 가치'라고 정의합니다. 그래서 현재 가치가 달라진다는 말은 가격도 변한다는 뜻으로 해석됩니다.

대출과 채권의 비교를 통해 현재 가치와 가격에 대해 좀 더 알아보겠습니다. 예를 들어, 은행이 100억 원을 대출하고 이자를 3년간 3억 원씩 받기로 했다고 가정하겠습니다. 은행은 1년 뒤 손익계산서에 3억 원, 2년 뒤 3억 원, 3년 뒤 3억 원 더하기 원금 100억 원으로 기재할 것입니

고전 경제학	현대 경제학	금융 경제학
노동 가치	한계 효용	현재 가치

| 경제학의 교환 가치 |

다. 증권사는 손익계산서를 어떻게 기재할까요? 현재 금리가 3%였는데 1년 뒤 금리가 2%로 떨어진다면 채권의 가치는 상승할 것이고 103억 원으로 표기할 것입니다. 다음 해에 금리가 4%로 상승한다면 97억 원으로 표기할 것입니다. 채권 가치는 시시각각 움직이는 할인율에 의해 매일 매시간 매분 재평가되고, 이는 가격에 반영되기 때문입니다. 그래서 대출은 정적이지만, 채권은 동적이라고 표현합니다.

정리하면 금융이 생각하는 교환 가치는 현재 가치이며, 현재 가치가 움직이면 가격도 변화합니다. 첫 번째 질문에서 제시한 화폐 자산의 가치가 시시각각 변하는 이유는 현금 흐름도 바뀌지만 할인율이 변하기 때문입니다. 가격은 시간을 두고 가치를 반영해 들어갑니다. 하지만 현재 가치보다 가격이 과도하게 오르면 '버블Bubble', 반대로 현저히 낮으면 '패닉Panic'이라고 부릅니다. 그래서 가격과 가치를 제대로 진단하고 평가하고 실행하는 사람들이 전문 투자자입니다.

많은 사람이 묻습니다. 지금 사야 해, 아니면 팔아야 해? 아니면 그냥 보유할까? 모두 타이밍에 관한 내용입니다. 화폐 자산은 언제 사느냐가 중요하기 때문입니다. 하지만 대답하기가 어렵습니다. 우리는 무엇을 알고 무엇을 모를까요?

전문가는 가치와 가격을 구별하고 가치보다 가격이 낮으면 저평가, 가격이 높으면 고평가라고 말합니다. 하지만 지금이 바닥이야, 무조건 사! 지금이 꼭지야, 팔아! 라고 말할 수는 없습니다. 고평가 상태나 저평가 상태가 예상보다 오래 지속할 수 있기 때문입니다. 때로는 과거에 추천한 상품을 매도할 것을 권고하기도 합니다. 수익이 올랐다면 이해할 수 있지만, 마이너스 수익률 상품의 손절매를 권하는 이유를 금융 소비자는 이해하기가 좀 어렵습니다. 하지만 전문가는 가치가 항상 변한다는 것을 인식하고 있습니다. 가치가 변하면 가격이 변하는 것은 당연한 이치입니다. 그래서 지난번에는 매수를 추천했지만 가치가 변하면 매도로 바꾸기도 해야 합니다.

아일랜드의 소설가 오스카 와일드는 이런 말을 했습니다. "냉소주의자란 모든 것의 가격을 알지만 가치는 모르는 사람이다." 전문가는 가격과 가치를 함께 보고, 아마추어는 가격만 봅니다. 전문가는 열린 시각으로 세상을 보고, 아마추어는 닫힌 시각으로 세상을 봅니다. 그래서 전문가는 항상 사고가 깨어 있고 열려 있어야 합니다. 경제의 교환 가치와 가

실물 자산	화폐 자산
어디서 살 것인가?	언제 살 것인가?

| 실물 자산과 화폐 자산의 가격 결정 |

격은 사람을 때로 냉소주의자로 만들기도 합니다. 하지만 금융을 제대로 공부하면 현재 가치와 가격을 분해할 수 있는 합리주의자, 이를 실행에 옮기는 실용주의자가 될 수 있습니다.

우리는 원금 보장에 대해 많이 이야기합니다. 그래서 원금을 까먹을 수 있는 투자보다 원금이 확실히 보장되는 저축을 선호하기도 합니다. ELS 상품도 원금이 보장되는지가 중요한 체크 포인트입니다. 사람들은 펀드에 투자한 1억 원의 변화는 쉽게 느끼지만 현금과 정기예금 1억 원의 변화는 잘 느끼지 못합니다. 하지만 우리가 아는 것과 상관없이 모든 자산 가치는 변화합니다. 우리가 사용하는 화폐 가치가 변화하기 때문입니다.

두 번째 질문, 열심히 저축한 두 회사원에 대해 생각해보겠습니다. 만일 원금이 보장되는 3%의 정기예금에 1억 원을 저축했는데 물가가 올라 물가상승률이 4%라면 과연 원금은 보장된 것일까요? 처음에는 화폐 1억 원으로 물건 1억 원을 소비할 수 있었습니다. 하지만 금융 자산 1억 원이 1.03억 원으로 상승했어도 물건 가격이 1억 원에서 1.04억 원으로 올랐다면 실제 내 돈의 가치는 하락한 것입니다. 1억 원은 지켰지만 그 가치는 1억 원이 아닐 수 있습니다. 눈에 보이는 원금 보장보다 눈에 보이지 않는 구매력 보장이 더 중요합니다.

화폐는 시장경제를 지탱하는 교환 수단 즉, 사고파는 수단입니다. 또 화폐는 가치를 저장하는 수단이기도 합니다. 거래가 일어나는 시점에서 화폐는 교환 수단이지만 거래 사이에 화폐는 저장 수단이 됩니다. 우리에게 중요한 사항은 미래 교환을 위해 오늘 화폐를 어떤 방식으로 저장하느냐입니다. 물건인가, 화폐인가? 화폐 자산이라면 예금, 채권, 혹은 주식인가? 이 부분이 중요합니다. 지구가 둥글다고 배웠고 사진으로도 확인했지만 여전히 우리는 세상이 평평하다고 느낍니다. 지구가 맹렬한 속도로 자전과 공전을 한다지만 우리가 느끼지 못하는 것과 비슷합니다. 화폐의 의미와 화폐 자산인 예금·채권·주식의 기준부터 세워보겠습니다. 자산 관리의 출발은 '화폐의 구매력을 지키는 것'이기 때문입니다.

최초의 화폐는 쌀이나 면포 같은 물품 화폐였습니다. 사용 가치가 자연스럽게 교환 가치로 이어졌습니다. 하지만 들고 다니기 불편하고 썩거나 닳는 문제도 있었습니다. 그래서 등장한 것이 금과 은 같은 금속 화폐입니다. 금속 화폐는 가치도 안정적이고 보관·휴대·운반하기도 편리했습니다. 처음에는 무게를 달아서 측정하다가 나중에는 표준화하여 동전으로 만들었습니다. 여기까지는 상식적인 화폐 발달사입니다. 하지만 금과 은이 화폐로 사용되면서 남미의 슬픈 역사가 만들어지기도 했습니다. 500년 전 잉카제국에서는 금과 은을 각각 '해님의 딸' '달님의 눈물'이라고 불렀습니다. 낭만적인 표현이죠. 남미에서는 금과 은이 지천으로 널려 있어 아름답지만 희소한 자원은 아니었습니다. 하지만 돼지를 돌보던 가난한 프란시스코 피사로에게 금과 은은 돈이며, 무엇이든 살 수 있는 화폐였습니다. 가난한 야심가인 피사로는 남미 원정에 나섰고, 잉카제국을 멸망시키고 어마어마한 금과 은을 들고 스페인으로 금의환향합니다. 피사로는 자신을 믿어준 부하들에게 무려 180년치 연봉에 해당하는 금과 은을 주기도 했습니다. 그 후로 300년간 세계 생산량의 80%에 달하는 엄청난 금과 은이 남미에서 스페인을 거쳐 유럽으로 들어갔습니다.

그 후 스페인은 부유해졌을까요? 피사로와 그의 부하들은 잘살았을까요? 황당하게도 아니었습니다. 왜일까요? 실물 부분에서 스페인은 약탈한 금을 생산 부분으로 이용한 것이 아니라 황금으로 대성당의 제단을 제작하는 등 소비 부분으로 확대했습니다. 그래서 경기 선순환 고리를 만들지 못했습니다. 하지만 더 중요한 이유는 화폐 가치 하락과 물가 상승에 따른 경기 침체에 있습니다. 이제 잉카에서 그러했듯 스페인에서도 금과 은이 더는 희소한 자원이 아닙니다. 돈이 많아지니 물가가 오르기 시작합니다. 예전에는 음료수가 1000원이었다면 남미 원정 이후 물 한 병의 가격은 1만 원으로 오른 것입니다. 하이퍼 인플레이션이 발생한 것입니다. 물가가 오르자 피사로 무리를 제외한 다른 스페인 사람들의 소비 여력은 줄어들었습니다. 소비 하락은 생산 하락으로 이어지고, 결국 경기가 침체했으며 스페인 경제는 몰락했습니다.

이 사건은 금융 역사에도, 자산 관리에도 중요한 아이디어를 제시합니다. 먼저 금융 역사에서 사람들은 이 사건을 통해 화폐 가치 안정이 경제 성장의 중요한 변수임을 인식하게 되었습니다. 또한 금과 은 같은 금속 화폐는 선박 같은 값비싼 물건의 교환 가치로써 불편함도 깨닫게 됩니다.

이러한 이유로 정부는 명목 화폐를 발행합니다. 하지만 교환은 획기적으로 편해졌지만 과연 사람들이 종이 화폐를 믿을까요? 금과 은은 스스

| 미국 달러 |

로 본질 가치가 있지만 종이 화폐는 그냥 종잇조각에 불과할 수 있으니 말입니다. 종이 화폐를 믿게 하려면 화폐 가치를 안정화해야 합니다. 화폐를 발행하는 중앙은행이 이 부분을 책임집니다. 중앙은행은 어떻게 화폐 가치를 안정화할까요? 화폐 가치를 안정시킨다는 말은 곧 물가를 안정시킨다는 뜻입니다. 미국의 달러에는 다음과 같은 글이 적혀 있습니다. "In God We trust." 신을 믿듯 달러가 가진 구매력을 믿는다는 뜻입니다. 오늘 3달러로 커피를 마셨다면 내일도 같은 값으로 커피를 마실 수 있다는 것을 믿는다는 의미입니다.

　이 점은 자산 관리에 어떤 교훈이 될까요? 정부가 물가 안정을 목표로 하지만 문제는 커피 가격, 즉 물가가 오르락 내리락한다는 것입니다. 그래서 자산 관리의 첫 번째 기준은 '물가'입니다. 예를 들어보겠습니다. 현재 제 호주머니에 100만 원이 있습니다. 매일 물가가 올라 커피 가격이 오른다면 저는 어떻게 해야 할까요? 더 오르기 전에 사재기해야 합니다. 이때 가장 좋은 의사결정은 즉시 물건을 사는 것입니다. 화폐보다 물건을 가지는 것이 좋습니다. 현재 소비가 미래 소비보다 낫다는 뜻입니

물가	기준	자산
물가상승률 ↑	짧게 운용 (현재 소비 중심)	주식 〈 채권 〈 예금
물가상승률 ↓	길게 운용 (미래 소비 중심)	예금 〈 채권 〈 주식

| 물가와 투자 의사결정 기준 |

다. 이 기준을 화폐 자산으로 확대해보겠습니다. 금융 자산이라면 예금, 채권, 주식 중 어떤 자산이 더 좋을까요? 이때의 금융 자산은 빨리 현금화가 가능할수록 좋습니다. 주식보다 채권이, 채권보다 예금이 더 나은 투자 자산입니다.

반대 상황은 어떨까요? 물가상승률이 낮아집니다. 이때는 되도록 천천히 사는 것이 좋겠죠. 현재 소비보다 미래 소비가 낫습니다. 물건보다는 금융 자산을 갖는 편이 좋습니다. 금융 자산은 길게 운용하는 것이 좋습니다. 그래서 예금보다 채권이, 채권보다 주식이 더 나은 의사결정이 됩니다.

정리해보면, 물가상승률이 낮(높)으면 돈은 길게(짧게) 운용하는 것이 좋습니다. 일반적으로 개발도상국은 물가상승률이 높은 편입니다. 돈을 될 수 있는 대로 짧게 운용하는 것이 좋습니다. 선진국은 물가상승률이 낮으니 돈을 길게 운용하는 것이 좋습니다. 개발도상국에서는 물가상승률이 높으니 금과 예금이 좋은 투자 수단입니다. 반대로 선진국에서는 물가상승률이 낮으니 주식이나 채권 같은 금융 자산이 좋은 투자 수단입니다. 우리나라도 1980년대 부잣집에 도둑이 들어가면 금두꺼비를 들고 나왔지만 최근에는 미국 채권이나 주식 증서가 나오는 것도 같은 맥락입니다. 우리나라는 가난하던 나라에서 선진국 대열로 올라섰습니다. 고성장과 고물가, 높은 변동성의 나라에서 저성장과 저물가, 낮은 변동성의 나라가 되었습니다. 현재 소비보다 미래 소비가, 물건보다 화폐가 좋은 선택입니다.

자산시장도 진화한다

이제 금융 자산 중 주식과 채권의 평가 방법에 대해 이야기해보겠습니다. 역사를 통해 주식과 채권 같은 유가증권과 선물·옵션·스왑 같은 파생상품의 교환 가치에 대해 이야기하는 것이 좋을 것 같습니다.

1930년 이전까지 자산은 '희귀한 것'이었습니다. 희귀한데 사람들이 갖고 싶어 하는 것, 즉 공급은 부족하고 수요는 많은 것이 자산이었습니다. 가장 대표적인 초기 상품이 금과 은 같은 금속 화폐였습니다. 시간이 지나면서 수요와 공급의 지배를 받는 자산은 늘어났고 오일 같은 에너지, 농산물, 우표나 골동품 같은 수집품 등도 자산에 포함되었습니다. 현재 규모로 본 대표 자산은 원자재와 부동산입니다. 수요와 공급에 의해 가격이 결정됩니다.

하지만 금융에서는 부동산을 약간 다르게 봅니다. 자산 가격을 평가할 때도 상가나 리츠 등을 평가하는 방법과 거주하는 집을 평가하는 방법이 다릅니다. 상가나 리츠는 돈을 버는 자산이고, 거주하는 집은 돈을 벌지 않는 자산으로 간주합니다. 혹자는 사는 집은 현금 흐름을 창출하지 못하므로 아예 자산이 아니라고도 주장합니다. 부동산은 수급에 의해서도 결정되지만, 수익에 의해서도 결정됩니다.

그럼 제대로 된 돈 버는 자산은 무엇일까요? 바로 유가증권입니다. 화폐의 대용인 수표나 어음도 해당하지만 우리가 말하는 유가증권은 주식과 채권입니다. 주식이나 채권은 이자와 배당금의 형태로 돈을 벌어주는 자산입니다. 혹자는 주식과 채권도 결국 수요와 공급의 함수로 설명할 수 있는 것이 아니냐고 말합니다. 물론 주식과 채권도 수급의 영향을 받기 하지만 그것만으로는 설명이 충분하지 않은 그 이상이 존재합니다.

우리나라는 개발도상국에서 선진국으로 발전하면서 경기 부양과 복지 증진을 위해 과거보다 채권을 많이 발행합니다. 2000년 채권 발행액은 20조 원이 안 되었지만 2005년 60조 원을 넘고, 2015년에는 100조 원을 넘었습니다. 수급의 프레임으로 설명하면 공급은 늘었고 당연히 가격은 내려가야 합니다. 즉, 채권 금리가 올라야 합니다. 하지만 채권 금리는 갈수록 하락했습니다. 수급의 프레임만으로는 설명하기 어렵습니다. 주식도 마찬가지입니다. 매도 세력이 아주 강해서, 다시 말해 외국인과 기관 모두 주식을 판다 하더라도 삼성전자 주식 가격이 10만 원, 1만 원으로 떨어질까요? 그렇다면 주식과 채권의 교환 가치를 평가하는 프레임은 무엇이어야 할까요?

드디어 자산 가격을 평가하는 모델들이 등장합니다. 유가증권의 본질적인 가치를 측정하는 방법으로 각종 경제지표·재무제표·밸류에이션 지표들이 발표되기 시작한 때가 1930년대입니다. 필요가 발명을 낳듯, 1930년대 대공황 위기에 경제학 분야에서 많은 진전이 있었습니다. 경제 분석을 위한 거시지표가 만들어진 것입니다. 애덤 스미스가 1776년 국가의 부는 생산에 있다고 주장했지만 오랜 기간 국민총생산을 측정할 방법이 없었습니다. 대공황이 미국 경제에 끼친 손실을 측정하기 위해 미국 경제학자 사이먼 쿠즈네츠는 GNPGross National Product(국민총생산, 국민의 생산을 모두 합한 금액)라는 개념을 도입하고 측정법을 만들었습니다. 이후 글로벌화가 진행되면서 '국민'보다 '국내'라는 개념이 더 중요해졌고 GDPGross Domestic Product(국내총생산, 국적 불문 국가 내 이루어진 모든 생산 활동)

의 유용성이 더 커졌습니다. 간혹 GDP가 틀렸다는 비판이 나오지만 한 나라의 경제 규모를 나타내는 데 이를 능가할 만한 지표는 아직 없는 것 같습니다. 이를 보완하는 지표들은 계속 만들어지고 있습니다.

기업 분석을 위한 재무제표의 틀도 만들어지기 시작했습니다. 대공황 직전에 기업의 재무제표는 아주 간단했습니다. 재무상태표는 '큰 문제 없음', 손익계산서는 '이익이 나고 있음' 정도였습니다. 당시 대통령이던 루스벨트가 이런 공시의 허점을 이용하여 돈을 벌던, 소위 작전 세력과의 전쟁을 선포하였고, 이는 금융 개혁으로 이어졌습니다. 대공황 당시에는 많은 기업이 도산하고 실업자가 양산되었습니다. 연쇄 도산으로 은행도 파산했습니다. 미국 정부는 대공황의 재발을 방지하기 위해 증권법과 증권거래법을 제정하고 SEC^{미국증권거래위원회}를 만들어 증권 거래를 감독하게 했습니다. 모든 상장기업은 SEC에 재무제표를 보고해야 했습니다. 이 기준이 바로 세계 최초의 회계 기준인 GAAP^{Generally Accepted Accounting Principles}(일반적으로 인정된 회계 원칙)입니다.

재무제표 분석 틀이 만들어진 후 이를 활용하는 사람들이 나타납니다. 벤저민 그레이엄이 1934년 《증권 분석》, 1949년 《현명한 투자자》를 쓰면서 재무제표 분석을 통한 과학적 투자를 제안합니다. 그는 이 책으로 '월가의 교장 선생님^{Dean of Wall Street}'이라는 별명을 얻습니다. 그는 많은 사람에게는 워런 버핏의 스승으로 유명하지만, 금융인에게는 CFA^{공인재무분석사} 프로그램의 창시자로 유명합니다.

다음은 존 버 윌리엄스입니다. 그는 《투자가치이론》을 통해 기업 가치는 미래에 회사가 벌어들일 수익과 관계가 있으며, 가치는 미래 현금 흐름의 할인된 현재 가치로 측정할 수 있다는 이론을 도출합니다. 복잡해

거시경제	미시경제	밸류에이션
GNP	GAAP	Valuation Theory

| 대공황이 만든 금융 혁명 |

보이지만 모든 재무 관리 수업에 가장 처음 나오는 개념으로, 이미 우리에게는 친숙한 이론입니다. 뒤에서 자세히 다루겠습니다.

필립 피셔는 1958년 《위대한 기업에 투자하라》, 1975년 《보수적인 투자자는 마음이 편하다》는 책을 통해 동태적인 기업 분석을 시도합니다. 양적 분석은 벤저민 그레이엄, 질적 분석은 필립 피셔, 밸류에이션 분석은 존 버 윌리엄스 천재 3인이 기초 공사를 완성했습니다. 현대 투자학을 만든 사람들은 두 공간에서 나타납니다. 이론 세상과 현실 세상입니다. 벤저민 그레이엄과 필립 피셔가 현실 세상에서, 해리 마코위츠·윌리엄 샤프·블랙과 숄즈 등은 이론 세상에서 현대 투자를 만들었습니다. 전자는 월가에서 활동한 투자자들이고 후자는 학교에서 활동한 박사들입니다. 그리고 윌리엄스가 두 그룹을 연결합니다.

존 버 윌리엄스는 현대 투자 이론을 만들었습니다. 묘한 이력이 그를 투자 이론의 아버지로 만든 것 같습니다. 하버드대학교에서 수학과 화학을 전공한 그는 증권회사에서 투자 분석 업무를 담당합니다. 1929년의 주가 폭락과 1930년대 대공황의 원인을 분석하기 위해 그는 다시 하버드대학교 경제학과로 진학합니다. 지도교수인 조지프 슘페터는 그에게 기업의 내재 가치 측정에 관한 연구를 제안했고, 윌리엄스는 투자가치이론에 관한 논문을 발표해 경제학 박사학위를 받습니다. 옵션시장의 권위자인 마크 루빈스타인은 그의 논문을 '제대로 평가받지 못한 고전 Insufficiently Appreciated classic'이라고 평가했습니다. 1990년 노벨경제학상은 해리 마코위츠·윌리엄 샤프·머턴 밀러에게 돌아갔습니다. 노벨상이 최초로 금융경제이론의 대가들을 선정한 해였습니다.

노벨상은 생존한 사람에게만 수여합니다. 그는 1989년에 사망했습니다. 그런 이유로 윌리엄스가 노벨상을 놓친 게 아닌가 싶습니다. 제가 이렇게 생각하는 이유는 윌리엄스의 논문이 금융인에게 가장 영향을 준 현대 포트폴리오 이론을 만든 해리 마코위츠와 닿아 있기 때문입니다. 마코위츠의 포트폴리오 이론은 제자인 윌리엄 샤프로 이어지고 그는 1960년대 CAPM^{자본자산가격결정모형}으로 개별 종목의 가치 측정과 포트폴리오 구성을 모두 해결했습니다. 1980년대 블랙과 숄즈 등이 만든 OPM^{옵션가격결정모형}도 윌리엄스의 투자가치이론에서 출발합니다. 선물·옵션 같은 파생상품시장으로 가기 위해서도 그의 이론을 정리할 필요가 있습니다.

우리는 이미 이 이론을 자연스럽게 사용하고 있습니다. 'Time Value of Money', 돈의 시간 가치입니다. 예금을 예로 들어보죠. 원금이 100원이고 금리가 10%라면 1년 후 110원을 돌려받습니다. 2년 후에는 복리에 의해 121원을 받게 됩니다. 그렇다면 1년 후 110원을 돌려받는데 할인율이 10%라면 가치는 얼마가 될까요? 100원이겠죠. 2년 후 121원을 돌려받는데 할인율이 10%라면 가치는 역시 같은 100원이 됩니다. 100원은 미래에 받을 110원과 121원을 금리 10%로 할인한 값입니다.

좀 더 확장해서 생각해보겠습니

$$PV = \sum_{i=1}^{n} \frac{CF}{(1+r)^i}$$

| 1938년 투자가치이론 |

다. 현금 흐름이 한 번만 발생하는 것이 아니라면 이 현금 흐름은 기간을 반영해야 합니다. 그리고 모든 할인된 현금 흐름을 합하면 현재가치가 됩니다. 현금 흐름이 일정한 자산은 채권Fixed Income입니다. 주식의 현금 흐름은 배당금·잉여 현금 흐름·잔여 이익 등 다소 복잡합니다. 일단 주식의 현금 흐름은 기업이 미래에 벌어들일 이익이라고 정리하겠습니다. 부동산의 현금 흐름은 임대료입니다. 이렇게 평가하면 채권·주식·부동산의 가치 측정이 모두 가능해집니다. 채권은 채권 금리, 주식은 요구 수익률, 부동산은 자본환원율Capitalization Rate로 할인율을 평가합니다. 이제 유가증권의 가치 측정 틀이 나왔습니다.

여기 아름다운 수식이 있습니다. 어디서 본 것 같지 않나요? 처음 재무관리 시간에 배운 수식입니다. 현재 가격과 미래가치를 이용한 투자안이 적정한가를 평가했습니다. 투자가치이론을 통해 우리는 프로젝트 파이낸싱 같은 사업 타당성을 분석할 수 있고, 대출 같은 투자 결정에도 응용할 수 있습니다. 이렇게 대출이나 프로젝트 파이낸싱, 채권 투자, 주식 투자, 부동산 투자 모두 하나에서 출발했습니다. 돈을 버는 모든 자산 평가는 존 버 윌리엄스의 투자가치이론에서 비롯합니다. NPVNet Present Value라는 순 현재 가치 측정법입니다. 수익을 발생시키는 유가증권, 즉 돈을 버는 자산은 이렇게 평가 틀이 준비되었습니다.

이제 선물이나 옵션·스왑 같은 파생상품은 어떻게 평가될까요? 파생상품에 대한 인식의 프레임이 필요합니다. 다시 현대 투자학의 아버지 해리 마코위츠를 살펴보죠. 그의 자서전에 나온 이야기입니다. "나는 애초에 경제학자가 되겠다고 생각한 적이 없었다. 우연히 도서관에서 윌리엄스의 투자가치이론을 읽고 논문 〈포트폴리오 선택Portfolio Selection〉을 썼다." 통계학을 공부한 해리 마코위츠는 존 버 윌리엄스의 현금 흐름을 기대 수익으로, 할인율을 변동성으로 보았습니다. 통계학 전공자로서 충분히 시도해볼 만했습니다. 현금 흐름은 미래의 일이니 확률을 고려한 기대 수익이고, 할인율은 현금 흐름의 위험을 고려하여 변동성으로 본 것이죠. 놀라운 발상의 전환입니다. 그가 '금융계의 콜럼버스'로 불리는 이유입니다.

표지를 포함해 겨우 16쪽 분량의 논문인 〈포트폴리오 선택〉은 수식으로 가득 차 있습니다. 논문 심사에 참여한 통화주의자의 대부 밀턴 프리드먼도 이 논문을 보고 "이게 경제 논문이냐, 경영 논문이냐? 아니면 수학 논문이냐, 통계 논문이냐?"라고 물었다고 합니다. 논문이 통과되기까지 한참이 걸렸고, 해리 마코위츠는 박사가 되었습니다. 그리고 약 40년 뒤 해리 마코위츠는 윌리엄 샤프와 노벨 경제학상을 받았습니다.

만약 해리 마코위츠가 아닌 다른 사람이 이론을 만들었다면 금융이 수학적이고 통계적인 부분이 덜하지 않았을까요? 그럼 수식으로부터 좀더 자유로울 수도 있었을 텐데요. 해리 마코위츠 덕분인지 아닌지, 현대 금융은 수와 식으로 빽빽합니다. 특히 파생상품시장은 훨씬 복잡합니다. 금융MBA 과정을 신청하면 금융수학과 금융통계부터 공부해야 합니다. 요즘은 전산까지 추가되었습니다.

수식으로 모든 금융 현상을 설명할 수는 없지만 수식 없이 금융 현상을 설명하기도 어렵습니다. 강의하다 보면 고등학생이 수학에 느끼는 공포심만큼이나 금융인이 수식을 불편해하는 것을 느낍니다. 하지만 중요한 점은, 금융인이 알아야 하는 수준은 활용이지 검증이 아닙니다. 이미 실험과 검증을 끝낸 근거를 활용하기만 하면 됩니다. 수식을 잘 활용하면 거인의 어깨 위에서 세상을 내려다보는 것처럼 멀리 볼 수 있습니다.

금융인의 수식 활용은 두 종류입니다. 첫째, 수식에 무엇을 대입할 것 인가입니다. 모델에 값을 입력하고 '결과값'을 활용하면 됩니다. 둘째, 수식의 분자와 분모를 보고 '방향'을 예측하는 것입니다. 분자 값이 커지면 상승하고 분모 값이 커지면 하락합니다. 애정을 갖고 수식을 지켜보면 그리 어렵지만은 않습니다. 포기하지 말고 조금씩 활용해보는 것이 중요합니다.

옵션 평가 모델은 수식으로 가득 차 있습니다. 실험과 검증의 구체적인 내용까지 알 필요 없지만 블랙과 숄즈, 머튼은 블랙숄즈모형을 통해 '연속시간모형'으로, 콕스·로스·루빈스타인은 트리 모형Binomial Tree Analysis을 통해 '이산시간모형'으로 옵션 가격을 계산해냈습니다. CAPM 같은 이전 밸류에이션 모델은 한 기간을 기준으로 한 모델이지만 옵션가격결정모델OPM은 실시간 가격 측정Real Time Valuation이 가능한 혁명적인 모델이었습니다.

해리 마코위츠의 이론은 옵션가격결정모델Option Pricing Model로 어떻게 이어졌을까요? 첫째, 그는 세상에 공짜는 없다. 둘째, 달걀을 한 바구니에 담아서는 안 된다. 셋째, 효율적인 투자선은 하나지만 사람마다 선택해야 하는 최적의 포트폴리오는 다르다는 것을 증명했습니다. 파생상품의 모델을 만든 사람들은 해리 마코위츠의 아이디어 중 첫 번째, 세상에 공짜는 없음을 활용했습니다. 다시 말해 위험이 클수록 수익이 크다는 것으로 변동성이 수익을 만든다는 것입니다. 정리하면, 위험할수록 수익이 있고, 수익이 있으니 자산이라는 것입니다. 즉, 움직이면 자산이라는 뜻입니다. 존 버 윌리엄스의 모델을 활용하면 굳이 현금 흐름으로 기대 수익을, 변동성으로 위험을 측정할 필요가 있냐는 것입니다. 변동성이 위험이고 위험이 수익이니, 옵션 가격은 변동성으로 결정된다는 것입니다. 이제 알고 싶은 것은 두 가지입니다. 변동성이 커질 것인가, 줄어들 것인가?

움직이면 자산이라는 말이 말장난 같기도 하고, 언뜻 이해하기 어렵습니다. 본질은 안 보이는데 수익이 보이니 신기합니다. 그 대표적인 상품이 주가연계증권 ELS^Equity Linked Securities · 주가연계펀드 ELF^Equity Linked Funds 같은 구조화 상품입니다. 예를 들어, 코스피 200 지수가 3년간 60% 이하로 하락하지 않으면 일정한 수익을 제공한다는 ELS는 크게 움직이지 않으면 수익을 제공하는 상품입니다. 즉, 변동성을 수익으로 만든 자산입니다. 파생상품은 기초 자산에서 파생된 상품이어서 본질은 보이지 않지만 원하는 수익 전략을 구성할 수 있습니다. 만일 가격 하락이 예상된다면 풋 옵션^Put Option(팔 수 있는 권리를 매매하는 계약)을 살 수도 있지만 변동성이 줄어든다고 생각하면 콜과 풋을 모두 팔아서 변동성 하락을 수익으로 낼 수도 있다는 것입니다.

지금까지의 내용을 정리하면 1930년도 이전까지 자산은 '희귀한 것'이었습니다. 수요와 공급으로 평가했습니다. 대표적인 자산은 귀금속과

	자산	평가	예시
1930년 이전	희귀한 것	수요/공급	귀금속 · 부동산
1930년~	돈 버는 것	가격/가치	주식 · 채권
1960년~	움직이는 것	현재 변동성/미래 변동성	선물 · 옵션 · 스왑

| 자산의 기준과 프레임 |

부동산이었습니다. 1930년대 들어서면서 '돈 버는 것'이 새로운 자산으로 추가되었습니다. 주식과 채권이 대표적입니다. 이 새로운 자산은 가격과 가치를 통해 평가했습니다. 바로 유가증권시장입니다. 시간이 지나 1980년대 들어서면서부터는 '움직이는 것'이 새로운 자산으로 추가되었습니다. 현재와 미래의 변동성을 예측해 돈을 벌 수 있습니다. 대표 자산은 선물·옵션·스왑인 파생상품시장입니다.

동물의 세계와 마찬가지로 자산시장도 진화합니다. 자산을 시장으로 확대하면 진화의 의미는 더욱 크게 다가옵니다. 현물시장에는 '싸게 사서 비싸게 팔기' 전략 하나만 존재합니다. 하지만 선물시장에는 '싸게 산 후 비싸게 팔기'와 '비싸게 판 후 싸게 사기' 두 전략이 가능합니다. 그리고 옵션에서는 '싸게 산 후 비싸게 팔기' '비싸게 판 후 싸게 다시 사기' '변동성 사기' '변동성 팔기'의 네 가지 전략이 가능합니다. 갈수록 상품이 다양해지는 것은 대부분 파생상품 때문입니다. 탈것 시장만 봐도 자전거·자동차·비행기가 다양하게 공존합니다. 오래전부터 이어진 익숙한 자산에 애정을 느끼는 것은 인지상정이나 더 크고 넓은 새로운 세상을 볼 기회도 놓치지 않으면 좋겠습니다.

자산은 희귀한 것·돈 버는 것·움직이는 것이 있습니다. 그리고 분석 방법은 수요와 공급의 경제 프레임, 가격과 가치의 금융 프레임, 변동성의 프레임으로 구분할 수 있습니다. 파생상품은 자산으로 구별하는 것이 아니라 전략으로 구분하는 것이 합리적입니다. 하지만 투기·헤지·차익·스프레드 거래 등 전략도 많고 상품과 시장을 결합할 때 나오는 경우의 수도 아주 많아 이번 논의에서는 제외하겠습니다. 하지만 파생상품의 해당 기초 자산의 성격을 이해하면 파생상품이나 구조화 상품 분석에 활용할 수 있을 것입니다.

자산별로 분석한 투자 프레임 (부동산, 주식, 채권, 외환, 원자재)

질문입니다. 유가·주가·금리 중 어느 쪽 전망이 더 쉬울까요? 유가는 2003년 30달러 수준에서 상승하기 시작해 2008년 중반에는 150달러 수준에 이르렀습니다. 하지만 바로 다음 해인 2009년에는 다시 30달러 수준까지 하락했습니다. 이 현상을 어떻게 설명할 수 있을까요? 2007년의 주가 상승, 2008년의 주가 폭락은 어떻게 보아야 할까요? 금리도 그렇게 변동할 수 있을까요?

금융업이 다루는 대표 상품 다섯 가지는 부동산·원자재·채권·주식·외환입니다. 이 상품들을 어떤 프레임으로 분석하면 좋을까요? 유가는 2003년 30달러에서 2008년 중반 150달러에 이르렀습니다. 중국의 경제성장이 상승의 원인이라고 합니다. 언론에서는 200달러까지 갈 수도 있다고 합니다. 그런데 다음 해인 2009년에 유가는 30달러 수준까지 하락했습니다. 중국 경제에 어떤 변화가 일어난 것일까요? 오일 가치는 변했을까요?

다음은 채권입니다. 만일 시장의 변화에 따라 안전한 자산을 선호하는 경향이 커진다고 합시다. 그래서 개발도상국인 우리나라의 채권은 팔아야 한다고 주장하는 상황입니다. 또 언론은 '정부가 공공사업에 지나치게 많은 돈을 찍어낸다' '재정수지가 악화되고 있다'는 보도를 언급합니다. 이제 국채 공급이 늘고 재정수지가 악화되니 채권 가격은 내려가고

분류	상품	밸류에이션	모멘텀	
		장기	중기	단기
실물	부동산	N/A	수요: 가구수 · 인구수 공급: 주택 보급률	금리 수준
	원자재	N/A	글로벌 수요 글로벌 공급	USD 인덱스
금융	채권	물가	경기	부도 위험
	주식	수익 가치	경기	수급
	외환	N/A	경상수지	물가

| 실물자산과 금융자산 분석 기준표 |

금리는 올라갈 것이므로 국채를 팔아야 한다고 주장합니다. 여러분의 생각은 어떠십니까?

위의 두 사례는 그럴듯하지만 모두 틀렸습니다. 접근 방법이 틀렸기 때문입니다. 자산은 성격에 따라 평가 방법이 달라야 합니다. 국제 유가는 가격과 가치가 아니라 수요와 공급으로, 채권시장은 수요와 공급이 아닌 가격과 가치로 분석해야 합니다. 옆에 있는 제가 만든 자료를 보시죠. 굳이 이런 말을 먼저 하는 이유는 자산을 보는 프레임이 백인백색으로 각기 달라 하나의 프레임이 필요하다고 생각하기 때문입니다. 더 좋은 프레임이 만들어지는 데 도움이 되었으면 좋겠습니다.

각 자산별로 예측의 프레임을 장기·중기·단기로 나누었습니다. 장기는 가격인 '밸류에이션'으로, 중기와 단기는 '모멘텀'으로 구분했습니다.

실물자산의 대표인 부동산은 장기 지표인 밸류에이션이 없습니다. 부동산 전문가들은 간혹 부동산 가치를 결정짓는 요소는 첫째도 위치, 둘째도 위치, 셋째도 위치라고 주장합니다. 그 예로 서울 평창동의 100평과 강원도 평창의 100평의 가치는 다르다고 말합니다. 위치의 중요성을 강조한 예지만 다르게 보면 부동산에는 적정 가치가 존재하지 않는다고 판단됩니다. 활용할 수 없기 때문이죠.

다음은 중기 요인인 수요과 공급입니다. 수요는 가구수와 인구수로 구분할 수 있고, 공급은 주택보급률로 평가할 수 있습니다. 공급 부분부터 보겠습니다. 국토해양부 자료에 따르면 국내 주택보급률은 1988년까지 70% 수준이었습니다. 당시 '한 지붕 세 가족'이라는 일요일 아침 드라마가 있었고, 최근 인기리에 방영된 '응답하라 1988'에도 등장인물들은 연립주택에서 삽니다. 당시 주택보급률을 잘 보여주는 사례입니다. 당시는 가구수도 인구수도 증가 추세였으므로 수요는 증가하고 공급은 부족해 부동산이 좋은 투자 대상이었습니다.

하지만 최근에는 주택보급률이 전국적으로 100%를 넘어섰습니다 (2014년 103.5%). 부동산은 무조건 오른다는 통념은 옛말이 되었습니다. 높은 주택보급률로 부동산시장에 나타난 변화는 '차별화'입니다. 예전처럼 모든 부동산이 지역과 상관없이 오를 수 있는 상황이 아닙니다. 예를 들어, 1인 가구의 증가로 소형 주택과 소형 아파트 가격은 상승세를 보입니다. 또한 인구가 증가하는 제주도도 부동산 상승률이 높습니다. 부동산시장을 분석하면 수요 부분은 가구수 증가와 인구수 감소로 상승 요인과 하락 요인이 혼재합니다. 공급 부분은 100%를 넘은 상황이니 하락 요인입니다. 중기적으로 부동산시장의 전망은 하향세입니다.

이번에는 단기 요인인 금리 수준을 살펴보겠습니다. 부동산시장은 주식시장과 달리 하방 경직성을 갖고 있습니다. 주식시장은 상승과 하락을 반복하는 반면 부동산시장은 상대적으로 상승 후 횡보, 다시 상승하는 패턴을 보입니다. 이렇게 부동산은 주식시장보다 변동성이 낮습니다. 그러므로 주식 투자는 레버리지Leverage(빚을 이용한 투자)를 일으키면 위험하지만 부동산은 주로 레버리지를 활용해 투자합니다. 부동산시장은 레버리지 효과가 크므로 금리가 낮을 때 상승합니다. 실수요자는 금리가 떨어지면 임대료보다 이자가 더 낮아 주택 구매에 나섭니다. 극단적인 예로 금리가 10%에서 2%로 떨어졌다고 가정해보겠습니다. 금리 10%에 1억 원을 대출하나 금리 2%에 5억 원을 대출하나 원리금은 거의 같습니다. 그래서 가수요자도 금리가 떨어지면 주택 구매에 나서게 됩니다. 2016년 낮은 금리가 부동산시장의 전망을 좋게 합니다.

이어 원자재시장을 보겠습니다. 원자재시장에서 가장 많은 비중을 차지하는 것은 35%의 오일입니다. 유가를 기준으로 살펴보겠습니다. 원자재 시장도 장기적인 밸류에이션이 없습니다. 원자재는 말 그대로 최종 제품을 생산하기 위한 원료이며 소재입니다. 원자재의 중기 지표는 부동산과 같이 수요와 공급입니다. 다만, 원자재의 수요와 공급은 글로벌 차원에서 일어납니다. 예를 들어, 석유는 중동에서 생산되지만 전 세계에서 사용됩니다. 생산과 소비가 모두 세계적입니다. 1973년과 1979년에 오일 쇼크가 있었습니다. 1973년에는 아랍과 이스라엘 간에 전쟁이 일어났습니다. 이후 OPEC아랍석유수출국기구은 에너지를 무기로 활용하면서 공급을 억제했고 전 세계는 심각한 석유 위기를 겪었습니다. 1차 오일 쇼크였습니다. 1979년에는 이란에 혁명이 일어나 석유 수출이 감소하면서 공급이 불안해졌고 곧 가격이 상승했습니다. 2003년부터 2008년까지 이어진 원자재 가격 상승은 공급이 아니라 수요 부분에서 발생했습니다. 당시 전 세계 포크레인의 절반이 중국에 있다는 말이 돌 만큼 폭발적으로 성장하던 중국은 원자재시장의 거대한 블랙홀이었습니다.

2016년 원자재시장은 공급이 크게 늘었습니다. 전통적 시장에서는 이란이 공급에 가담했습니다. 또 셰일 오일 같은 신기술로 에너지 공급이 가능해졌고, 풍력·조력 등 대체 에너지도 등장하여 공급은 계속 늘었습니다. 원자재 하락 요인입니다. 2008년 이후 중국을 비롯한 개발도상국의 경기 하락 이후 2016년 6월부터 중국이 완만한 성장세를 유지하면서 수요 부분의 하락은 일단락된 모습입니다. 중기적으로는 하락이 주춤한 상태입니다. 단기적으로 원자재시장은 달러 인덱스US Dollar Index에 영향을 받습니다. 오일은 달러로 결제합니다. 이로 인해 달러 가치와 오일 가격은 반비례합니다. 달러 가격이 상승하면 오일 가격은 하락하고, 달러 가격이 하락하면 오일 가격은 상승합니다. 2014년부터 2016년 초반까지 달러 가치가 크게 상승했고, 오일 가격은 크게 하락했습니다.

다음은 금융자산입니다. 금융자산은 우리에게 관심 분야인 만큼 상세히 다루어야 합니다. 먼저 큰 그림을 그린 후 조금씩 깊이 있게 들어가보겠습니다. 첫 번째 채권입니다. 미국의 금리가 높을까요, 일본의 금리가 높을까요? 네, 미국이 높습니다. 왜 미국의 금리가 높을까요? 일본보다 미국의 물가가 높기 때문입니다. 이 부분은 8장 주식과 채권의 적정 주가와 적정 금리를 계산할 때 다시 상세히 다루겠습니다.

일단 이렇게 정리하겠습니다. 단기 금리는 정부에 의해 결정됩니다. 정부는 물가 안정을 목표로 하니, 단기 금리는 물가에 의해 결정되는 셈입니다. 장기 금리는 물가에 경기를 더하여 결정되는데 경기가 좋으면 장기 금리는 상승하고 경기가 나쁘면 하락합니다. 장기 금리는 시장 참여자들에 의해 결정됩니다. 그리고 국채가 아닌 회사채나 해외 채권은 장기 금리에 프리미엄을 합쳐서 결정됩니다. 회사채 금리는 국채 금리에 부도 위험을 더하고, 해외채 금리는 환 위험을 더하게 됩니다.

다음은 주식입니다. 주식은 측정 모델이 다양합니다. 또 기업을 바라보는 기준도 다릅니다. 기업 가치를 평가하는 가장 큰 기준은 재무상태표에 나온 자산 가치(순 자산 가치인 BPS)와 손익계산서에 나온 수익 가치(당기 순이익인 EPS)였습니다. 또 시대에 따라 기업 가치에서 가장 중요한 부분이 현금 흐름인 CPS$^{Cashflow\ per\ share}$, 매출액인 SPS$^{Sales\ per\ share}$일 때도 있습니다. 때로는 부채 비율 등이 중요한 적도 있었습니다.

그중 펀드매니저가 가장 중요하게 여기는 지표는 무엇일까요? 시대에 따라 편차는 있었지만 가장 많은 답변은 역시 당기 순이익인 EPS였습니다. 이유를 생각해보면 경영학에서 기업은 '계속 기업$^{Going\ Concern}$'으로 존재한다고 가정합니다. 이는 기업이 지속해서 구매·생산·영업·재투자를 반복하는 지속적인 존재라는 뜻입니다. 일정 시점 이후 청산을 목적으로 하는 일시적 존재가 아닙니다. 이런 이유로 기업의 가치는 수익 가치에 의해 결정됩니다.

현실 세계로 평가해보면 국내 1등 기업은 삼성전자입니다. 삼성전자는 가장 많은 돈을 버는 기업이므로 기업 가치인 시가총액이 1위입니다. 또 현재 전 세계에서 시가총액이 1, 2, 3위인 나라는 GDP 순위 1, 2, 3위인 미국, 중국, 일본 순입니다. 그래서 기업 가치를 결정하는 장기 지표는 역시 실적 지표인 수익 가치입니다.

다음 중기적인 요인은 경기입니다. 우리가 기업의 실적을 평가할 때 현재 실적을 보는 것이 좋을까요, 미래 실적을 보는 것이 좋을까요? 당연히 미래 실적을 보는 것이 좋습니다. 이를 미래 이익이라고 하고 Forward EPS(미래의 예상 이익으로 일반적으로 향후 12개월 이후의 실적 지표를 활용)라고 부릅니다. 미래 이익이니 당연히 추정치입니다. 추정하는 미래 이익이다 보니 보는 방법이 필요하겠지요. 이 부분도 주식과 채권의 적정 주가와 적정 금리를 계산할 때 다시 다루겠습니다.

다음은 단기 요인입니다. 주식시장은 특징상 매일 실시간으로 거래됩니다. 하루 동안의 주가가 움직인 요소는 결국 수급으로 설명할 수밖에 없습니다. 통상 외국인·기관·개인으로 설명하는 투자자들의 수급이 순간순간 주가를 결정합니다. 예전에 워런 버핏이 이 부분에서 재밌는 설명을 한 적이 있습니다. "주식 투자는 요요를 가지고 산을 오르는 것과 비슷하다. 그런데 사람들은 산은 보지 않고 요요만 쳐다본다. 어 올랐네, 어 내렸네." 산을 분석하는 것이 미래의 수익 가치라면 요요를 보는 것은 수급을 분석하는 의미일 것입니다.

마지막 외환입니다. 주식과 채권은 계속 논의할 예정이지만 환율은 여기서 정리하겠습니다. 우리나라는 수출입의 비중이 큰 개방 경제입니다. 또한 세계 경제에서 GDP가 차지하는 비중이 2%도 되지 않는 소규모 경제입니다. 즉, 한국 경제는 소규모 개방 경제입니다. 그래서 미국이나 중국이 기침만 해도 한국은 감기에 걸릴 만큼 국외 시장 변화에 민감하게 반응합니다. 삼성전자나 현대차 등 시가총액 상위 기업도 수출 비중이 높아 환율과 해외 경기는 실물 경기에도, 주식시장에도 중요한 변수입니다. 개인은 해외여행을 갈 때마다 고민합니다. 현금을 사용할까, 신용카드를 사용할까? 환율은 단일 상품이라 쉬운 것이라 생각하기도 하지만, 실제 예측하기 어려운 상품입니다. KIKO 사태(환 헤지 상품. 환율의 상·하한 범위를 정해 최소한 약정 환율로 달러를 팔 수 있는 외환 상품. 2007~8년 환율이 급등하자 상품에 가입한 외환 거래 기업들의 무더기 손실과 환율 가격 급등을 초래한 사태)만 보더라도 환율이 결코 쉬운 상품이 아님을 알 수 있습니다.

한국은행은 "환율은 여러 가지 요인에 의해 수시로 변동한다"고 설명합니다. 그 문구를 한참 들여다보면서 생각했습니다. 한국은행은 정부의 환율정책을 협의하고, 외환시장의 개입 여부를 결정하는 실질적인 주체입니다. 그런 한국은행도 환율은 하나의 요인이 아니라 '여러 가지' 요인으로 변화하고, 국제 외환시장이 24시간 열리므로 '수시로' 변동하는 힘든 상품입니다. 한국은행이 외환 보유고를 운용하는 과정에서 환율을 잘못 예측해 낭패를 봤다는 기사도 여러 번 보셨을 것입니다.

환율의 적정 가치는 존재할까요? 어떤 책에는 적정 환율을 찾기 위해 빅맥 지수니 스타벅스 카페라테 지수를 언급하더군요. 최근에는 신라면 지수도 등장한 것을 보았습니다. 그 나라 환율의 고평가·저평가를 구별하고 적정 환율을 찾기 위해 사용된다는데 이 방법은 그다지 효과가 없는 것 같습니다. 저는 한 번도 빅맥 가격의 수치가 안정화되는 것을 본 적이 없습니다. 상식적으로 생각해봐도 나라마다 음식문화가 다르고 시간과 공간이 다른데 국가 차원에서 같은 상품은 가격이 같다는 '일물일가설'의 적용은 무리가 따릅니다. 초코파이도 지리산에서 파는 가격과 동네 마트에서 파는 가격이 다른데요. 우리 돈과 외국 돈의 교환 비율인 환율이 특정 상품의 가격이라는 단순한 잣대로 측정될 수 없을 것입니다.

환율의 변동 요인은 시장과 정부 요인 두 측면으로 볼 수 있습니다. 시

| 짐바브웨 화폐 |

장 요인은 달러를 하나의 상품으로 보는 것입니다. 돈을 벌어줄 수 있는 금융 자산인 것입니다. 이를 분석하는 방법이 돈을 많이 벌어주는 고금리 통화는 강세, 반대인 저금리 통화는 약세로 배운 '국제 피셔 효과'입니다. 이 이론도 현실과 동떨어진 부분이 많습니다. 이 이론대로라면 세계에서 가장 빠른 속도로 약세여야 하는 통화는 금리가 가장 낮은 일본의 엔화여야 합니다. 이 부분은 눈에 보이는 요인인 금리보다 눈에 보이지 않는 요인인 경기와 물가를 고려하면 이해하기가 쉽습니다.

예를 들어보겠습니다. A와 B 두 나라가 있습니다. 두 나라 모두 금리는 10%로 같습니다. A는 경제성장률이 10%, 물가는 0%입니다. B는 경제성장률이 0%, 물가는 10%입니다. 여러분은 어느 나라에서 살고 싶은가요? 또 어느 나라의 돈을 갖고 싶은가요? 고성장이지만 저물가인 나라는 A입니다. 이제 답은 나왔습니다. 경제성장률이 높은 나라의 화폐는 강세, 물가상승률이 높은 나라의 화폐는 약세입니다.

이해를 돕기 위해 좀 극단적인 예를 들어보겠습니다. 전 세계에서 가장 금리가 높은 나라는 짐바브웨입니다. 금리가 200%를 넘습니다. 그런데 2008년 물가는 2억%를 넘었습니다. 과연 누가 짐바브웨의 돈이 금리가 높다고 살까요? 짐바브웨에서 단위가 가장 큰 법정 통화인 100조 달러의 가치는 2010년에는 약 5달러였다가 2016년에는 약 0.5달러로 떨어졌습니다.

다음은 정부 요인입니다. 2008년 강만수 기획재정부 전 장관은 "환율을 시장에 온전히 맡기는 나라는 없다"고 말했습니다. 그리고 고환율 정책을 사용했습니다. 고환율 정책이 물가 상승으로 이어져 말이 많았습니다. 하지만 2009년 고환율은 경상수지 흑자로 이어져 경제는 빠른 속도로 회복되었습니다. 정부 정책이 물가에는 부정적인 영향을 주었지만 경기에는 긍정적으로 작용한 셈입니다. 정부는 왜 그런 정책을 펼쳤을까요? 정부가 보는 환율은 좀 다릅니다. 시장은 환율을 금융시장의 금리라는 단기 요인으로 보지만 정부는 실물시장의 수요와 공급이라는 장기 요인으로 봅니다.

예를 들어, 외환에 대한 수요는 아이폰 같은 상품 매입, 철강과 원유 같은 원자재 구매, 미국 국채나 브라질 채권 같은 금융 자산 매수를 위해 필요합니다. 외환의 공급은 스마트폰이나 자동차 같은 상품 매출과 외국인의 국내 주식 및 채권 투자 등으로 이뤄집니다. 정부는 일정 기간 다른 나라와 거래한 결과를 수입과 지출로 나누어 수지로 집계합니다. 그 중 상품, 서비스와 관련된 거래는 '경상수지', 자본 거래를 통한 거래는 '자본수지'로 계산됩니다. 외환 공급이 더 많으면 흑자이고, 적으면 적자로 표현합니다. 현재 수출이 수입을 넘어서는 우리나라의 경상수지는 흑자, 자본수지는 적자입니다. 자본수지가 적자라는 것은 우리나라가 외국

변동 요인	중심 프레임	강세 조건
시장 요인	돈 버는 것	고성장/저물가
정부 요인	교환 수단	경상수지 흑자

| 외환 강세 요인 |

에 빌려주거나 투자한 돈이 많다는 뜻입니다. 우리나라는 경상거래로 들어오는 달러를 자본 거래를 통해 해외에 공급함으로써 전체 국제 수지의 균형을 유지하고 있습니다.

이제 환율 예측에 대해 살펴보겠습니다. 경상 거래와 자본 거래 중 어떤 쪽이 장기적이며 안정적일까요? 바로 경상 거래입니다. 쉽게 사고팔 수 있는 자본 거래는 단기 변동성이 크고, 그런 이유로 불안정할 수밖에 없습니다. 1997년 IMF 당시 우리나라는 경상수지 적자, 자본수지 흑자 상태였습니다. 수출보다 수입 규모가 컸으므로 달러가 부족했고, 부족한 달러는 외국에서 빌려왔습니다. IMF 외환 위기는 늘어난 외채가 한꺼번에 이탈하면서 발생했습니다. 이후 정부는 경상수지 흑자 규모를 전체 GDP의 3% 이상으로 유지하면서 제2, 제3의 IMF 위기를 막기 위해 애쓰고 있습니다.

이것이 의미하는 바는, 정부에서 기준으로 삼는 것은 경상수지라는 뜻입니다. 경상수지가 줄어들면 정부가 외환시장에 개입합니다. 우리나라만의 일은 아닙니다. 1987년 미국은 플라자 합의를 통해 미국 달러화를 약세로, 독일 마르크화와 일본 엔화를 강세로 만들어 미국의 경상수지 적자를 줄이려 했습니다. 환율을 시장에 맡긴다는 변동환율제가 존재하지만, 국제 정책 협조라는 명분으로 왜곡되고 정부 관점에서 관리되는 것입니다. 외환시장에는 정부라는 '빅 브러더Big Brother'가 존재합니다.

정리하면, 환율은 중기 요인으로는 정부가 관리하는 경상수지, 단기 요인으로는 시장에서 평가되는 경기와 물가가 있습니다. 환율이 강세인 조건은 경상수지 흑자, 저물가와 고성장으로 예측할 수 있습니다. 그렇다면 최악의 조건은 무엇일까요? 저성장·고물가 그리고 경상수지 적자인 상황입니다.

지금까지 부동산·원자재·채권·주식·외환의 5가지 자산에 대한 예측과 분석 방법에 대해 알아보았습니다. 그중 가장 예측하기 어려운 자산은 원자재입니다. 수요와 공급으로 구성되어 있을 뿐만 아니라 수급도 글로벌 차원에서 이루어지기 때문입니다. 원자재시장에 메이저 플레이어들이 존재하지만 그들도 크기를 움직일 수는 있으나 방향을 바꿀 수는 없습니다. 원자재 다음으로 예측하기 어려운 자산은 외환입니다. 외환은 경상수지와 물가의 영향을 강하게 받지만 정부의 입김이 존재하고, 단기적으로는 각종 뉴스나 참가자들의 기대에 영향을 받기 때문입니다.

가장 예측하기 쉬운 자산은 채권입니다. 수급이 미치는 영향이 가장 적기 때문입니다. 또 국채의 존재와 발행 시장의 상당한 규모는 시장을 효율적으로 만드는 요인이라 할 수 있습니다. 채권 다음으로 예측하기 쉬운 자산은 부동산입니다. 글로벌 차원이 아니라 로컬 차원에서 일어나기 때문입니다. 또 부동산은 수급으로 구성되어 있지만 가구 수나 인구수, 주택보급률은 모두 장기적이라 단기 변동성이 낮은 편입니다.

주식은 예측 수준에서 정리하면 중간 정도에 해당합니다. 예측 수준은 채권〉부동산〉주식〉외환〉원자재로 볼 수 있습니다. 채권의 낮은 변동성과 원자재의 급등락은 이런 맥락에서 이해될 수 있습니다.

어떤 기법이 각 자산에 적합할까요? 원자재와 외환에 많이 붙는 말은 '헤지Hedge(가격 변동이나 환 위험을 피하기 위한 거래)'입니다. 즉, 위험 관리가 더 중요하다는 의미입니다. 반면 부동산이나 채권은 예측하기가 쉬워 투자 규모가 큽니다. 투자 규모가 크다 보니 기관 투자자나 거액 고객들이 선호합니다.

투자 규모는 어떻게 정하는 것이 좋을까요? 당연히 예측하기 어려운 원자재의 비중은 적어야 합니다. 전체 자산 규모에서 원자재가 차지하는 비중은 10%를 넘지 않는 것이 좋습니다. 예를 들어, 100억 원대 자산가라도 금이나 원유 같은 상품에 대한 투자는 10억 원을 넘지 않는 것이 좋습니다. 구조화 상품으로 구별해보는 것도 좋은 방법입니다. 부동산이나 채권은 변동성이 낮아 구조화 상품으로 만들기 어렵습니다. 그래서 기초 자산은 금·은·오일 같은 DLS Derivative Linked Securities(파생 결합 증권)원자재·주식은 ELS 지수·ELS 종목·DLS 외환으로 나눌 수 있습니다. 예측 가능성을 구분하면 ELS 지수 〉ELS 종목 〉DLS 외환 〉DLS 원자재가 될 것입니다.

각 자산에 대한 분석 기법은 어떤 것이 좋을까요? 부동산이나 채권은 기본적 분석(내재적 가치를 분석하여 미래 가격을 예측하는 방법)이 적합하고 원자재나 외환은 기술적 분석(과거의 데이터를 기초로 가격을 예측하는 방법)이 더 나은 결과를 만들어냅니다. 투자의 기본은 무엇일까요? 최소한 반대로 행하지 않는 것입니다.

4 장

투자의 시선과
시장 분석

심사숙고深思熟考 : 깊이 생각하고 고찰하여 판단 기준을 세움.

자산시장을 전망하고 투자의 혜안을 바로 세워보고자 합니다.
그리고 2013년 노벨 경제학상의 의미와 내용을 함께 분석하면서
전문가를 판단하는 기준에 관해서도 이야기해보겠습니다.
전망과 예측에 대한 각종 오해를 풀고,
올바른 전망을 위한 프레임을 정립하는 장이 되시길 바랍니다.

학생들은 이런 질문들을 자주 합니다.

1 │ 시장 전망은 신의 영역이라는데 공부한다고 좋은 성과가 나올까요?

2 │ 주식 투자의 성공과 실패는 능력이 아니라 운이니 투자로 돈을 벌 겠다는 생각은 무리인 것 같습니다.

금융인들은 경험에서 나온 이런 질문을 많이 합니다.

3 │ 주위에 실패한 주식 투자자가 많습니다. 하지만 펀드 같은 금융상 품을 파는 게 제 일이니 어찌할지 걱정이 많습니다.

4 │ 신문이나 방송에 나오는 전문가마다 의견도 다르고 근거도 달라 도 대체 누구의 말을 믿어야 할지 모르겠습니다.

5 │ 분명히 성과가 좋아서 투자했는데 6개월이 지나도록 원금 손실 상 태라 몹시 힘듭니다. 정보와 자료는 많은데 어느 것을 보고 믿어야 할지 모르겠습니다.

이 질문들을 가만히 들여다보면 하나로 정리됩니다. 바로 투자에 대한 불안과 전망에 대한 신뢰 부분입니다. 이유는 무엇일까요?

———

투자를 바라보는 두 시선

금융 자산은 객체로서 가격^{Price}과 가치^{Value}에 의해 평가되지만 수요^{Demand}와 공급^{Supply}에 의해 변화하기도 합니다. 투자 주체는 주로 외국인·기관·개인 등으로 구별하지만 편의상 전문가와 아마추어로 구별하겠습니다. 금융 자산의 가격은 적정한 가치에서 괴리를 보이므로 가격과 가치를 구분할 수 있는 전문가에게는 기회지만, 수요와 공급의 가격으로 평가하는 아마추어에게는 위협이 됩니다. 국내 가계 자산 중 금융 자산이 차지하는 비중은 겨우 25%입니다. 미국은 70%, 일본은 60%, 호주는 40% 수준입니다. 주식과 채권 펀드가 차지하는 비중은 미국은 38%, 일본은

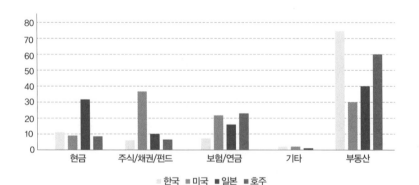

| 주요 국가의 가계 금융 자산 비교 |

10%, 호주는 7%인데 우리나라는 겨우 6% 수준입니다. 낮은 금리로 수익이 떨어지는 상황에서도 주식·채권·펀드를 피하는 현상은 놀랄 정도입니다. 피하는 것이 능사가 아닙니다. 돌파하고 해결해나가야 합니다.

자산 가격 전망은 정말 신의 영역이고, 노력은 무용지물일까요? 투자는 악이며, 금융인에게 금융 투자상품은 필요악일까요? 자산시장 전망은 불신과 의심의 영역입니다. 미래는 알 수 없으므로 전망은 의미가 없다는 전망 무용론·예측 무용론이 팽배합니다. 이런 회의주의는 금융시장의 단타 매매와 테마주 매매를 부추기고 다시 불신을 조장합니다. 과거 성과만으로 전문가를 믿기 어렵고, 과거 성과로 전문가를 판단하기도 어렵습니다.

전망과 투자에 관한 생각들을 이야기하려고 합니다. 자산시장 전망에 대한 논쟁과 시사점도 알아보고자 합니다. 이 과정을 통해 금융 자산에 대한 접근법과 과거 수익률 분석법에 대해서도 함께 생각해보겠습니다.

시장 전망을 통한 자산 투자라고 하면 보통 사람들은 부동산과 주식을, 금융회사 직원들은 채권과 주식을 생각합니다. 부동산과 채권은 거래 규모가 크다 보니 대개 쉽게 접근할 수 있는 주식을 많이 언급합니다. 주식을 예로 들겠습니다.

주변을 둘러보면 주식 투자에 성공한 사람이 많습니다. 하지만 실패한 투자자는 더 많습니다. 성공한 투자자의 이야기를 들어보면 그야말로 백인백색百人百色입니다. 하지만 실패한 투자자는 만인만색萬人萬色입니다. 성공이든 실패든 결과로 존재할 뿐 과정으로 존재하지 않습니다. 어제의 성공이 내일의 실패로 바뀔 수도 있는데 말입니다. 그러다 보니 방법은 없고 오로지 결과만 나옵니다. 결과는 투자자에게는 기쁨과 슬픔을 주고 지켜보는 사람에게는 질투와 분노를 안깁니다. 투자는 정말 부러움이나 두려움의 영역일까요?

TV 예능 프로그램은 연예인 돈벌이에 관심이 많습니다. 누가 얼마를 벌었다더라가 주류를 이룹니다. 주식 투자 이야기도 자주 나옵니다. 그런데 주식으로 성공했다는 사람은 없고 온통 망했다는 이야기뿐입니다. 드라마에서 집안이 어렵게 그려지는 극한 상황은 보증을 잘못 섰다거나 주식 투자로 망했다는 이야기가 많습니다. 이런 이야기가 대중의 투자에 대한 인식에 영향을 미칩니다. 그들은 충고합니다. "절대 주식에 투자하지 마세요!" 저도 직장생활을 시작할 때 아버지께서 말씀하셨습니다. "뭘 해도 좋은데 주식 투자는 절대 하지 마라." 제가 결혼할 때는 "뭘 해도 좋은데 보증은 절대 서지 마라"고 말씀하시더군요. 영화에서도 투자자의 이미지는 사기꾼에 가깝습니다. 영화는 돈에 대한 분노와 투자에 대한 혐오를 보여줍니다. 이러니 투자는 악이라는 이야기도 나올 법합니다.

이런 투자 이야기가 갑자기 얼굴을 바꿀 때가 있습니다. 신문의 경제면이나 문화면에 나올 때입니다. 오랜 시간과 노력을 들인 투자가 성공한 사례는 말 그대로 미담입니다. 손정의 회장(소프트뱅크 설립자)은 알리바바에 200억 원을 투자해 60조 원을 벌었습니다. 하지만 이런 대박에 대한 평가는 대체로 인색합니다. 운이나 배짱으로 치부되기도 합니다. 그가 겨우 업력이 2년 된 회사에 투자해서 14년을 기다린 인내에 대한 내용은 잘 언급되지 않습니다. 운으로 이룬 결과는 여전히 두렵습니다.

그런데 항상 그런 것만은 아닙니다. 워런 버핏을 볼까요. 그가 주주총회에서 우쿨렐레를 연주하고 주주들과 즐거운 한때를 보내는 모습은 신선하고 놀랍습니다. 투자뿐만 아니라 번 돈을 화끈하게 기부하는 모습은 존경스럽기까지 합니다. 많은 사람이 그를 따라 하고 싶어 합니다. 하지만 그를 따라 하는 투자 방식이 우리에게도 가능할까요? 그는 투자의 거장이라 그가 투자한 종목이 연일 언론에 오릅니다. 기업에 수년씩 투자하는 것은 여러 가지로 힘들겠지만 '버핏 따라 하기'는 가능할 것 같습니다. 버핏을 따라 하면 20%는 아니어도 10% 수익은 가능하지 않을까요? 미국의 증권 방송 CNBC는 아예 그의 포트폴리오를 공개합니다. 하지만 성공했다는 사람들의 이야기는 들을 수 없습니다. 왜일까요?

워런 버핏은 일부 종목을 집중적으로 매입합니다. 만일 그가 주식을 조금씩 사서 3개월 후 상당량의 주식을 보유했다고 가정해보겠습니다. 사람들이 알게 된 시점은 워런 버핏이 매수를 완료한 시점입니다. 따라 사는 사람들은 해당 주식을 상당히 높은 가격에 살 확률이 높습니다. 한참 지나 워런 버핏이 해당 주식을 모두 매도했다는 뉴스가 나옵니다. 그가 매도했다는 뉴스에 주가는 급락합니다. 그제야 투자자들은 매도를 따라 합니다. 전망을 남에게 의존하는 '혹시나' 하는 생각은 대부분 '역시나'로 끝납니다. '버핏 따라 하기'도 쉬운 일이 아닙니다.

그들이 실패한 진짜 이유는 무엇일까요? 그들은 워런 버핏이 왜 샀는지, 왜 팔았는지를 모르기 때문입니다. 워런 버핏의 포트폴리오는 마치 카이로스 신의 머리 같습니다. 카이로스의 신은 앞머리는 숱이 무성하지만 뒷머리는 벗어졌다고 합니다. 결과만 보면 쉽게 잡힐 것 같지만 그 과정을 모르면 잡기 어려운 것이 투자입니다.

저는 미국에서 우연한 계기로 투자를 배웠습니다. 이론 학습을 먼저 하고 모의 투자를 하고 난 뒤 직접 투자를 했는데 그 과정이 몹시 어렵고 힘들었습니다. 하루 일곱 시간 정도 모니터를 보고, 주문을 내고, 다시

| 카이로스 신 |

모니터를 보는 일을 반복했습니다. 어떤 날은 집에 돌아가면 다리가 욱신욱신하면서 마치 몸살이 걸린 것 같았습니다. 저를 지도하던 멘토 펀드매니저에게 물었습니다.

"투자가 왜 이렇게 어려운가요?"

"창밖을 봐. 뭐가 보여?"

당시 저는 43층에서 연수 중이었습니다.

"사람들과 택시가 보입니다."

"투자가 쉬우면 아무도 택시를 운전하지 않아."

이 선문답 뒤 저는 그를 사부로 모셨습니다. 우연히 미국에서 투자를 시작했고 좋은 스승을 만나 투자 결과가 아닌 투자 과정을 시험당했습니다. 그리고 투자 과정이 노동을 필요로 하는 힘든 일임을 깨달았습니다. 저에게는 값진 경험이었습니다.

투자자는 어떤 노동을 할까요? 1장에서 몸이 아니라 돈이 일한다고 했는데, 투자자의 노동은 돈에게 일을 시키는 것입니다. 말귀도 못 알아듣는 돈에게 일을 시킨다는 것은 정말 어려운 일입니다. 강도가 센 정신적인 노동입니다. 실리콘밸리에서 벤처기업이 자금을 투자받기 위해서는 세 가지 질문을 통과해야 합니다. "Why Me? Why This? Why

Now?" 우리로 따지면 투자자가 벤처 기업가에게 이렇게 묻는 것입니다. "왜 당신에게 투자해야 합니까? 왜 이 상품(서비스)에 투자해야 합니까? 왜 지금 투자해야 합니까?" 이 질문을 금융업으로 바꾸어볼까요? "왜 이 금융상품에 투자해야 합니까?" "지금이 매수 타이밍인가요, 매도 타이밍인가요?" 이렇게 돈은 당신에게 항상 질문을 던집니다.

금융인들은 세 가지 질문에 모두 답해야 하고, 금융 소비자는 뒤의 두 가지 질문에 답해야 합니다. 이 세 가지 질문은 세상에서 가장 어려운 질문들입니다. 워런 버핏 같은 투자자들은 가장 어려운 이 세 가지 질문에 제대로 답변한 것입니다. 곧 돈에게 제대로 일을 시킨 사람들입니다. 돈에게 일을 시킨 결과는 무엇What과 언제When지만 돈에게 일을 시키는 과정은 수익을 전망하고 위기를 관리하는 것입니다. 바로 미래를 예측하고 전망하는 일입니다. 미래를 전망하려면 눈에 보이지 않는 것을 보아야 합니다. 그래서 어렵고 힘든 것입니다. 한 기업의 총수는 인터뷰 때 이를 '정신적 몸살'이라고 표현했습니다. 그런데 육체노동보다 정신노동은 주변에서 알아채기가 쉽지 않습니다. 워런 버핏은 열심히 사는 것처럼 보이지 않습니다. 주식투자는 쉬워 보이지만 어렵습니다.

하지만 쉽고 어려움이 전문가와 아마추어는 다릅니다. 전문가 집단에게 주식이 예측하기 어려우면서도 쉬운 이유는 투자 모델은 상대적으로 쉽지만 입력 데이터가 어렵기 때문입니다. 최초의 모델인 존 버 윌리엄스의 모델을 생각해보면 분자인 미래 현금 흐름이 변화하고 분모인 할인율이 시시각각 변하기 때문입니다. 이 모델은 계속 기업을 가정하고 있어 즉각 활용하기가 어렵습니다. 그래서 전문가들은 존 버 윌리엄스의 모델을 변형하여 사용합니다. 배당할인모델·잉여현금할인모델·잔여이

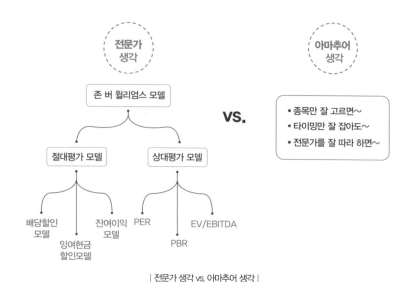

| 전문가 생각 vs. 아마추어 생각 |

익모델 등 절대평가 모델을 사용하거나 PER·PBR·EV/EBITDA 같은 상대평가 모델을 사용합니다. 각 모델에 따라 데이터를 입력하는 내용은 다를 수 있지만, 역시 문제는 모델보다는 데이터입니다. 항상 문제는 양질의 데이터에 있습니다.

아마추어는 주식 투자가 어렵지만 쉽다고 생각하는 이유가 다릅니다. 주식의 종목 수가 2000개에 달해서 상승 종목을 찾기 어렵지만 '잘하면' 찾을 수도 있다고 생각하기 때문입니다. 또 주식은 유동성이 높은 자산이라 하루에도 수십 번 거래가 가능하므로 타이밍만 잘 찾아도 기회가 있다고 생각하기 쉽습니다. 또 특별히 노력하지 않아도 주위에 '잘하는' 전문가가 있어 종목 추천만 잘 받으면 돈을 벌 수 있다고 생각하기도 합니다. 주식 투자는 노력과 결과를 쉽게 위탁할 수 있습니다. 그리고 그 결과는 역전시킬 수도 있습니다. 어떤 전문가가 열심히 분석해서 1억 원을 투자

했는데 이 이야기를 듣고 어떤 사람이 10억 원을 투자했다면 노력의 과실은 더 큰 금액을 투자한 10억 원 투자자에게 더 많이 갈 수도 있습니다.

그런데 '잘하면' 하고 시작한 투자가 잘되지 않는 이유는 왜일까요? 왜 10억 원을 투자하기가 어려울까요? 저희 회사가 있는 건물에 주식 투자자들이 제법 있습니다. 점심시간에 엘리베이터를 탔다가 나이 지긋한 부장 정도의 인물과 젊은 대리 정도의 직원이 나누는 이야기를 엿듣게 되었습니다.

"오늘 ○○ 주식은 왜 오르는 거야?"

"글쎄요, 우리가 모르는 뭔가가 있겠죠."

"그래서 샀어?"

"조금 사봤습니다."

며칠 뒤 우연히 그들과 또 엘리베이터를 타게 되었습니다.

"오늘 □□ 주식은 왜 내리는 거야?"

"우리가 모르는 뭔가가 있겠죠."

"그래서 팔았어?"

"팔고 나서 생각해보려고요."

재미있지 않나요? 모르는 뭔가가 있는데 그 뭔가를 알고 싶은 것이 아니라 그들의 관심사는 ○○ 주식과 □□ 주식의 매수와 매도입니다. 이런 것을 우리는 제대로 보지도 않고 투자한다 하여 '깜깜이 투자'라고 부릅니다.

유해진 씨가 출연한 한 카드사의 광고가 생각납니다. "나는 아무것도 안 하고 싶다. 이미 아무것도 안 하고 있지만, 더 격렬하게 아무것도 안 하고 싶다." 바쁜 현대인을 위해 모든 것을 알아서 해주겠다는 광고였습니다. 당신은 게을러도 카드사에서 부지런하게 신호를 보내 당신의 의사결정을 돕겠다는 이야기입니다. 현대인의 뇌를 잘 분석한 광고라고 생각됩니다. 이 광고를 투자와 결합해보겠습니다. 상한가를 친 주식을 반복해서 보다 보면 투자가 쉬워 보입니다. 인간은 익숙한 것을 안다고 착각하기 때문입니다. 사고는 즉각적으로 일어납니다Fast Thinking. 그래서 직관적으로 성급하게 행동하기도 합니다. '직관적인 뇌'는 바빠 보이지만 실상은 편안합니다. 주변이 사면 따라 사고, 주변이 팔면 따라 팝니다. 반면 투자가 어렵다고 생각하는 뇌는 이성적으로 사고하며 의심하고 분석합니다. 확률을 계산하고 논리의 옳고 그름을 따지니 우물쭈물하게 됩니다Slow Thinking. '생각하는 뇌'는 스스로 노력해야만 작동합니다. 한 뇌과학자는 "자동으로 작동하는 직관적 뇌는 쉽지만 지옥으로 안내하고, 노력하며 작동하는 이성적 뇌는 피와 눈물을 요구하지만 천국으로 안내한다"고 말하기도 했습니다.

제가 엘리베이터에서 만난 직장인 투자자들은 과연 돈을 벌 수 있을까요? 실제로 한참 지나 그들을 또 만나 대화를 듣게 되었습니다. 부장이 또 묻더군요. "돈 좀 벌었어?" 그러자 대리가 "아니요. 제가 하는 일이 그렇죠 뭐"라고 대답했습니다. 그는 자신이 돈을 못 벌 것이라고 생각합니다. 왜 그렇게 생각할까요? 노력하지 않았으니 성과도 나지 않을 것이라 생각했을 것입니다. 타인에게 기반을 둔 투자는 사도, 팔아도, 올라도, 내려도…… 항상 불안하기만 합니다. 그래서 '잘하면'은 늘 잘되지 않습니다. 투자를 운이라고 생각하지만 행운은 좀처럼 오지 않습니다. 확신이 없으니 금액을 키울 수도 없어 운이 좋아 기회를 잡는다 하더라도 수익은 보잘 것 없습니다.

투자는 세상을 보는 지혜

전문가는 투자를 운이나 재수라고 생각하지 않습니다. 워런 버핏의 절친한 동료이자 버크셔 해서웨이의 부회장인 찰리 멍거는 투자를 "폭넓은 분야를 기반으로 하는 유기체적 지식 덩어리"로 정의했습니다. 투자를 잘하려면 경제·경영·금융의 중요한 개념 모형을 습득해야 합니다. 물리학·생물학·심리학·사회과학·철학·문학 등에서 빅 아이디어를 찾아야 합니다. 그래서 성공하는 투자자는 새로운 생각에 자기 자신을 노출하는 지적 호기심이 강한 사람입니다. 여기에 자기만의 방식을 개발할 때 놀라운 창발이 일어납니다. 이렇게 투자는 세상을 보는 지식과 지혜입니다.

워런 버핏을 따라할 수 있는 올바른 방법은 무엇일까요? 그를 배울 수 있는 가장 빠른 길은 그가 직접 쓴 글을 보고 그가 선택하는 방법과 기준을 배우는 것입니다. '무엇'이 아닌 '왜'를 배우는 것입니다. 버크셔 해서웨이의 홈페이지www.berkshirehathaway.com에 그가 직접 쓴 글이 있습니다. 흔한 사진 한 장, 영상 하나 없지만 제가 보기에는 최고의 투자 가이드입니다. 특히 '주주들에게 보내는 편지'가 백미입니다. 주목할 부분은 '과거에 시장을 어떻게 전망했고, 이에 따라 어떻게 투자했는가'입니다. 시간이 지남에 따라 전망은 어떻게 변했고, 오류는 어떻게 수정했으며 투자는 어떻게 변화했는지 그 일련의 과정을 상세히 기술했습니다. 자료를 보면 그는 '일관성 있는 선택What'을 합니다. 그래서 '원칙의 적용How' 방법도 추정할 수 있습니다. 때로 그의 '명료한 기준Why'에 대한 느낌도 있습니다. 하지만 그를 흉내 낼 수는 없습니다. 또 그럴 필요도 없습니다.

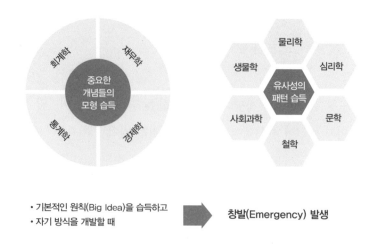

- 기본적인 원칙(Big Idea)을 습득하고
- 자기 방식을 개발할 때

창발(Emergency) 발생

| 투자의 길 |

세상에 비슷한 기업은 많습니다. 하지만 성공하는 기업에는 고유한 스타일이 있습니다. 투자도 마찬가지입니다. 투자는 스스로 이해하고 판단해야 실천할 수 있습니다. 자기 스타일에 맞는 방법이어야 실천할 수 있기 때문입니다. 그래서 전문가의 투자 스타일은 백인백색입니다. 하지만 이 점 때문에 전문가를 신뢰하지 않기도 합니다. 스타일의 차이는 종목의 차이거나 매수·매도의 차이로 이어집니다. 예를 들어 어떤 펀드는 A종목을 샀는데 어떤 펀드는 A 종목을 팔 수도 있다는 뜻입니다. 그런데 스타일의 차이는 전문가의 평계거리가 되기도 합니다.

예전에 펀드매니저들을 대상으로 강의하는 자리에서 이런 이야기를 했습니다. "당신은 스스로 돈을 벌어야 마땅하다고 믿으세요?" 노력하지 않으면 좋은 성과를 기대하기 어려우니 최소한 열심히 노력하자는 취지였습니다. 쉬는 시간에 한 분이 저에게 이야기하셨습니다. "과연 고객들이 그 노력을 인정할까요?" 고객은 눈에 보이는 숫자나 성과, 즉 결과로만 판단하지 노력의 가치를 인정해줄 것이냐는 이야기였습니다. 어떻게 생각하세요? 노력은 필수조건이지 충분조건은 아닙니다. 그래서 노력은 제대로 된 전망을 할 확률을 높일 뿐입니다. 하지만 고객으로서는 확률이 높은 것이 중요한 게 아니라 확실성이 높아야 하지 않을까요? 어떻게 확률을 확실로 바꿀 수 있을까요? 스타일의 차이를 넘어서는 전문가의 지혜는 무엇일까요?

전문가는 시장을 전망하고 판단하지만 고객은 전문가를 판단하고 투자합니다. 투자 결과는 고객의 몫이지만 결과에 대한 비난은 전문가로 향합니다. 금융은 전망 무용론과 전문가 무용론이 팽배한 곳입니다. 왜 다른 업종과 달리 유독 금융업에서 이런 현상이 자주 발생하는 것일까요? 첫째, 전문가는 미래를 기준으로 시장을 전망하지만 고객은 과거를 기준으로 전문가를 판단합니다. 둘째, 전문가의 노력은 '지금 당장' 필요하지만 투자 성과는 '한참 후' 나타납니다. 셋째, 시장 환경이 '완만하게' 변화해도 자산 가격은 '급격하게' 변화합니다. 그리고 가장 결정적인 문제는 과거의 성과를 속이고 당장의 성과를 부풀리거나 단기 대응만 강조하는 거짓 전문가 집단이 금융시장에 유독 많다는 것입니다. 이런 부도덕한 집단이 금융업의 신뢰 하락을 부채질합니다. 그들은 때때로 투자는 빠른 대응이 필요하니 전망은 의미가 없다고 주장합니다. 장기 투자나 분산 투자는 적합한 대응이 아니라는 견해도 제시합니다. 언뜻 들으면 맞는 이야기 같습니다.

오랜 논쟁의 종결

금융자산 가격은 어떻게 결정되며, 어떻게 접근하고 투자하는 것이 적합한가에 관한 논쟁은 아주 오래되었으며 최근에야 정리가 되었습니다. 확률이 확실로 바뀌기 위한 전제 조건이 정리된 것입니다. 자연스럽게 전문가의 과거 성과를 판단하는 근거도 마련된 셈입니다.

먼저 가격이 결정되는 원리는 두 가지 모델로 설명됩니다. 가격을 객체Object로 하는 접근법이 CAPMCapital Asset Pricing Model(기업 가치가 가격을 결정)입니다. 반면, 가격을 주체Subject로 하는 접근법은 BAPMBehavioral Asset Pricing Model(투자 주체가 가격을 결정)입니다. CAPM은 가격과 가치로 접근하고, BAPM은 주체인 투자자의 수요와 공급으로 접근합니다. 둘의 차이는 가정에서 출발합니다. CAPM은 '합리적인 투자자'를 가정하고 BAPM은 '비합리적인 투자자'를 가정합니다.

CAPM의 주장을 따라가 보겠습니다. 투자자는 합리적입니다. 그들은 위험과 수익을 제대로 계산할 수 있고 가격과 가치의 변화를 알아차립니다. 가격은 이런 합리적 투자자에 의해 즉각 새로운 정보를 반영합니다. 그것도 정확하게 말이죠. 그렇게 '효율적 시장'이 만들어집니다.

애덤 스미스는 《국부론》에서 시장경제는 수요와 공급에 의해 평형을 이루며, '보이지 않는 손'으로 묘사한 '가격'에 의해 시장경제가 균형과 조화를 이룬다고 주장했습니다. 유진 파머는 애덤 스미스의 경제학을 금융으로 바꾸었습니다. "금융시장은 시장 참가자들이 가진 정보를 반영하고, 그 정보는 수요와 공급이라는 절차를 통해 가격에 반영된다. 이 가격은 모든 정보를 반영한 효율적 가격이므로 더 싸게 사거나 더 비싸게 팔려는 노력은 의미가 없다. 투자자는 살지 팔지만 결정하면 되는데, 이는 오로지 위험에 대한 선호에 의해 결정된다"는 것입니다. 맞는 것 같기도 하고 아닌 것 같기도 한 이 오묘한 문장은 제가 엘리베이터에서 만난 대리가 한 말과 매우 비슷합니다. "우리가 모르는 뭔가가 있겠죠." 본인은 이유를 모르지만 가격은 급변동을 보입니다. 이에 그는 '음, 누군가는 제대로 된 정보를 아는군. 이렇게 공격적으로 사고파는 것을 보니 확실히 뭔가가 있어'라고 생각합니다. 현재 가격에 살지 말지만 결정하면 됩니다. 이렇게 보니 엘레베이터에서 만난 그 대리는 유진 파머를 잘 아는 사람일 수도 있겠다는 생각이 듭니다.

오랜 기간 경제학자들은 부동산과 원자재 등의 자산 가격이 수요와 공급에 의해 결정된다고 주장했습니다. 1960년대 이후 금융학자들은 주식과 채권은 가격과 가치의 차이로 결정된다고 주장했습니다. 둘 사이에는 어떤 공통점과 차이점이 있을까요? 이 부분을 제대로 설명할 길이 없었습니다. 이 간극을 유진 파머 교수가 메워갑니다.

가장 많은 노벨 경제학상 수상자를 배출한 금융 이론의 메카, 시카고대학교의 유진 파머 교수는 '효율적 시장 가설'을 발표합니다. 현재 주식시장은 모든 정보를 가장 정확히 반영하고 있어 '현재 가격=현재 가치'라는 내용을 담은 논문이었습니다. 즉, 수요와 공급으로 형성된 현재 가격은 가치를 제대로 반영한 수치라는 것입니다. 이 논문이 발표되자 파급력은 대단했습니다. 만일 현재 주가가 모든 시장 정보를 반영했다면 첫째, 가장 좋은 전망 방법은 가치가 아니라 가격을 분석하는 것입니다. 둘째, 가치를 분석해 저평가·고평가를 찾는 일은 무의미하니 펀드매니저나 애널리스트에게 높은 비용을 지급할 필요가 없습니다. 당연히 논쟁이 거세게 일어났고, 오랜 기간 이어졌습니다. 금융시장의 중심인 미국에서 새로운 논쟁이 시작된 것입니다. 이전 경제의 논쟁 대상이 '보이지 않는 손'과 '보이는 손'이었다면 금융의 논쟁 대상은 '효율적 시장인가, 비효율적 시장인가?'입니다. 유진 파머의 "가격은 현재 가치를 가장 잘 반영한 것이며, 가격 분석 전망이 가장 효율적이다"는 주장은 사실일까요? '싼 게 비지떡'이라는 옛말이 있습니다. 가격은 가치 분석에서 유용한 방법으로 오랫동안 인정받았습니다. 금융시장에서 '효율적 시장'이라는 말을 최초로 사용한 사람은 유진 파머지만 가격과 가치의 논쟁은 이렇게 수백 년 동안 이어져왔습니다. 그런데 주가는 기업 정보를, 종합주가지수는 한국 경제를 제대로 반영할까요? 이 주장은 아직도 이론이 아니라 하나의 가설로 존재합니다. 효율적 시장 가설Efficient Market Hypothesis은 발표된 지 50년이 지나도록 '이론이 되지 못한 가설'로 존재합니다.

유진 파머는 1970년에 효율적 시장에 관해 조금 누그러진 주장을 합니다. 상식적으로 금융시장이 "위험과 수익을 분석하는 신에 가까운 합리적인 사람들"로 구성되었다는 것이 비현실적이라고 느낀 탓이겠지요. 다소 겸손한 효율적 시장은 3단계로 구성되어 있습니다. 거의 비효율적인 약형Weak Form, 아주 효율적인 강형Strong Form, 그리고 이 둘을 섞은 비효율과 효율의 중간 정도Semi-Strong Form의 시장입니다. 그렇다면 우리가 느끼는 금융시장은 어디에 해당할까요? 제가 가르친 20대 학생들은 대부분 시장이 비효율적이라고 대답했습니다. 시장이 효율적이 되려면 자산 가격은 약간의 변동 폭을 보일 것이고, '느낌상' 약 10% 수준으로 움직여야 하지 않겠냐고 말하더군요. 대충의 느낌이지만 어느 정도는 맞습니다.

그런데 개별 주식시장에서는 하루에도 상·하한가를 오가며 30%의 이익과 손실이 일어나는 일이 다반사입니다. 게다가 전체 주식시장인 종합주가지수도 2007년 10월 31일은 2000 수준이었는데 2008년 10월 31일에는 1000 수준이었습니다. 이 상황을 두고 시장이 효율적이라고 설명하기에 무리가 있습니다. 학생들이 말하듯이 수많은 금융시장의 버블과 위기를 효율적 시장의 애교로 봐주기에는 변동 폭이 너무 큽니다.

설명 가능한 다른 새로운 이론이 등장했습니다. 투자자는 대부분 '제한된 합리성Bounded Rationality'을 가졌고, 이로 인해 시장은 '비효율적'이라는 주장이 제기되었습니다. 그들은 자산 가격이 사람들의 행동에 의해 결정된다는 BAPM을 내놓으며 기존의 CAPM에 반기를 들었습니다. 시장 전문가들도 가격과 가치를 분석하는 집단은 CAPM을, 수요와 공급을 분석하는 집단은 BAPM을 지지합니다. 시카고대학교 등 오대호 인근의 대학 교수들(Fresh Water 학파)은 CAPM을 주장했고, 하버드대학교나 예일대학교 등 동서부 해안가에 있는 대학의 교수들(Salt Water 학파)은 BAPM을 주장했습니다.

1980년대 이후 이 길고도 첨예하게 대립한 논쟁은 2013년 노벨 경제학상이 발표되면서 잠시 일단락되었습니다. 2013년 노벨 경제학상은 "시장은 효율적이다"고 주장한 유진 파머 교수와 "시장은 비효율적이다"고 주장한 로버트 쉴러 교수에게 돌아갔습니다. 노벨상위원회는 공동 시상을 통해 시장은 효율적이면서 동시에 비효율적이라는 주장을 편 셈입니다. 혹자는 '개와 고양이의 수상한 동거'라고 표현하기도 했습니다. 하지만 노벨상위원회의 판단이 아주 터무니없는 것은 아닙니다. 오래된 논쟁을 일단락하고, 개와 고양이가 함께 지낼 수 있는 근거를 마련

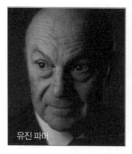
유진 파머

로버트 쉴러

라스 피터 핸슨

| 2013년 노벨 경제학상 수상자들 |

한 사람은 계량경제학자 라스 피터 핸슨 교수입니다. 그는 일반적률 추정법Generalized Method of Moment을 활용해 시장은 단기적으로는 비효율적이나 장기적으로는 효율적임을 증명했습니다. 즉, 시장은 단기적으로는 쉴러 교수의 주장처럼 비효율적이지만 장기적으로 유진 파머 교수의 주장처럼 효율적이라는 것입니다. 이 논문으로 학문적 대척점에 있던 양측 학파 사람들은 모두 승자가 되었습니다. 마치 우리가 이야기로 아는 황희 정승처럼 말입니다. 반대에 서서 논쟁하지만 둘 다 옳다는 것입니다.

둘 다 승자라면 우리는 가격을 어떻게 분석하고 전망해야 할까요? 이 사건은 확률을 확실성으로 바꿀 실천 가능한 전제 조건을 제시했습니다. 내용은 무엇이며, 전문가의 과거 성과를 판단하는 근거는 무엇이어야 할까요?

흔히 진실을 이야기할 때 "한 사람을 영원히 속이는 것과 여러 사람을 잠깐 속이는 것은 가능하다. 그러나 모든 사람을 영원히 속이는 것은 불가능하다"고 말합니다. 진실은 결국 드러나게 마련입니다. 다만 많은 사람과 긴 시간이 필요할 뿐입니다. 《손자병법》에도 비슷한 문구가 나옵니다. 군대가 용감한가 혹은 겁을 먹는가는 기세에 달렸지만勇怯勢也, 군대가 강한가 혹은 약한가는 형태에 달렸다強弱形也는 것입니다. 단기전은 기세 싸움이지만 장기전은 형태 싸움입니다. 기세는 만들 수 없지만 형태는 만들 수 있습니다. 그래서 전문가는 제대로 된 과정을 통해 결과를 만들어냅니다.

금융에서는 아마추어가 프로를 이길 수 있습니다. 다른 직업군에서는 쉬운 일이 아닙니다. 금융이 이런 일이 가능한 이유는 투자가 아주 간단한 규칙으로 구성된 게임이기 때문입니다. 첫째, 시장 상황입니다. 오르는 시장인 황소 시장Bull Market과 내리는 시장인 곰 시장Bear Market이 있습니다. 둘째, 게임 방법입니다. 매수와 매도 두 가지 선택이 있습니다. 혹자는 쉬는 것도 투자라고 하지만 결국 경기 방법은 두 가지입니다. 셋째, 시장에서 제대로 된 게임을 하는 방법에는 많은 학설도 존재하고 실전 비결이라는 이름으로 존재하는 수백, 아니 수천 가지 방법이 있습니다. 이 방법들이 자산, 상품과 결합하면서 셀 수 없이 다양한 경우의 수를 만들어냅니다. 또, 주가지수나 환율 맞추기는 아마추어가 이길 수 있고, 때로는 종목을 통한 수익률도 아마추어가 전문 펀드매니저를 능가하기도 합니다.

그렇다면 전문가는 어떻게 아마추어를 이길 수 있을까요?《손자병법》에서 봤듯이, 기세가 아닌 형태로 이길 수 있습니다. 금융 버전의 형태는 복수 종목의 분산 투자와 긴 시간으로 만든 장기 투자입니다. 정리하면, 단일 종목의 단기 투자는 비효율적 시장에서의 게임이며, 승부 결과는 오로지 운으로 좌우됩니다. 복수 종목의 단기 투자와 단일 종목의 장기 투자는 운과 실력이 함께 결합합니다. 하지만 복수 종목의 장기 투자는 결국 실력에 의해 좌우됩니다.

구분	단기	장기
개별 종목	운	운+실력
복수 종목	실력+운	실력

| 투자의 운과 실력 |

그럼 얼마가 장기이고 얼마가 분산일까요? 먼저 기간입니다. 통계청의 발표에 따르면, 우리나라의 경기 순환 주기는 최소 35개월, 평균 49개월입니다. 다시 말해 최소 3년 이상, 평균 4년이 지나야 경기가 한 바퀴를 순환합니다. 장기 투자는 그래서 최소 3년, 평균 4년이 필요합니다. 국내 운용사 중 5년간 매해 코스피를 이긴 운용사는 단 한 곳도 없었습니다. 하지만 5년 이상의 장기 성과를 분석해보니 31개 운용사 중 무려 21개 운용사(전체 운용사의 67%)가 코스피를 능가한 수익률을 달성했습니다. 장기 투자는 1주일도 아니고 1년도 아닙니다. 최소 3년이 필요합니다. 추천하는 장기 투자 기간은 평균치인 4년입니다.

다음 복수 종목의 기준은 어느 수준일까요? 주식 수가 10개에서 20개로 늘면 위험은 감소합니다. 이론적으로 주식 수가 아주 많이 늘면 시장 전체의 위험인 체계적 위험만 남게 됩니다. 언제 위험이 더 많이 감소할까요? 10개에서 20개로 늘 때입니다. 1110개에서 1120개로 늘리면 위험은 감소하지만 거래 비용도 많이 듭니다.

그러면 어느 수준이 되면 거래 비용을 최소화하면서도 개별 종목 위험인 비체계적인 위험을 충분히 줄일 수 있을까요? 실증 분석 결과에 따르면 50개 종목입니다. 이제 정리해보겠습니다. 확률이 확실성으로 바뀌기

	기준 순환일			지속 기간(개월)		
	저점	정점	저점	확장기	수축기	순환기
제1순환기	1972.3	1974.2	1975.6	23	16	39
제2순환기	1975.6	1979.2	1980.9	44	19	63
제3순환기	1980.9	1984.2	1985.9	41	19	60
제4순환기	1985.9	1988.1	1989.7	28	18	46
제5순환기	1989.7	1992.1	1993.1	30	12	42
제6순환기	1993.1	1996.3	1998.8	38	29	67
제7순환기	1998.8	2000.8	2001.7	24	11	35
제8순환기	2001.7	2002.12	2005.4	17	28	45
제9순환기	2005.4	2008.1	2009.2	33	13	46
제10순환기	2009.2	2011. 8		30		
평균	–	–	–	31	18	49

잠정

자료: 〈우리나라 기준 순환일, 통계청〉

| 국내 경기 순환 주기 |

위한 전제 조건은 4년과 50개 종목입니다. 같은 맥락에서 전문가의 과거 성과를 믿기 위한 전제 조건도 4년과 50개 종목입니다. 예를 들어 5개 종목으로 6개월간 높은 이익을 거둔 전문가는 존재할 것입니다. 다만 그런 과거 수익률은 미래 수익률로 이어질 확률이 낮을 뿐입니다. 만일 그가 100개 종목으로 5년간 높은 수익을 달성했다면, 그의 과거 성과는 미래

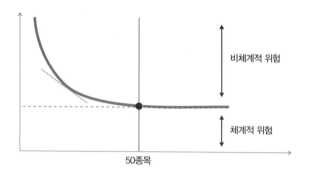

비체계적 위험

체계적 위험

50종목

| 합리적인 분산 투자 종목 수 |

에도 이어질 확률이 높습니다. 투자와 전문가에 대한 판단은 얼마나 많이 벌었는가보다 얼마나 제대로 벌었는가가 더 중요합니다.

유진 파머 교수는 "오늘의 주가와 환율은 모두 적정한 가치다"라고 주장합니다. 우리는 "오늘은 아닙니다"라고 대답해야 합니다. 하지만 가격은 시간이 지나면 정보를 제대로 반영할 것이라는 미래에 대한 믿음도 가져야 합니다. 결국 투자는 '미래의 믿음'과 '현재의 분석'을 바탕으로 장기 투자와 분산 투자를 통해 관리되어야 합니다.

이번에는 유진 파머 교수의 두 번째 주장 "가치를 분석해서 저평가·고평가를 찾는 일은 무의미하니 펀드매니저나 애널리스트에게 높은 비용을 지급할 필요가 없다"는 것에 대해 이야기해보겠습니다. 이 주장은 금융 전문가들에게 충격적인 말입니다. 이 질문은 효율적인 시장 논쟁과 이어져 있습니다. 시장이 효율적이라면 시장 평균에 투자하는 인덱스Index가, 비효율적이라면 전문가의 역량이 중요한 액티브Active투자가 좋습니다.

효율적 시장 학파는 자기 주장을 정당화하기 위해 고약한 실험을 고안

합니다. 펀드매니저와 원숭이를 대상으로 투자 대회를 개최한 것입니다. 방법은 아주 간단합니다. 펀드매니저는 자신의 이성과 직관을 발휘해 종목을 선정하고, 원숭이는 다트 판에 화살을 던지거나 무작위로 상자에서 공을 꺼낸 결과로 나온 종목에 투자하는 것입니다. 실험은 여러 차례 반복되었고, 대부분 원숭이가 이겼습니다. 이 실험으로 전문가의 권위는 바닥으로 떨어졌고, 사람들은 많은 보수를 받던 전문가들을 의심하며 비용을 아낄 수 있는 인덱스펀드에 투자했습니다. 이 실험으로 보자면, 새로운 펀드매니저는 '원숭이'이고, 비용은 '바나나 하나'로 충분했습니다. 그리고 지금은 인공지능이 원숭이를 대신해 전문가와 게임을 벌입니다.

정말 원숭이가 전문가보다 나을까요? 금융 전문가들은 원숭이에게 조롱받을 만큼 능력이 없을까요? 결과가 수상쩍다면 문제 자체를 의심해 봐야 합니다. 다시 말해 투자 대회가 공정하게 진행되었는지 따져봐야 합니다. 매주 5개 종목을 선정하고 매주 수익률을 비교하면서 대회 기간을 1년으로 제안한다면 비효율적인 시장에서 게임을 하는 것입니다. 실력이 아니라 운으로도 결과는 나올 수 있습니다. 지금까지 50개 이상의 종목으로 4년이 넘는 동안 테스트하는 사례를 저는 본 적이 없습니다. 게임이 공정하지 않다면 당연히 결과도 받아들일 수 없습니다.

또 설령 원숭이가 이긴다고 믿는다면 얼마를 맡기시겠습니까? 100만 원? 1억? 투자 규모도 고려한다면 어떤 방법이 적합할까요? 찰스 엘리스는 투자 게임을 테니스 경기로 재미있게 설명했습니다. 만일 나달과 제가 테니스 경기를 한다면 누가 이길까요? 당연히 나달이 이깁니다. 그러나 세계 랭킹 1위와 2위가 붙는다면 누가 이길까요? 그날 선수의 컨디션이 승패를 좌우할 것입니다. 전자는 전문가와 아마추어의 시합이고 후자는 전문가끼리 겨루는 시합입니다. 전문가와 아마추어의 경기에서는 잘하는 사람이 이기지만 전문가들끼리 펼치는 경기는 실수하지 않는 쪽이 이깁니다.

금융업으로 이야기를 바꾸면 투자가 발달한 나라에서는 전문가 대 전문가의 게임으로 진행됩니다. 그래서 투자가 발달한 나라에서는 인덱스 투자가 유리합니다. 미국이 대표적입니다. 반대로 금융과 투자가 발달하지 않은 나라는 액티브 투자가 좋습니다. 다시 설명하면 미국 같은 선진국은 인덱스를 통해 비용을 절감하고, 중국 같은 이머징펀드는 액티브를 통해 수익을 향상시키는 것이 좋습니다. 우리나라는 현재 인덱스와 액티브를 병행하는 전략이 적합해 보입니다. 전망 방법으로 설명하면, 미국은 가격 분석이, 중국은 가치 분석이 효율적입니다.

직장생활을 시작할 무렵 후배들이 찾아왔습니다. "선배님, 비싼 거 사주세요." 이 말을 처음 들었을 때는 다소 당혹스러웠습니다. "왜 맛있는 거 사주세요"라고 하지 않을까 궁금했습니다. 지금 생각해보면 "비싼 거 사주세요"는 문외한일 때 좋은 방법입니다. 물건을 고를 때, 모르면 제일 비싼 것을 사라는 조언이 틀린 말은 아니었습니다. 그러다가 전문가가 되면 맛있으면서 가격은 싼, 가격 대비 효율성이 뛰어난 음식과 식당을 찾습니다. 모르면 비싼 식당이 좋지만 알면 가성비가 뛰어난 식당이 좋겠죠. 이왕 비용 이야기가 나왔으니 질문을 드리겠습니다. 내가 투자한 금융상품의 수익은 누가 내고, 비용은 어떻게 지급될까요? 이 내용은 다음 장에서 살펴보겠습니다.

5 장

전문가

vs.

아마추어

——

시시비비是是非非 : 옳고 그름을 알아보아 상품의 수익과 비용의 원인을 앎.

시장의 금융상품은 저마다의 보수 체계와 서비스 내용이 있습니다. 보수 체계를
통해 PB와 펀드매니저의 역할에 대해 알아보고 상품에 투자하면서 갖게 되는
궁금증도 함께 해결해보겠습니다. 금융상품에 대해 좀 더 세밀히 살펴보고
합리적인 선택을 할 수 있는 장이 되시길 바랍니다.

——

한 고객이 금융회사 지점을 방문합니다. 금융은 잘 모르지만 저금리라 좋은 상품(수익이 높은 금융상품)이 있으면 가입해보려고 합니다. 금융회사 직원과 상담을 거쳐 처음으로 펀드에 가입했습니다. 고객이 낸 총비용(보수)은 2% 수준이었습니다. 시간이 흘러 수익률이 10% 정도 났습니다. 비용 대비 수익률이 높아 고객은 만족했습니다. 시간이 흘러 고객은 다시 상품에 가입합니다. 이번 상품의 판매 보수는 1% 남짓이었습니다. 고객이 불만을 제기합니다. 보수 1%가 비싸다는 것입니다. 왜 고객은 불만을 제기할까요? 수익률이 10%일 때 2%의 보수는 크게 문제 되지 않지만, 예금 금리가 2% 이하인 초저금리 시대에 1% 보수는 너무 높다는 것입니다. 과연 판매 보수의 진정한 의미는 무엇일까요? 그리고 보수조차 잊게 한, 고객이 가입한 펀드의 10% 수익률은 누가 낸 것일까요?

왜 보수가 높다고 생각할까?

이제 펀드 상품은 대중화되었습니다. 펀드를 기준으로 보수 체계를 알아

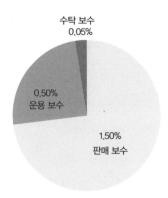

수탁 보수
0.05%

0.50%
운용 보수

1.50%
판매 보수

| 펀드 상품의 보수 체계 |

보겠습니다. 소비자는 펀드에 가입하기까지 여러 금융회사를 간접적으로 만나게 됩니다. 운용회사·판매회사·수탁회사·사무관리회사입니다. 상대적으로 보수가 높은 주식형 펀드는 총보수가 약 2% 수준입니다. 그 중에서 판매회사가 1.5% 내외, 운용회사가 0.5% 내외, 수탁회사와 사무관리회사가 합쳐서 0.05% 수준으로 보수를 나눠 갖습니다. 수탁회사와 사무관리회사는 관리에 필요한 최소한의 서비스를 제공하며, 합쳐도 보수가 0.05% 수준이어서 고객이 느끼는 수준은 미미합니다. 전체 보수에서 차지하는 비중도 겨우 3% 수준입니다. 결국 고객이 비싸다고 생각하는 부분은 운용회사와 판매회사가 차지하는 보수입니다.

왜 고객들은 보수가 높다고 생각할까요? 특히 펀드 수익률이 마이너스일 때 보수에 대한 불만은 더욱 높습니다. 운용회사에 불만을 제기하기도 하지만, 대부분은 판매회사에 불만을 제기합니다. 고객과 직접 만나고 이야기를 듣는 주체가 판매회사인 점을 고려한다면 당연한 결과입니다. 하지만 그것만으로는 다 설명되지 않습니다. "판매회사에서 저에게 무슨 서비스를 제공한다고 이런 보수를 받나요?"라는 불만도 제기하기 때문입니다.

불만을 제기하는 금융서비스의 근본적인 속성은 무엇일까요? 저에게는 박사 출신 친구들이 있습니다. 자기 분야에서는 대단한 전문가지만 다른 부분은 민망할 정도로 무지하기도 합니다. 특히 돈 관리에 관해서는 아는 것이 전혀 없는 친구도 있습니다. 그런 친구들이 가끔 저에게 허를 찌르는 질문을 하곤 합니다. 친구들은 펀드의 보수 구조를 궁금해했고, 저는 그런 일반 고객의 시선이 궁금했습니다. 그래서 펀드의 메커니즘과 보수 체계의 구조를 설명해주었습니다. 제 설명을 듣고 난 친구들은 한결같이 판매 보수가 비싸다고 했습니다. 친구들에게 그렇게 생각하는 이유를 물었습니다. 친구의 답변이 재미있더군요. '운용회사는 제조업' 같지만 '판매회사는 유통업' 같다는 것이었습니다.

집으로 돌아와 친구들의 말을 곱씹어보니 일리 있는 말이었습니다. 제조업은 공장에서 원재료로 새로운 제품을 생산합니다. 그 원리로 보면 돈이라는 원재료로 금융시장에서 돈을 불리는 운용회사는 제조업처럼 보이기도 합니다. 물론 수익률이 마이너스인 상황은 제품이 불량인 상황과 비슷할 수 있습니다.

펀드의 판매회사는 대표적으로 은행·증권회사·보험회사가 있습니다. 요즘은 은행이 펀드를 팔고, 증권회사가 보험을 팔고, 보험회사는 변액 상품을 팝니다. 주력 판매 상품의 경계가 사라진 것입니다. '펀드 판매회사 이동 제도'까지 도입되어 유명 금융상품이나 펀드상품은 대부분의 판매회사가 취급하게 되었습니다. 마치 농심 신라면이 모든 마트나 편의점에서 판매되는 것과 비슷합니다. 이렇게 보면 판매 보수가 비싸다고 한

제 친구들의 주장은 전혀 이상하지 않습니다.

하지만 정말 판매회사가 유통업일까요? 판매회사는 서비스업으로 분류되기도 하지만 엄밀하게는 유통·서비스업과는 거리가 멉니다. 일반적으로 서비스업이 제조업과 다른 이유를 먼저 살펴보겠습니다. 제조업은 인간의 욕망을 간접적으로 충족시키는 반면, 서비스업은 훨씬 직접적입니다. 이중 눈에 띄는 서비스 업종은 의료서비스와 법률서비스입니다. 이 서비스들은 아주 전문적이며, 고객에게 절대적인 영향력을 행사합니다. 또한 고객에게 그 효과가 나타나기까지 오랜 시간이 걸립니다. 이런 의미에서 금융서비스업은 일반적인 서비스업보다는 의료서비스나 법률서비스와 비슷합니다.

이들이 서비스하고 생산하는 것은 무엇일까요? 법률서비스는 판결문을, 의료서비스는 처방전을 생산합니다. 금융서비스도 금융 환경과 관련된 경제 상황과 고객에 대한 재무 진단서를 생산합니다. 법률서비스는 다소 상황이 다르지만 법률에 관한 해석 과정은 비슷합니다. 의료서비스도 고객의 건강 상태는 다르지만 병에 따라 처방되는 약은 크게 다르지 않습니다. 금융서비스 역시 고객에 대한 진단은 다소 다르지만 경제 환경에 대한 진단서는 비슷할 수 있습니다. 예를 들어 앞으로 금리나 주가가 오를 것으로 예상하는 것과 같습니다. 하지만 그 폭이나 처방하는 금융상품은 다를 수 있습니다. 이런 의미에서 판매회사의 서비스는 고도의 서비스업이지 단순한 판매업이나 유통업으로 볼 수 없습니다.

금융업이 고도의 서비스업이라는 부분은 금융인의 사고 전환이 먼저 필요한 부분입니다. 금융인들께 여쭤봅니다. 실제로 영업 현장에서 상품을 판매할 때 충분한 처방전을 갖고 있습니까? 고객이 금융업을 유통업

| 제약회사 = 운용사 |

| 의사 · 약사 = 판매사 |

이라고 생각하게 해서는 안 됩니다. 금융서비스업은 의사처럼 사람의 생명을 다룹니다. 금융의 핵심은 돈입니다. 돈 때문에 누군가는 목숨을 잃기도 하고, 법정 분쟁이 일어나기도 합니다. 금융인은 돈을 벌게 해주는 금융상품을 취급하고 서비스합니다. 판매회사가 의사이며 약사라면 운용회사는 처방전을 제공하는 제약회사입니다. 운용회사인 제약회사가 제공한 마케팅 자료만 그대로 고객에게 서비스하는 의사는 없을 것입니다. 이제 금융업을 다시 생각해야 합니다. 고객이 의심 없이 약을 먹을 수 있는 것은 '진단'이라는 근거이지 단순히 '처방'이라는 결과는 아닐 것입니다. 금융업의 본질은 상담입니다.

스페셜리스트 vs. 제너럴리스트

요즘 TV 예능 프로그램을 보면 연예인과 일반인 사이에 새로운 관계가 형성되고 있음을 확인하게 됩니다. 일반인들이 방송에 등장해 신선한 활력을 불러일으킵니다. 아예 일반인들을 주인공으로 내세우는 방송도 있습니다. 이때 연예인들은 방청객이 되기도 합니다. 기존 방송에서는 연예인이 액션을 하면 방청객이 리액션을 했지만 최근 일반인이 주인공인 예능에서는 일반인이 액션을, 연예인이 리액션을 합니다.

비슷한 현상이 금융업에도 나타나고 있습니다. 운용회사와 판매회사, 펀드매니저와 PB 사이에도 새로운 관계가 형성되고 있습니다. PB들은 펀드매니저가 되고 싶고 펀드매니저들은 PB가 되고 싶어 합니다. 대학생들을 가르쳐보면 그들의 소망은 거의 비슷합니다. 금융권 취업을 바라는 학생들은 펀드매니저나 애널리스트가 되고 싶다고 말합니다. 학생뿐만 아니라 현직 PB들도 종종 이런 말을 합니다. "영업은 힘들어요. 차라리 직접 운용하고 싶어요." "전문가로 대우받고 싶어요. 그래서 고급자격증도 더 취득하고, 책도 보고, 직접 투자도 하면서 경험을 쌓으려고요." 업계 내부를 살짝 들여다보겠습니다.

금융업계에 몸담은 지 오래다 보니 지인 중에는 펀드매니저도 있고 애널리스트도 있습니다. 그들 중에도 PB가 되고 싶어 하는 사람이 꽤 있습니다. 고객의 자산을 관리하는 PB보다 펀드매니저나 애널리스트가 절대소수다 보니 체감하기 어려울 수도 있지만 사실입니다. 그들이 공통으로 제기하는 불만은 수익률에 대한 압박이 심하다는 것입니다. 특히 단기성과에 대한 중압감을 많이 토로합니다. 주로 계약직인 탓에 고용 불안도 느낍니다. 또 다른 이유로는 운용회사도 회사다 보니 고객의 이익보다 회사의 이익을 먼저 생각할 때가 많다고 합니다. 수익률이 좀 높아진다 싶으면 수탁액을 과도하게 늘려 결국 수익률 하락으로 이어지는 상황도 발생한다고 어려움을 토로했습니다. 그나마 연봉 수준이 높아 고생은 어느 정도 보상받는다는 마음으로 버텼는데, 이제는 그마저도 어렵다고 합니다. 인공지능이 운용하고 분석하는 금융상품·서비스가 속속 출시되다 보니 생존의 위협까지 느낀다고 털어놓았습니다. 그래서 경기가 조금만 어려워지면 결국 펀드매니저나 애널리스트가 1순위로 퇴출당하겠지만 고객을 보유한 PB는 그런 일이 없지 않겠냐고 말합니다.

선망의 대상인 직업을 갖고 있지만 역시 세상에 쉬운 일은 없는 것 같습니다. 학생들에게 PB가 되고 싶은지, 펀드매니저가 되고 싶은지 물으면 '답은 이미 정해져 있다'는 식의 답변이 나옵니다. 그래도 스페셜리스트가 낫다는 것입니다. 펀드매니저 같은 스페셜리스트가 될 것인가, PB 같은 제너럴리스트가 될 것인가? 통상 스페셜리스트는 특정 분야와 특정 활동에 관한 전문성과 기법을 가지고 있습니다. 반면 제너럴리스트는 다방면에 걸쳐 많은 지식을 갖고 있습니다. 스페셜리스트는 깊게 알고 제너럴리스트는 넓게 아는 사람입니다. 그런데 일반적으로는 깊게 알기 위해 넓이를 포기하기도 하고, 넓게 알기 위해 깊이를 포기하기도 합니다. 깊이와 넓이는 트레이드오프Trade-off 관계에 있습니다. 갈수록 세상이 전문화되니 사람들은 대부분 스페셜리스트가 되어야 한다고 생각하게 됩니다. 금융의 스페셜리스트와 제너럴리스트, 누가 더 의미 있는 일을 할까요?

질문을 기억하십니까? 고객이 가입한 펀드 수익률 10%는 누가 냈을까요? 누가 고객의 돈을 벌어줄까요? 어떤 직업이 수익에 더 많이 기여했을까요? 이를 실증 분석한 자료가 있습니다. 브린슨Gary Brinson·후드 Randolpf Hood·비보워Gilbert Beebower가 밝혀낸 바에 따르면, 실증 분석 결과 고객 수익에 가장 큰 영향을 미치는 것은 ①자산 배분(90%)이지 ②종목 선택(5%)이나 ③타이밍(2%)이 아니었습니다. 예를 들어, 고객의 수익률이 10% 달성되었다면 이 결과는 '삼성전자를 샀기 때문이지 현대차를 샀으면 안 됐다'는 종목 선택의 이유가 아니라는 것입니다. 또한 '삼성전자를 100만 원에 샀기 때문이지 120만 원에 샀으면 안 됐다'는 식의 타이밍도 아니라는 뜻입니다. 즉, 고객이 펀드 수익률 10%를 취할 수 있었던 이유는 주식이라는 자산을 샀기 때문이라는 것입니다. 그래서 가장 중요한 것은 자산 배분이지 종목이나 타이밍이 아니라는 것입니다. 이 실험 결과에 동의하시나요? 그렇게 느껴지시나요? 오류를 수정해야 합니다. 과거 자료는 최근 자료로 수정되어야 합니다.

실증 분석 결과는 시기에 따라 조금씩 차이가 날 수밖에 없지만 그렇다 하더라도 어딘가 좀 이상합니다. 금융의 가장 중요한 선택 두 가지는 타이밍의 When과 종목 선택의 What입니다. 그런데 둘 다 중요하지 않다고요? 분석 결과가 쉽게 납득되지 않는 이유는 이 자료가 1986년에 만들어진 것이기 때문입니다. 1986년이면 우리나라가 아시안게임을 개최하던 시기입니다. 임춘애 선수가 라면을 먹고 달려 국민 영웅이 되고 최윤희 선수가 아시아의 인어로 불리던 시기입니다. 스마트폰도 없고 인터넷도 없던 시절입니다. 세상은 급격히 바뀌었습니다. 그리고 사람과 기술처럼 금융 프레임도 급격히 바뀌었습니다.

1987년 블랙먼데이가 있었습니다. 당시 미국 주가는 하루에 20% 이상 곤두박질치며 추락했습니다. 만일 당시의 블랙먼데이가 지금 발생한다면 어떻게 될까요? 아마 국내 주식은 거의 모든 종목이 하한가로 밀릴 테고, 하락 폭도 미국보다 우리가 더 클 것입니다. 하지만 1987년 그날 국내 주식시장은 겨우 2% 하락했고 놀랍게도 주말에 모두 회복했습니다. 당시에는 금융시장이 나라별로 분리되어 있었고, 그래서 분산 투자도 충분히 의미가 있었습니다. 그런데 왜 지금은 전혀 다르게 전개될까요? 이 두 기간 사이에 큰 역사적 사건이 있었습니다. 독일의 통일(1989년)과 소련의 해체(1991년)로 세계가 하나의 자본주의 권역으로 묶이게 됩니다. 그 이전 세계는 자본주의와 공산주의로 대립하며 금융시장도 '분리'되어 있었지만 지금은 전 세계가 자본주의 '통합'된 것입니다. 뉴스에서 자주 언급되는 전 세계 금융시장의 커플링, 동조화 현상은 이때부터 나타나기 시작합니다.

결정적 순간, 최선의 선택

새로운 분석 결과는 이렇습니다. 『파이낸셜 애널리스트 저널』에 실린 로저 이봇슨과 폴 캐플런의 자료입니다. 종목 선택에 관한 내용이 바뀌었습

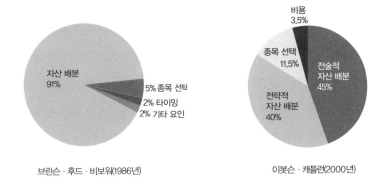

브린슨 · 후드 · 비보워(1986년) 이봇슨 · 캐플런(2000년)

| 과거와 현재의 수익률 결정 요인 비교 |

니다. 예전에는 종목 선택의 중요성이 5%였는데 11%로 두 배 가까이 늘었습니다. 성숙경제의 특징인 주가 차별화를 생각하면 충분히 이해될 것입니다. 예전보다 종목 고르기는 더 힘들어졌고, 전문적으로 하는 펀드매니저의 중요성과 고충도 두 배 가까이 늘어났습니다. 간접 투자의 필요성과 근거가 될 수 있습니다. 예전에는 없던 저비용 인덱스펀드의 등장으로 수수료도 수익에 영향(3.5%)을 줍니다.

여전히 수익에 가장 큰 영향을 미치는 요인은 자산 배분입니다. 그런데 자산 배분이 둘로 나뉘어져 있습니다. '전략적 자산 배분(40%)'과 '전술적 자산 배분(45%)'입니다. '전략적 자산 배분'이란 장기적 관점에서 투자 목적에 따라 위험 대비 수익을 극대화하고자 하는 자산 배분 방식입니다. 그래서 전략적 자산 배분은 고객의 성향을 기반으로 합니다. 결정은 고객의 몫입니다. 그에 반해 '전술적 자산 배분'은 단기적인 자산시장의 움직임과 금융시장 전망 때문에 발생합니다. 따라서 시장 변화를 기반으로 합니다. 앞서 본 보고서와 비교하면 '전술적 자산 배분이 시장 변화에 대응한 타이밍에 해당한다'고 봐야 할 것입니다.

이제 정리보겠습니다. 고객이 가입한 펀드 수익률 10%는 과연 어디서 왔을까요? 고객이 펀드에 가입하기까지 이 펀드에 직접 개입한 사람이 세 명 있습니다. 고객, 펀드를 추천한 PB, 마지막으로 펀드를 운용한 펀드매니저입니다. 고객이 40%에 해당하니 4%는 고객 스스로 번 셈입니다. 종목을 선택한 펀드매니저가 거둔 수익률은 전체의 11%이니 1%는 그가 낸 수익률입니다. 그리고 상품을 추천한 PB가 거둔 이익은 4.5%입니다. PB는 투자 상담할 때 이렇게 말했을 것입니다.

"고객님. 현재 물가와 경기 상황을 고려할 때 채권 금리는 떨어질 수밖

	고객	PB	펀드매니저
전략적 자산 배분	4%		
전술적 자산 배분		4.5%	
종목 선정			1%

| 수익의 근원 |

에 없습니다. 주식 비중을 축소하고 채권 비중을 확대하는 전략을 취하셔야 합니다. 채권 중에는 장기 채권이 좋습니다. 장기 채권에 대한 투자 비중이 큰 상품은 ○○○사의 □□□입니다. 현재 금융시장 환경에서 이 상품의 매수를 추천합니다." 혹은 "고객님. 현재 물가는 낮지만 경기 선행 지수를 보니 앞으로 경기 상승이 예상됩니다. 현재 주식시장의 PER 은 과거 10년 평균보다 약 15% 정도 낮은 상황이라 주식시장에 대한 투자 비중을 늘릴 필요가 있습니다. 특히 환율과 해외 경기를 고려할 때 수출 기업들의 실적이 나아지리라 예상됩니다. 지금 경제 상황과 금융 환경에서 주식시장에 대한 비중이 크고 종목 선택 능력이 탁월한 ●●● 펀드를 추천합니다." 시장 변화에 따른 전술적 자산 배분은 PB의 몫입니다.

펀드의 보수 중 어디가 비중이 높아야 할까요? PB가 버는 돈이 많을까요. 펀드매니저가 버는 돈이 많을까요? 운용 보수가 높아야 할까요, 판매 보수가 높아야 할까요? 펀드에 가입한 고객으로부터 받는 높은 판매 보수의 근거는 전술적 자산 배분에서 나옵니다. 타이밍을 분석하는 PB가 종목을 분석하는 펀드매니저보다 고객에게 더 많은 돈을 벌어줌니다. 이 분석 결과에는 두 가지 시사점이 있습니다. 첫 번째, 판매사의 금융인은 어떤 일에 초점을 맞추어야 할까요? 판매회사의 PB는 스페셜리스트입니까, 제너럴리스트입니까? PB는 제너럴리스트입니다. 하지만 일반적인 제너럴리스트와는 차원이 다릅니다. 스페셜리스트를 판단할 수 있는 제너럴리스트입니다. 환경 변화와 자산시장의 움직임을 판단할 수 있는 제너럴리스트입니다. PB는 고객 체형에 맞는 옷을 제공해야 합니다. 하지만 더 중요한 업무는 계절 상황에 맞는 옷을 제공하는 것입니다. 두 번째, 금융 고객들은 상품 선택과 타이밍 선택 중 타이밍이 더 수익률에 영향을 준다는 점을 이해할 필요가 있습니다.

이제 시장 전망과 지침에 관한 부분으로 이어져야 합니다. 시장 전망과 지침을 알려면 먼저 전망에 중요한 핵심 경제지표를 알아야 합니다. 또 경제지표는 어떻게 읽는지, 적정 주가지수는 어떻게 계산하는지, 자산 가격은 어떻게 움직이는지 등도 알아야 합니다.

금융시장
예측력 키우기

———

격물치지格物致知 : 상품을 깊이 연구하여 시장 분석 지식을 확고하게 다짐.

자연계에는 시간과 공간이라는 변수가 있고,

공간은 자기를 중심으로 상하, 전후, 좌우의 3차원으로 나뉩니다.

경제 현상은 어떤 핵심 지표로 구성될까요?

시장 분석의 핵심 차원에 대해 알아보고, 금융 대가들의 어깨 위에서

금융을 좀 더 멀리 넓게 볼 수 있는 장이 되시길 바랍니다.

———

이제부터 다룰 내용은 금융의 '선택'입니다. 선택을 위해서는 전망을 해야 하고, 전망은 근거를 기반으로 해야 합니다. 근거에 기반을 둔 선택이어야 합니다. 근거에 기반을 두니 수학 공식이나 과학 실험이 생각납니다. 우리는 수학 공식을 이용하면 모델에 값을 입력해 결과값을 찾아낼수 있습니다. 과학 실험은 같은 입력 값에 일정한 결과물을 도출해냅니다. 하지만 경제 분석과 시장 전망이 수학이나 과학처럼 일정한 값과 결과물을 도출할 수 있을까요? 경기가 좋아지면 주가는 오릅니다. 하지만 안타깝게도 반드시 그런 것은 아닙니다. 채권 가격이 상승하면 주가는 하락하는데 더러는 같이 오르기도 같이 내리기도 합니다. 실적이 좋아지면 주가는 오르지만, 이미 주가에 반영되었다면 실적 발표와 함께 주가는 오히려 내리기도 합니다. 정부가 금리 인하를 발표했는데 오히려 채권 금리는 오르거나 주가가 내리는 일도 다반사입니다.

이렇게 많은 이례적인 현상을 인과관계나 상관관계로 설명할 수 있을까요? 설명할 수 없는데 과학이라고 할 수 있을까요? 많은 대학에서 경제학과를 사회과학으로 분류하는 것은 적절할까요? 장하준 교수는 아예 경제학은 도구일 뿐 물리학이나 화학 같은 과학이 될 수 없다고 말합니다. 여전히 경제학이 과학이냐 아니냐를 둘러싸고 이견이 많지만 애초에 경제학은 과학과 출발선 자체가 다릅니다.

1970년에 노벨 경제학상을 받은 폴 새뮤얼슨의 유머가 유명합니다. 물리학자·화학자·경제학자를 태운 배가 난파되고 세 명은 무인도에 조난됩니다. 며칠 후 그들은 파도에 떠밀려온 통조림 캔을 발견합니다. 배가 몹시 고픈 그들은 캔을 먹기 위해 저마다 아이디어를 냅니다. 물리학자는 "날카로운 돌멩이로 캔 뚜껑에 압력을 가해 뚜껑을 열자"고 말합니다. 화학자는 "불을 지펴 캔을 가열해 뚜껑을 열자"고 제안합니다. 그러자 경제학자가 "캔 뚜껑을 열었다고 가정하자"고 주장합니다. 이 유머의 핵심은 경제학자들이 현실에 맞지 않는 가정을 한다는 것입니다.

폴 새뮤얼슨은 왜 경제학을 물리학이나 화학과 비교해 자기 자신과 동료들을 웃음거리로 만들었을까요? 물리학과 화학은 자연을 다루지만 경제·경영학은 인간을 다룹니다. 폴 새뮤얼슨은 이론경제학자입니다. 그는 인간의 경제 현상을 자연 현상처럼 체계적으로 분석하여 현대 경제학의 초석을 다졌다고 평가받습니다. 그는 이론경제학자답게 소비자 선택 이론, 가속도 원리와 승수 이론, 경기 변동 이론 등 거시와 미시를 막론하고 경제이론을 종합했습니다. 폴 새뮤얼슨은 이 유머를 통해 경제학 이론은 물리학이나 화학과 달리 가정에서 출발할 수밖에 없는 한계를 갖고 있다고 말하고 싶었던 것 같습니다. 자연 현상은 복잡하고 때로는 눈에 보이지 않지만, 물리학은 우주 전체를 관장하는 네 가지 힘으로 중력·전자기력·강력·약력을 사용합니다. 이 설명으로 지구가 태양을 도는 것도 설명할 수 있고, 물이 아래를 향해 흐르는 것도 설명할 수 있습니다.

하지만 경제 현상은 눈에 보이지만 간단히 설명할 수 있는 중심 힘이 없습니다. 경제학 책에는 가격이 하락하면 소비는 늘어난다고 나오지만 가격이 올라야 소비가 느는 때도 있습니다. 자산 가격이 하락하면 합리적인 소비자들은 매수할 것으로 생각하지만, 사람들은 공황에 빠져 말도 안 되는 가격에 자산을 내팽개치기도 합니다. 경제 현상은 간단히 설명할 힘(변수)이 없다고도 할 수 있지만, 다시 말해 설명할 수 있는 변수가 아주 많다고도 할 수 있습니다. 그래서 경제학은 복잡한 현상을 단순화하기 위해 단순한 모델링이 필요합니다. 많은 경제학 책은 복잡한 현상에서 변수 간의 상관관계나 인과관계를 분석하려고 다른 모든 조건이 일정하다고 가정합니다. '다른 외적 조건이 같다면All other things being equal, Ceteris Paribus'이라는 가정은 경제의 출발입니다.

폴 새뮤얼슨은 많은 이론을 통해 경제학을 과학으로 포지셔닝하고 싶었던 것 같습니다. 경제는 과학입니다. 다만 아주 복잡한 과학입니다. 1차원적으로 설명하기보다 다차원으로 설명해야 예측 가능성은 더 커질 수 있습니다. 예를 들어, 1차원으로는 위치를 진단하기 어렵습니다. 하지만 2차원에서는 위도와 경도를 통해 어디에 있는지 알 수 있습니다. 여기에 시간이라는 차원이 더해지면 우리는 내비게이션을 작동해 원하는 위치까지 얼마나 시간이 걸릴지도 예측할 수 있습니다. 이처럼 경제는 다차원적으로 분석해야 합니다.

———

자신을 믿는 시장 분석법

시장 분석 강의 때 자주 나오는 단골 질문들이 있습니다.

1 | 경제지표와 자산시장은 어떻게 분석해야 합니까?

2 | 정부 정책이 자산시장에 영향을 미치는데, 그렇다면 정부 정책은 예측 가능한가요?

3 | 경제에 관한 설명이나 해석 자료는 접할 수 있습니다. 하지만 정작 필요한 자료는 어디에 있나요?

위 질문보다 더 많이 나오는 질문들은 다음과 같습니다.

4 | 제가 이 상품을 제대로 샀을까요?

5 | 요즘 가격이 하락하던데 팔아야 할까요? 가격 움직임이 왠지 불안합니다.

6 | 미국이 금리를 올리면 주가가 내린다는데 미국은 언제쯤 금리를 올릴까요?

구체적인 질문은 시장보다는 상품에 관한 것입니다. 하지만 질문의 내용을 좀 더 들여다보면 해당 금융상품이 현재와 미래 시장 상황에 적합한가와 연결됩니다. 느낌이 오나요? 결국 상품 분석의 초점은 현재 경제 상황에 관한 진단과 미래 자산시장에 관한 전망입니다. 질문은 크게 세 가지로 나뉩니다. What·How·Why입니다. 많은 분이 What에 관해 질문합니다. "이것을 사야 하나요, 저것을 사야 하나요?" "살까요? 팔까요?" 같은 '선택'에 관한 부분입니다. 조금 더 깊이 있는 질문은 How에 관한 것입니다. '적용'에 관한 질문입니다. 예를 들어, 정부 정책은 어떤 경로를 통해 자산시장에 영향을 미치는지, 금융 위기는 어떻게 찾아내야 하는지, 어떤 대응 전략을 가져야 하는지 부분입니다. 지금 당장은 물론 미래에도 일관성 있는 의사결정을 위한 방법론에 관한 질문입니다. How는 What을 연결하는 방법인 Know-how와 what을 현실에 활용하기 위한 Know-where로 나뉩니다. 하지만 가장 깊이 있는 질문은 What과 How를 잇는 Why에 관한 질문입니다. 바로 '기준'에 대한 부분입니다. 예를 들어 정부 정책이 사용되는 근거나 기준에 관해 묻습니다. 금융위기는 왜 자주 발생하는지, 전문가들은 왜 금융 위기를 예측하지 못했는지 궁금해합니다. 과거와 현재 발생하는 사건들의 근본 원인인 루트코즈Root Cause를 알고자 합니다. 어떤 방법이 효율적일까요?

일상에서 흔히 겪는 사례를 들어보죠. "기사를 보니 매운 음식을 먹으면 스트레스가 날아간다는 연구 결과가 있더군요. 요사이 힘든 일이 많아 매운 짬뽕을 먹으러 갔습니다. 줄이 긴 것을 보니 다른 사람들도 힘든가 봅니다. 다 먹고 나니 정말 스트레스가 확 풀렸습니다." 이런 방식이 What입니다. 그런데 문제는 이 방식은 불안하다는 것입니다. 나만 그럴까? 남들은 어떨까? 혹시 우리나라 사람만 그럴까? 서양 사람들은 매운 것을 안 먹는다는데, 서양 사람들은 스트레스가 없을까? 그러면 태국의 매운 고추는 뭐지? 이유는 잘 모르지만 전문가의 의견이라고 하니 믿을 만한 것 같기도 하고 아닌 것 같기도 하고 애매합니다.

그런데 정말 매운 음식을 먹으면 스트레스가 사라질까요? 공부를 조금 더 하다 보면 알게 됩니다. 매운맛은 사실 맛을 느끼는 것이 아니라 통증입니다. 따라서 매운 음식을 먹으면 통증을 줄이기 위해 뇌에서 자연 진통제인 베타 엔도르핀이라는 물질이 분비되어 스트레스가 해소되고 기분이 좋아집니다. 이 방식은 How입니다. 이제 이전보다 문제가 많이 해결된 느낌입니다.

이런 일반적인 상황을 투자로 연결하여 생각하기도 합니다. "음, 매운 짬뽕을 먹기 위해 줄을 서서 기다리는 사람이 많다는 것은 스트레스를 받은 사람이 많다는 것이고, 스트레스의 전체적인 원인으로는 경기를 생각할 수 있겠군. 경기가 나쁠 때는 많은 사람이 매운 짬뽕으로 스트레스를 해소하는군. 매운 음식과 경기 사이에 상관관계가 있어 보여. 특히 오늘 매운 짬뽕을 먹으러 갔는데 사람들의 줄이 평상시보다 훨씬 길더군. 식당 주인에게 작년과 올해의 매출 추이를 언뜻 물어봐야겠어. 만일 매출이 폭발적으로 늘었다면 경기 하락에 적합한 투자를 준비해야 할 것 같아."

여기서 한 단계 더 나아가면 이런 고민으로 확장됩니다. "왜 인간은 스스로 진통제를 분비하면서까지 매운 음식을 먹을까? 이해하기 어렵네. 서양 사람들은 매운 음식을 안 먹는다는데, 그렇다면 우리나라 사람들이 겪는 스트레스가 더 클까? 일본은 20년이나 경기 침체가 지속되었는데도 왜 매운 음식이 유행하지 않았을까?" 이 방식이 본질을 찾는 Why의 질문 방식입니다. 오랜 기간 인류가 음식에 향신료를 사용한 것은 향신료가 음식의 부패를 막아주기 때문이었습니다. Why를 알고 나니 해답들이 보입니다. "아하! 그래서 고기 요리에 사용하는 향신료가 채소 요리에 사용하는 향신료보다 많았군." "아하! 그래서 인도나 브라질처럼 음식이 상하기 쉬운 지역에서는 더 독하고 강한 향신료를 많이 사용하는군." Why를 알고 나니 이를 활용할 다른 방법들도 함께 생각하게 됩니다. "일본과 한국은 위도가 비슷한데 왜 우리나라 사람들이 더 맵게 먹지? 일본은 섬 나라인 탓에 신선한 해산물을 쉽게 구할 수 있기 때문이었겠군."

이 내용도 시장 분석과 함께 연결해 생각해볼까요? "경기가 나쁠 때는 사람들이 매운 짬뽕을 많이 먹는군. 짬뽕집에 손님이 많으면 경기가 나쁘다는 신호이니 채권을 사고, 손님이 적으면 주식을 사면 될까? 하지만 냉장고가 있고 냉장 유통이 가능한데 이 방법이 오래 유지될 수는 없겠군. 매운 짬뽕 이론은 그냥 재미로 활용할 만하고 경제 상황이라는 본질과는 무관하니 장기 활용은 더욱 어렵겠군." 이렇게 Why로 연결하여 생각해보는 방법과 익숙해지면 세상이 온통 재미와 흥밋거리로 가득 차게 될 것입니다.

이를 금융시장 이야기로 이어보겠습니다. What을 아는 방법은 주로 "강남 부자들은 이미 A 상품 샀대"라든가 "외국인은 벌써 팔기 시작했대" 같은 루머 형태로 출발합니다. 이 루머에 일부 사실이 추가되고 가격도 유사하게 움직이면 루머는 사실이 됩니다. 이유는 알 수 없고 결과만 믿어야 하는 상황은 접근이 쉬운 대신 두 가지 문제점이 있습니다. 첫째, 정보를 신뢰할 수 있는가? 둘째, 정보를 전달하는 전문가와 좋은 관계를 유지할 수 있는가? 큰손들의 움직임은 신뢰할 수 있을지 몰라도 그 정보를 전달하는 사람까지 신뢰하기는 어렵습니다. 정보가 매우 빠르면 사실 여부가 의심스럽고, 정보가 이미 퍼졌다면 막차를 타는 것이 아닐까 두렵습니다. 그래서 그들은 최대한 많은 전문가와 관계를 유지하려고 합니다. "이거 맞아? 내가 맛있는 거 살게. 팔기 전에 먼저 이야기해줘야 해. 사기 전에도 꼭 이야기해줘. 근데 진짜 맞긴 한 거야?"

How를 아는 방법은 무엇일까요? What을 아는 방법과는 조금 다릅니다. 대표적인 사례가 주가와 환율의 관계입니다. 환율이 상승하면 수출 기업의 채산성이 좋아집니다. 하지만 물가가 상승해 주가가 하락하는 요인이 되기도 합니다. 상승 요인과 하락 요인이 공존하니 판단하기가 더 어렵습니다. 주가와 환율의 과거 차트를 보니 재미있게도 역의 상관관계를 보일 때가 많습니다. 금융 위기 때 환율은 급등했고 주가는 폭락했습니다. 반대로 주가가 크게 오를 때는 원화가 강세를 보이면서 환율은 하락했습니다. 외국인은 환율이 상승하면 외환에 손해를 볼 것이므로 주식에 매도 포지션을 취하니 환율과 주가는 역의 상관관계를 보이는 것이 타당해 보입니다. 얼핏 들으면 대충 맞는 것 같은데 문제는 아주 대충만 맞습니다. 특히 기간에 따라 내용이 달라집니다. 최근 6개월은 맞지만 3년으로 기간을 늘리면 틀립니다. 더 큰 문제가 있습니다. 환율을 보고 주식형 펀드에 가입할 시기를 정하려는데 판단이 서지 않습니다. 얼마나 하락하면 가입해야 할까요? 환율은 대체 주식 혹은 주식형 펀드의 매수·매도에 도움이 되기는 할까요?

Why를 아는 방법은 아주 다릅니다. 결론보다는 그 과정을 다룹니다. 우연과 필연을 구별하려고 노력합니다. 어떤 것이 핵심 지표인지 아는 것에서부터 출발합니다. 큰손과 외국인이 산다면 그들의 근거와 분석법을 알기 위해 노력해야 합니다. 우연을 제거하기 위해 수식을 통해 계절성과 불규칙성을 제거합니다. 이런 노력을 하다 보면 상관관계가 아닌 인과관계가 보이면서 세상의 퍼즐들이 조금씩 풀리기 시작합니다. 스스로 답을 찾는 즐거움도 느낄 수 있습니다. 더불어 외국인과 기관들의 패턴도 유추해볼 수 있습니다. 무엇보다 가격의 급변동이 있어도 불안하지 않고, 금액을 늘려도 마음이 편안합니다.

유명한 우스개 소리가 있습니다. 나폴레옹이 군대를 이끌고 산을 오릅니다. 정상에 가서야 나폴레옹이 말합니다. "이 산이 아닌가 봐." 그래서 다른 산을 오릅니다. 나폴레옹이 또 말합니다. "이 산도 아닌가 봐." 허무한 이 얘기는 금융시장에도 나타납니다. 남에게 들은 내용이 이상하면 정보 전달자를 의심해야 합니다. 배우고 익힌 것이 설득력이 떨어진다면 과거의 지식이나 경험을 의심해야 합니다. 답이

| 생각의 방향 |

현실을 설명하지 못한다면 문제가 틀렸을 수 있다고 의심해야 합니다. 중세는 "나는 믿는다, 고로 존재한다"는 종교의 시대였습니다. 근대 들어 데카르트는 "나는 생각한다, 고로 존재한다"는 이성의 시대를 열었습니다. 이후 400년이 지났습니다. 이제는 남들이 전해주는 약을 무턱대고 먹을 것이 아니라 스스로 몸을 건강하게 만들어야 합니다. 물론 그 여정은 외롭고 힘듭니다. 하지만 그것이 돌고 돌아 제자리가 아닌 한 발자국이라도 앞으로 나아가는 길입니다. 그 출발점은 항상 왜Why여야 합니다.

《논어》에 "군자는 문제의 잘못을 스스로에게서 찾지만, 소인은 그 잘못을 남에게서 찾는다君子求諸己 小人求諸人"는 말이 나옵니다. What을 전달한 전문가나 언론, How를 전달한 책과 전문가 그룹에서 잘못을 찾는 것은 소인의 태도입니다. 스스로 정보를 찾고 분석하고 판단하는 태도야말로 군자로 가는 진정한 태도가 아닐까요.

군자의 마음을 안고 출근합니다. 스스로 정보를 찾아야 합니다. 전날 금융시장부터 확인합니다. 글로벌 주식과 채권시장, 원자재와 환율 동향을 확인합니다. ELS에 포함된 기초 자산 가격의 추이도 살펴봅니다. 개별 상품에 투자했다면 개별 기업의 뉴스도 점검해야 합니다. 뉴스News는

정말 항상 새로운 것^{New}들로 넘쳐납니다. 뉴스는 비슷해 보이지만 매일 조금씩 다르고, 다른 듯 보이지만 비슷한 사실들로 가득 채워져 있습니다. 아침부터 할 일이 너무너무 많습니다.

오전 9시가 되었습니다. 시장이 열리고, 모든 자산이 급격히 움직이기 시작합니다. 새로운 정보들이 가격에 실시간으로 반영됩니다. 실시간으로 금융시장을 보고 있으면 도무지 정신이 없습니다. 금융 관련 뉴스 채널들은 숨 가쁘게 변화하는 소식들을 전합니다. 오전 시황 방송은 마치 경마장을 연상시킵니다. "1번 마가 앞서고 2번 마는 뒤처집니다. 갑자기 잘 뛰던 3번 마가 고꾸라지고 4번 마는 결승점을 통과했습니다……." 이렇게 상승과 하락이 이어지고, 상한가와 하한가가 깜박거리며 사람들을 유혹합니다. 주식도 채권도 환율도 그리고 선물도 옵션도 국외 시장도 요동칩니다. 마치 끊임없이 파도 치는 바닷가에 서 있는 기분입니다. 일부 사람들은 파도에 휩쓸리고 다른 일부는 파도타기에 성공합니다. 자산 가격은 실시간으로 움직이고, 언론은 실시간으로 중계합니다. 가격의 움직임은 묵시적인 압박입니다. "빨리 안 사고 뭐 해? 나, 상한가야." "빨리 안 팔고 뭐 해? 지금 손실이 얼마인지 알아?"

정보를 처리하기도 바쁜 와중에 금융회사에는 고객들의 전화가 걸려옵니다. 전망도 문제지만, 대체 왜 오르는지 왜 빠지는지 이해가 되지 않습니다. 돈을 벌려면 공부를 미리 해두어야 할 것 같습니다. 그래서 애널리스트 리포트를 열심히 읽겠다고 결심했지만 시장 리포트들은 왜 이렇게 많은지, 아이들의 학습지가 쌓이듯 리포트도 쌓여갑니다. 최소한 경제신문은 꼭 챙겨보겠다고 결심했지만 이마저도 실천하기 어렵습니다. 그러다 문득 주위를 둘러보니 다른 사람들도 상황이 비슷한 것 같습니다. 역시 돈을 버는 사람들은 나보다 더 부지런한 것 같습니다. 그들은 국내 시장뿐 아니라 국외 시장도 분석하고, 전통적인 금융상품뿐 아니라 대안 상품도 분석합니다. 존경스럽습니다. 다시 결심합니다. "앞으로 좀 더 열심히 살자." 최근 수익이 높다는 상품 관련 시장 분석 자료를 읽습니다. 항상 느끼지만 운용사가 만든 분석 자료는 좋은 정보로 가득합니다. 시장이 좋으면 좋으니까 사야 하고, 시장이 나쁘면 충분히 싸니까 사야 한답니다. 남들이 만든 자료를 읽고 해석하고 판단하는 일만 하기에도 시간이 부족합니다.

시가총액이 400조 원이 넘는 기업을 관리하고, 개인 재산도 70조 원이 넘는 워런 버핏은 하루를 어떻게 보낼까요? 그의 삶은 극도로 단순합니다. 50년째 같은 집에 살고, 중고차를 직접 운전합니다. 식사는 햄버거와 체리코크로 간단히 먹습니다. 400조 원이 넘는 기업을 겨우 열세 명이 관리하고, 반바지와 티셔츠 차림으로 직원들과 농구를 하고, 시골 도서관 같은 사무실에서 기업 분석 리포트를 읽습니다. 하루하루 바쁘게 보내지만 스케줄에 따라 여가도 즐기는 만족스러운 삶입니다. 그는 남들이 보는 세상보다 자기 자신이 보는 세상이 옳다고 생각합니다.

그가 하지 않는 것이 두 가지 있습니다. 그는 실시간으로 움직이는 가격과 뉴스를 점검하지 않습니다. 실시간으로 움직이는 가격은 남들이 만들어내는 정보입니다. 실시간 뉴스는 중요한 정보보다 중요하지 않은 정보가 압도적으로 많습니다. 빠른 정보news보다 중요한 것은 옳은 정보fact 입니다. 빨리 가는 것보다 제대로 가는 것이 훨씬 중요합니다.

열심히 사는 것과 잘사는 것에 관해 예전에 제가 쓴 시입니다. 지금 우리에게 필요한 것은 방향 없이 열심히만 사는 삶보다 방향을 알고 잘사는 삶입니다. 방향을 제대로 안다면 좋은 성과는 자연스럽게 따라올 것입니다.

열심히 살기 vs. 잘 살기

최일

'생활의 달인'에는 두 종류의 달인들이 있습니다.
열심히 사는 달인과 잘 사는 달인…

열심히 사는 달인이 감동을 주긴 하지만
저는 잘 사는 달인이 되고 싶습니다.

열심히만 살면, 주변을 볼 수 있는 여유가 없고,
여유가 없으니 생각을 할 수 없고,
생각을 하지 않으니 잘할 수가 없고,
잘할 수 없으니 열심히라도 해서 양을 늘려야 하는…

하루는 길지만, 한 주는 짧고
한 달은 길지만, 일 년은 금방 가는 이유는…
방향성을 잃기가 쉬워서가 아닐까요?

순간이 아니라 영원을 살기 위해…
Scalar보다는 Vector가…

피터 린치는 월가의 전설입니다. 그는 13년간 2700%, 연간수익률로 환산해도 30% 수준에 이르는 엄청난 수익률을 달성했습니다. 만일 그가 작은 회사에서 적은 금액으로 투자했다면 그 정도 수익률은 가능했을 수도 있습니다. 그가 전설이 될 수 있었던 것은 당시 세

| 피터 린치 |

계에서 가장 큰 자산운용사인 피델리티에서, 세계에서 가장 큰 펀드인 마젤란펀드를 운용하며 달성했기 때문입니다. 게다가 운용 기간에 단 한 번도 마이너스 수익률을 기록하지 않았습니다. 당시 이 펀드에 가입한 고객들은 얼마나 기뻤을까요? 하지만 이 스토리에는 엄청난 반전이 있습니다. 바로 이 펀드에 가입한 고객의 절반 이상이 손해를 입었다는 사실입니다. 최대 운용사, 최대 펀드, 최고 매니저, 입증된 과거 수익률이 있는데도 손해를 입었다니 이해하기 힘듭니다. 그것도 투자자의 절반씩이나 말입니다. 정말 미스터리입니다.

왜 그런 일이 일어났을까요? 당시 투자자들은 기준 가격이 오르면 "역시 피터 린치군"이라며 사고, 기준 가격이 하락하면 "그럼 그렇지"라며 다시 팔고, 다시 수익률이 높다는 이야기를 듣고 샀다가 다시 다른 펀드보다 나쁘면 또 팔고를 반복했기 때문입니다. 금융시장처럼 급변동이 일어나는 곳에서 신뢰가 얼마나 중요한가를 느끼게 하는 대목입니다. 그는 이렇게 말합니다. "자신이 매수한 주식과 쉽게 헤어지는 이유는 믿음

의 기반이 중요하기 때문이다. 꽃을 뽑고 잡초에 물을 주는 실수를 하지 않으려면 기업 분석을 게을리 하지 말아야 한다." 믿음의 기반이 약하니 쉽게 헤어지고, 자신도 모르게 꽃을 뽑게 되는 상황으로 가기도 합니다. 하지만 피터 린치의 말에는 어떤 방향성이나 방법이 없습니다. 열심히 공부하면 좋은 대학에 들어갈 수 있다고 말하는 느낌입니다. 어떤 방향으로 어떻게 공부하라는 것일까요?

답을 찾아보겠습니다. 먼저 믿음과 의심에 관한 부분입니다. 앞서 4장에서 살펴본 효율적 시장 논쟁입니다. 1984년 워런 버핏이 그의 스승인 벤저민 그레이엄의 책《증권 분석》의 50주년 기념사에서 한 이야기가 의미 있습니다. 특히 투자를 책에서부터 출발한 사람들은 더욱 새겨들을 만합니다.

그레이엄과 도드가 주장한 '가격에 비해 상당한 안전마진을 가진 가치를 찾는' 증권 분석 방법이 구식인가? 오늘날 교재를 쓰는 많은 교수는 "그렇다"고 말한다. 그들은 증권시장은 효율적이라고 말한다. 즉, 주가는 그 기업의 전망과 경제 전망에 대해 알려진 것을 모두 반영한다는 것이다. 이러한 이론가들은 기민한 분석가들이 모든 이용 가능한 정보를 사용해서 부적절한 가격을 끊임없이 조정하기 때문에 저평가된 주식은 있을 수 없다고 주장한다.

나는 시장에는 많은 비효율성이 존재한다고 확신한다. 이들 그레이엄·도드 마을 출신 투자자들은 성공적으로 가격과 가치의 차이를 활용해 왔다. 월스트리트에서는 가장 감정적인 사람들 또는 탐욕스러운 사람들 또는 가장 우울한 사람들의 수요와 공급으로 가격이 결정되는데 주가가 이러한 대중에게 영향을 받을 때 시장이 항상 합리적으로 가격을 결정한다고 주장하기는 힘들다. 사실 시장 가격은 터무니없는 경우가 자주 있다. 배들이 전 세계를 항해하고 있지만 Flat Earth Society(지구가 둥글지 않다고 믿는 사람들의 모임)는 번창하고 있다. 시장에서 가격과 가치의 광범위한 차이는 계속될 것이고 그레이엄과 도드의 책을 읽는 사람들은 계속 번창할 것이다.

−1984년 워런 버핏, 《증권 분석》 출간 50주년 기념사

　공감하시나요? 이 이야기를 좀 더 강한 어조로 표현해보겠습니다. "오늘 주가와 금리 환율은 정보를 제대로 반영하지 못했어. 외국인과 기관들이 평가한 가격은 틀렸어. 사람들을 믿지 마. 차라리 세상 사람들과 가격을 의심해. 그리고 너 자신을 믿어. 네가 분석한 결과를 믿어. 외국인과 기관들의 지갑을 노려. 시장은 비효율적이야."

　고인이 된 경영의 천재 스티브 잡스도 비슷한 말을 합니다. "우리는 사는 동안 세상을 있는 그대로 받아들이라는 말을 종종 듣습니다. (······) 그것은 몹시 제한된 삶입니다. 당신의 인생은 그것보다 훨씬 장대할 수 있습니다. 한 가지 단순한 진실을 깨닫는다면 말이죠. 그것은 지금 당신이 인생이라고 일컫는 모든 것이 실제로는 당신보다 똑똑하지 않은 사람들이 만든 세상임을 인정하는 것입니다. 그래서 당신이 모든 것을 바꿀 수 있고, 영향을 미칠 수 있으며, 당신만의 무엇인가를 새로 만들 수도 있습니다. 그 진실을 깨닫는 순간 당신의 삶은 영원히 바뀔 것입니다."

　가슴으로는 워런 버핏과 스티브 잡스의 이야기를 받아들인다 하더라도 머리로 받아들이기는 어렵습니다. 하지만 확실한 것은 이토록 어려운 것을 받아들인 사람들은 그것이 생존이든 생활이든 세상에 영향을 미치고 꽤 성공적인 삶을 살았으며, 현재도 잘살고 있습니다.

돈을 벌 기회가 열려 있고 스스로 학습하는 것이 중요한데, 왜 우리는 이를 제대로 받아들이고 실천하지 못할까요? 이유는 간단합니다. 알아야 할 것이 너무 많아서입니다. 주가를 움직이는 요소에는 변수가 아주 많습니다. 경기·금리·환율·정부 정책·기업 실적·유동성·안전 자산 선호·파생상품 거래·PER·자사주 매입·M&A·외국인 매매 동향……. 언제 어떻게 다 알 수 있을까요? 방법이 전혀 없지는 않습니다. 천재들의 어깨를 빌리는 겁니다. 뉴턴의 말을 잘 들어보면 느낌이 올 것입니다. "나는 거인의 어깨 위에 있었기에 멀리 볼 수 있었다." 워런 버핏은 벤저민 그레이엄의 어깨 위에서 세상을 보았고, 스티브 잡스는 세상의 모든 미친 사람들의 '다른 생각Think Different'의 어깨 위에서 세상을 보았습니다. 우리도 투자 천재들의 어깨를 빌려 복잡한 문제의 실타래를 풀어보는 지혜를 발휘할 때입니다.

핵심 지표의 진선미 선발

$$PV = \sum_{i=1}^{n} \frac{CF}{(1+r)^i}$$

| 1938년 투자가치이론 |

먼저 투자의 이론과 현실을 존 버 윌리엄스를 통해 만나보겠습니다. 그는 아름답고 단순한 이론인 투자가치이론을 발표했습니다. 아직도 단순하지만 명쾌한 이 수식을 처음 봤

을 때 느낀 전율을 잊을 수 없습니다. 그는 이 수식으로 본질 가치를 과학적으로 측정할 수 있음을 밝힙니다. 그리고 "젖소는 짜낼 수 있는 우유만큼, 암탉은 낳을 수 있는 달걀만큼, 주식은 받을 수 있는 배당금만큼의 가치가 있다"고 주장합니다. 자연계에 있는 젖소와 암탉의 가치는 아니더라도 금융의 주식과 채권은 이 단순한 수식으로 설명할 수 있습니다.

먼저 핵심 지표를 찾아야 합니다. 투자가치이론은 분자와 분모에 각각 변수가 하나씩 있습니다. 바로 '현금 흐름'과 '할인율'입니다. 3장에서 살펴봤듯이, 현금 흐름이 이자와 원금이라면 이 수식은 채권 평가 모델이 되고, 현금 흐름이 임대료라면 부동산 평가 모델이, 현금 흐름이 기업 이익이라면 주식 평가 모델이 됩니다. 얼마나 멋진 수식입니까!

이제 이 멋진 수식을 활용해 자산시장 분석에 어떤 자료를 활용할 수 있는지 알아보겠습니다. 역시 가장 어려운 자산은 분자와 분모가 모두 변하는 주식입니다. 주식은 어떤 상황에서 오를까요? 세 가지 상황으로 분류할 수 있습니다. 첫째, 분자인 기업 이익이 늘면 주가는 상승합니다. 둘째, 분모인 할인율이 하락하면, 즉 요구 수익률이 낮아지면 주가는 상승합니다. 셋째, 가격이 가치보다 낮으면 가격은 상승합니다. 여기서는 세 번째 밸류에이션보다 첫 번째와 두 번째의 모멘텀 요소로 변수를 찾아보겠습니다(밸류에이션에 관해서는 8장에서 자세히 다루겠습니다).

투자가치이론의 두 가지 변수는 분자인 현금 흐름과 분모인 할인율이고, 개별 주식에서는 기업 이익과 요구 수익률입니다. 이것을 다시 경제학의 프레임으로 나누어보겠습니다. 경제학은 크게 거시경제학과 미시경제학으로 나뉩니다. 거시경제학은 물가와 실업, 경제성장 등 경제 전반의 현상을 연구합니다. 반면 미시경제학은 수요와 공급, 경쟁 독점과 과점, 정부와 노동시장 등 개별 경제 주체와 개별 시장을 주로 다룹니다. 우리는 거시경제학의 분야를 활용해 현재 경제 상황과 업종 상황을 분석하고 그 결과를 자산이나 업종 선택에 활용할 수 있습니다. 또한 미시경제학의 분야를 활용해 현재 어떤 기업이 기술 독과점인지, 어떤 기업이 높은 수요를 창출하는지를 분석하고 그 결과를 종목 선택에 활용할 수 있습니다. 즉, 거시경제의 프레임은 타이밍 분석에, 미시경제의 프레임은 종목 선택에 활용할 수 있습니다.

어떤 능력이 더 중요한가요? 5장에서 말씀드린 것처럼 종목 선택의 펀드매니저가 아니라 전술적 자산 배분의 PB가 고객에게 돈을 더 많이 벌어주었습니다. 시장 분석을 통한 타이밍이 중요합니다. 무엇을 어떻게 분석해야 할까요?

답을 먼저 밝히겠습니다. 분자 부분은 미시경제의 틀로 보면 '기업 이익'이고, 거시경제의 틀로 보면 '경기'입니다. 분모 부분은 미시경제의 틀로 보면 '할인율'이고, 거시경제의 틀로 보면 '금리'입니다. 이유는 분자인 현금 흐름이 기업 실적과 관련 있기 때문입니다. 분모인 할인율은 채권 금리에 주식 위험 프리미엄을 합한 값입니다. 그러므로 분모인 할인율의 매크로 변수는 금리입니다. 타이밍 분석의 두 가지 요소는 경기와 금리입니다. 하지만 경기와 금리 사이에 숨어 있는 변수가 있습니다. 명목 금리는 실질 금리인 경기와 물가상승률로 결정됩니다. 그래서 숨어 있는 변수인 물가를 포함하면 경기·물가·금리가 나옵니다. 이 세 가지가 핵심 경제지표입니다. 그 외 다른 자료들은 보조 지표입니다. 통화 지표·고용 지표·국제수지 같은 자료가 보조 지표에 해당합니다. 자산시장에 영향을 미치는 핵심 지표 세 가지만 정확히 이해해도 시장을 예측하고 자산을 선택하는 데 상당히 도움이 됩니다.

그런데 핵심 지표와 보조 지표로 반드시 나누어야 할까요? 또 나누는 것이 중요할까요? 정보를 인식하는 방법은 크게 인식 틀과 인식 내용으로 나눌 수 있습니다. 전문가와 아마추어의 차이는 인식 틀의 유무에 있기도 합니다. 전문가는 '인식 틀 → 인식 내용'의 순서로 방법이 정해져 있습니다. 틀에 내용이 들어가게 됩니다. 동일한 모델에 데이터가 변화하는 형식으로 자료가 만들어집니다. 대표적으로 FOMC 리포트나 한국은행 리포트 등이 이런 방식을 활용합니다. 그래서 인식 틀만 이해하면 정보를 스스로 분석할 수 있습니다. 일정한 모델이나 포맷을 가지고 이를 활용해 정보를 분석하는 사람들이 시장 전문가입니다.

반면 아마추어는 반대로 움직입니다. '인식 내용 → 인식 틀'이라는 방식을 활용합니다. 혹은 인식 틀 자체가 아예 없을 때도 있습니다. 오늘 자산 가격의 움직임을 설명하기 위해 새로운 인식 내용을 근거로 제시합니다. 기술 변화, 실적 변화, 외부 요인 변화, 정부 정책 변화 등 외부 요인은 수십, 수백 가지에 이릅니다. 그리고 이 변화로 자산시장의 변화를 설명합니다. 그래도 분석이 어렵거나 설명이 안 되면 외국인과 기관 수급으로 합니다. 그래서 그들의 이야기는 늘 새로운 대신 예측은 항상 불가능합니다. 어떤 사건이 터져도 설명은 가능한데, 아주 사소한 경우라도 예측은 불가능합니다. 그 출발이 분석이 아닌 정당화Justification가 중심이기 때문입니다. 모든 경제지표는 주인공이 되고, 모든 주인공이 랜덤으로 활동하니, 주인공들 간의 관계는 예측이 불가능해집니다. 금융은 예측 불가능한 예술로 느껴집니다.

하지만 핵심 지표와 모델을 알면 시장 분석은 과학이 될 수 있습니다.

주식	현금 흐름(CF)	물가(Inflation)	금리(r)	
베스트	↑	↓	↓	골디락스
2nd	↓	↓	↓	리세션
3rd	↑	↑	↑	인플레이션
워스트	↓	↑	↑	스태그플레이션

| 3대 핵심 지표와 경제 상황별 주가 변화 |

핵심 지표는 경기·물가·금리입니다. 모델은 존 버 윌리엄스의 투자가치 이론입니다. 이 자료와 모델을 가지고 복잡한 자산인 주식시장에 적용해 보겠습니다. 각각의 변수가 상승 또는 하락합니다. 모두 각자 변화한다면 총 경우의 수는 2×2×2로 여덟 가지가 나오지만, 정부의 금리 정책은 물가안정목표제를 취하므로 물가와 금리는 동일한 방향으로 보는 것이 맞습니다. 결국 지표는 경기와 물가입니다. 이제 가능한 경우의 수가 각각의 상승과 하락으로 2×2의 네 가지로 압축됩니다.

경우의 수를 나눠서 보았으니, 그렇다면 주식은 어떤 상황에서 가장 좋을까요? 모델로 분석하면 분자인 경기는 상승하고 분모인 금리는 하락할 때입니다. 지표로 분석하면 경기는 상승하는데 물가와 금리가 하락하는 상황입니다. 고성장·저물가·저금리 상황입니다. 이런 상황을 한 단어로 표현하면 '골디락스Goldilocks'입니다.

주식 투자에 최악의 타이밍은 언제일까요? 모델로 분석하면 분자인 경기는 하락하고 분모인 금리는 상승할 때입니다. 지표로 분석하면 경기는 하락하는데 물가와 금리가 상승하는 상황입니다. 저성장·고물가·

고금리 상황입니다. 이런 상황을 한 단어로 표현하면 '스태그플레이션 Stagflation'입니다. 양극단을 보았으니 이제 두 상황이 남았습니다.

고성장·고물가·고금리 상황이 주식시장에 유리할까요, 반대로 저성장·저물가·저금리 상황이 유리할까요? 이해하기 쉽게 다시 질문하겠습니다. 경제성장률과 물가상승률, 금리가 모두 10%일 때와 경제성장률과 물가상승률, 금리가 모두 2%일 때, 어느 쪽이 주식 시장에 더 유리할까요? 많은 사람이 저성장보다 고성장이 낫다고 말하는데 정답은 그 반대입니다. 저성장·저물가·저금리의 리세션 상황이 더 유리합니다. 왜 고성장·고물가·고금리인 인플레이션 상황에서는 주가가 오르지 못할까요? 이는 수식으로도 역사적 자료로도 설명할 수 있습니다.

먼저 주식의 특징을 이해하고 하나씩 짚어보겠습니다. 제가 중학생이던 때 '상업' 시간이 있었습니다. 그때 채권과 주식의 차이를 설명하면서 채권은 기한이 있지만 주식은 기한이 없다고 배웠던 기억이 납니다. 대학교에서는 기업을 영구 존속하는 계속기업Going Concern 으로 배웠습니다.

워런 버핏은 "주식은 현금 흐름이 변동하는 장기 채권"이라고 설명합니다. 수식을 가장 정확하게 이해한 표현입니다. 주식이라는 장기 상품은 그래서 분자보다는 분모에 더 영향을 크게 받습니다. 즉, 경기보다 물가나 금리에 더 민감하게 반응한다는 뜻입니다. 그래서 저성장에도 저물가 상황이면 주식은 오를 수 있습니다. 또한 고성장에도 고물가면 주식은 하락할 수 있습니다. 이런 이유로 경기가 상승하면 주가는 오르지만 경기가 하락해도 주가는 오를 수 있습니다.

이번에는 네 가지의 경제 상황에 다른 자산들을 대입해보겠습니다. 답은 아래와 같습니다. 골디락스에서 최고의 자산은 당연히 주식입니다.

다음은 리세션 상황입니다. 경기가 하락하고 물가도 하락하고 금리도 하락합니다. 주식이 나쁜 자산은 아니지만 주식보다 훨씬 나은 자산이 존재합니다. 채권입니다. 채권 중에서도 만기가 긴 장기 채권이 금리에 대한 민감도가 높아 가장 낫습니다. 인플레이션 상황에서는 어떤 자산이 좋을까요? 물가가 오르는 상황이면 실물인 물건을 사는 것이 좋습니다. 원자재가 가장 나은 자산이 됩니다. 마지막으로 경기는 나쁘고 물가는 오르는 스태그플레이션 상황에서는 물가가 오를 때 명목 원금이 함께 오르는 물가채가 가장 좋은 자산입니다.

선입견이 생길까 봐 미리 이야기하지 않았지만, 세계에서 가장 존경받는 투자자 1위에 오른 워런 버핏이 보는 3대 지표가 바로 경기·물가·금리입니다. 또 3대 핵심 지표의 변화에 따라 자산을 변화하는 방법은 세계에서 가장 존경받는 투자자 2위에 오른 채권 투자의 대가 빌 그로스의 방식입니다. 이를 그림으로 다시 표현하면 다음과 같습니다.

아래 자료를 보면 저물가 상황에서는 주식과 채권이 함께 오르지만 고성장과 저물가가 결합하면 주식이, 저성장과 저물가가 결합하면 채권이

| 경기, 물가와 자산 선택의 기준 |

좋다는 사실을 알 수 있습니다. 또, 고성장인 상황에서 저물가여야 주식이 좋습니다. 고성장이어도 물가가 오르는 고물가 상황에서는 주식이 나쁜 자산이 될 수 있습니다(이 내용은 9장 사이클 분석에서 조금 더 깊이 있게 다룰 예정입니다).

금융시장의 노스트라다무스

이 자료를 제시했을 때 현장에서 고객을 관리하는 금융인들은 이런 질문들을 내놓습니다.

1 | 현재 저성장·저물가·저금리라는데 그럼 다음은 어떻게 될지 알 수 있을까요?
2 | 고성장과 저성장, 고물가와 저물가의 기준은 무엇인가요?
3 | 경기가 좋은지 나쁜지 분석하는 기준은 무엇인가요?

	현금 흐름(CF)	물가(Inflation)	금리(r)	자산
골디락스	↑	↓	↓	주식
리세션	↓	↓	↓	(장기) 채권
인플레이션	↑	↑	↑	원자재
스태그플레이션	↓	↑	↑	물가채

| 상황별 금융자산의 선택 |

예측 태도와 방법에 대해 알아보죠. 이와 가장 유사한 형태가 일기예보입니다. 일기예보는 얼마나 정확할까요? 일기예보는 예보라는 특성상 칭찬보다는 손가락질의 대상이 되기 쉬운데, 예전에도 정확도 80%를 넘었고 지금은 90%를 넘는다고 합니다. 그런데 정확도를 100% 가까이 올릴 수도 있습니다. 내일의 온도가 오를지 맞추기는 어렵지만 다음 달 온도가 오를지 예측하기는 쉽습니다. 그리고 봄 다음은 여름, 그다음은 가을과 겨울이라는 예측도 쉽습니다. 이러니 계절 예보와 온도가 오를지 내릴지의 정확도는 100%에 가깝습니다. 제가 왜 말도 안 되는 이야기를 할까요? 사람들에게 "왜 날씨 예보가 틀린다고 생각하세요?"라고 물으면 실제 온도가 예보보다 높았다거나 낮았다고 말합니다. 우리가 일기예보관이라고 생각해보죠. 우리는 어떻게 예상 온도를 예측하고 사람들에게 설명해야 할까요?

전직 통보관의 이야기를 신문 기사로 읽은 적이 있습니다. "예보관들이 반드시 정확해야 한다는 강박관념에서 벗어나야 한다. 정확하려고 애쓰지 말고 틀리지 않겠다는 자세를 가져야 더 정확한 예보를 할 수 있다." 놀라운 혜안입니다! 그분은 구체적으로 예를 들었습니다. "오늘 최고 기온이 33도이고, 내일은 34도인지 35인지 헷갈린다면 내일은 오늘보다 더 덥겠다고 말하면 된다."

금융으로 연결해서 생각한다면 "경기는 완만하게 상승 중이다"고 하거나 "물가는 당분간 낮은 수준에 머물겠다"고 말하면 된다는 것입니다.

경제성장률 얼마, 물가 얼마라는 숫자 예측이 오히려 우리의 판단을 방해할 수도 있습니다.

예측이라고 할 때 우리는 상승과 하락의 '방향성'보다는 어느 하나의 '점 맞추기'를 생각하는 경향이 있습니다. 주가지수 맞추기, 환율 맞추기 등의 이벤트가 대표적인 예입니다. 사실 이런 이벤트는 별로 의미가 없습니다. 소수점 둘째 자리까지 맞춘들 무슨 의미가 있겠습니까. 차라리 오를지 내릴지를 판단하는 게 더 의미 있습니다. 우리가 판단할 수 있는 것은 하지가 지나면 날씨는 추워지고 동지가 지나면 더워진다는 것입니다. 결국 판단할 수 있는 수준은 '상승과 하락'입니다. 물론 크기와 같은 레벨도 필요합니다. 예를 들어 적정 주가지수나 적정 금리 같은 부분이 이에 해당합니다. 이 부분은 8장에서 자세히 다루겠습니다.

경기와 물가라는 핵심 지표에 관한 또 다른 질문입니다.

1 | 경기와 물가만 보겠다고 해도 경기지표도 물가지표도 너무 많습니다. 경제지표는 왜 이렇게 복잡하고 많습니까?

2 | 대체 어떤 게 경기지표이고 물가지표입니까?

3 | 경제분석법이 과학적이라면 데이터도 체계적이고 일관되게 활용되어야 할 것 같습니다. 사용할 경기지표 하나, 물가지표 하나를 콕 짚어서 알려주세요.

이 질문들을 받았을 때 저는 이렇게 답했습니다. "안타깝게도 모든 지표는 나름대로 의미를 가지고 만들어졌습니다. 그러므로 하나의 지표로 경기나 물가를 설명할 수는 없습니다. 그렇지만 우리는 목적의식-금융

시장 전망 또는 실물시장 전망, 주식 전망 또는 부동산 전망 – 에 맞게 경기지표와 물가지표를 활용할 수는 있습니다."

왜 다양한 지표가 필요할까요? 목적에 맞게 활용된다는 것이 어떤 의미일까요? 다른 업종의 사례를 보면서 느낌을 가져보면 도움이 될 것입니다. 스마트폰에는 각종 내비게이션 앱과 이를 가능하게 하는 GPS가 있습니다. 스마트폰을 열고 '위치'를 클릭하는 순간 우리는 우주에 있는 위성과 교신을 시작합니다. 위성은 우리가 어디에 있는지, 우리가 가고자 하는 방향으로 어떻게 가야 하는지 알려줍니다. 또한 도착 시각도 알려줍니다. 놀랍게도 우리는 모두 위성과 교신하는 능력자입니다. 우리가 능력자가 되기 위해서는 지구 주위에 위성을 띄워야 하고 그 안에 원자시계가 있어야 시간과 공간을 제어할 수 있습니다.

이때 활용되는 물리학의 역학 이론이 참으로 신기합니다. 위성을 띄우기 위해 사용되는 것은 뉴턴역학입니다. 원자시계를 움직이는 데 사용되는 것은 양자역학입니다. 그리고 원자시계를 수정하는 것은 위성의 위치와 운동 속도에 따라 다르므로 상대성이론도 필요합니다. 모든 이론이 저마다의 필요성을 갖습니다. 이렇게 다양한 역학 이론이 필요한 것은 패러다임마다 문제를 해결할 수 있는 능력이 다르기 때문입니다. 태양계 수준에서 필요한 것은 뉴턴역학이지만 차원이 아주 커지면 상대성이론이 필요하고, 차원이 아주 작아지면 양자역학이 필요합니다.

통상 문학작품은 다양한 것이 좋을 수 있지만 수학과 과학에는 하나의 답만을 신뢰합니다. 뉴턴은 틀렸고 아인슈타인은 옳다. 혹은 이제 아인슈타인도 틀렸다고 합니다. 그러나 정확하게 사용되면 그들 모두 맞고, 잘못 사용되면 그들 모두 틀릴 수도 있습니다. 위성의 사례에서처럼 과학에 다양한 답이 필요합니다.

금융에도 다양한 해답이 필요합니다. 예를 들어 핵심 지표인 경기는 차원에 따라 생산·소비·수출입으로 나뉠 수 있습니다. 또 차원에 따라 민간 소비·기업 투자·정부 지출·수출입으로도 나뉠 수 있습니다.

제가 추천하는 경제지표 분석 방법은 세 가지입니다. 첫째, 기계적으로 보지 말고 '왜 이 지표를 보는가?'라는 목적을 놓치지 않아야 합니다. 둘째, 그래서 '무엇을 봐야 하는가?'를 찾아야 합니다. 셋째, 해당 지표의 영향력을 파악해야 합니다. 이렇게 보는 것이 목적을 유지하면서 체계적으로 분석하는 방법입니다.

예를 들어보겠습니다. 목적은 자산시장 전망입니다. 그래서 핵심 지표를 찾았습니다. 앞에서 설명한 것처럼 경기와 물가입니다. 그중 하나는 경기입니다. 이제 경기를 분석해야 합니다. 경기가 상승하는지 하락하는지 알고 싶습니다. 경기와 관련해 가장 좋은 자료는 GDP 자료입니다. 하지만 GDP 자료는 분기에 한 번밖에 나오지 않아 자산시장 전망이라는 목표에 적절하지 않습니다.

조금 더 상세히 알기 위해 GDP 자료를 분해합니다. 지출 GDP는 민간 소비·기업 투자·정부 지출·수출입으로 나눕니다. 나라마다 경제 환경이 다르니 지표의 구성비도 다릅니다. 예를 들어 미국은 민간 소비가 70% 수준으로 가장 크고, 중국은 기업 투자가 40% 수준으로 가장 큽니다. 우리나라는 수출과 민간 소비가 차지하는 비중이 모두 큽니다. 그래서 미국은 소비가 좋아지면 경기가 좋아지지만, 중국은 투자가 늘어야 경기가 좋아집니다. 우리나라는 수출이 큰 비중을 차지해 국내 경기도 중요하지만 국외 경기에도 영향을 크게 받습니다.

미국 경제에서는 실업률과 같은 소비 지표가 중요합니다. 실업률이 하락하면 고용이 늘고 소비가 늘어 경기가 상승합니다. 반면 중국 경제에서는 산업 생산 증가율이 중요합니다. 개인 소비가 늘어도 기업 투자가 줄어든다면 경기 상승은 어렵겠다고 판단해야 합니다. 반면 한국 경제는 국외 경기가 중요합니다. 기업의 수익을 판단하기 위해서 국외 경기에 환율을 반영하여 함께 보는 것이 좋습니다. 이런 방식이 경기를 분석하는 방법입니다. 갑자기 어렵다는 생각이 들 수 있겠지만, 전문가들이 금융시장의 다차원 분석을 어떻게 진행하는지 그 느낌은 전달되었으면 좋겠습니다. 분석 기법의 핵심인 중요도는 비중이 결정합니다. 그럼 그런 지표는 어떻게 읽고 해석해야 할까요?

7 장

핵심 지표
제대로 읽기

쾌도난마快刀亂麻 : 복잡하게 얽힌 신문 기사와 금융 상품을 분해하고 올바르게 처리함.

수많은 정보 중에서 어떤 정보가 진짜이고 가짜일까요? 금융 정보는 어디서 찾고,
어떤 정보를 찾아야 하는지 정보는 어떻게 분해해야 하고
통합해야 하는지 함께 알아보겠습니다. 금융 정보를 제대로 분석하기 위해
제대로 읽고 해석할 수 있는 능력을 키울 수 있는 장이 되시길 바랍니다.

경기와 물가를 보면 시장이 보입니다. 경기와 물가가 핵심 요인이기 때문입니다. 경기와 물가가 원인이고 시장은 결과입니다. 원인이 바뀌면 결과가 변합니다. 결과를 보고 당장 시장 변화를 정당화하기 위해 원인에 해당하는 자료를 찾아서 끼워 맞추기 식으로 읽어서는 안 됩니다. 핵심 지표는 핵심 지표답게, 보조 지표는 보조 지표답게 읽어야 합니다. 경기와 물가만 제대로 읽어도 충분합니다. 이번 장의 목표는 핵심 지표를 제대로 읽고 해석하는 것입니다. 정보를 어떻게 읽어야 하는지, 어떤 정보를 찾을지, 어디서 정보를 찾을지, 어떻게 정보를 통합할지 등을 사례를 통해 자세히 알아보겠습니다.

먼저 경제지표 읽는 법부터 알아보겠습니다. 다음은 경제신문에 실린 기사입니다. "부동산시장의 과열이 심각하다. 서울 강남 재건축의 가격이 올해 초보다 1억 원 이상 급등했다." 이런 기사를 보면 무엇을 확인해야 할까요? 바로 얼마짜리 부동산이 1억 원 이상 올랐는가입니다. 1억 원이 2억 원이 된 것과 100억 원이 101억 원이 된 것은 전혀 다르기 때문입니다. 이 기사를 계속 읽어보니 15억 원에서 16억 원으로 올랐습니다. 오른 폭은 1억 원이지만 상승률은 6%입니다.

우리가 경제지표를 볼 때 어떤 지표가 더 중요할까요? 경제 데이터를 읽는 이유는 현재를 정확히 진단하고 미래를 제대로 예측하기 위해서입니다. 그래서 대부분의 경제 데이터에서는 비율 데이터가 중요합니다. 과거와 비교하고 미래를 예상하기 위해서는 단순 금액 데이터보다 비율 데이터가 더 중요합니다. 예를 들어, 종합주가지수가 100포인트 하락했다고 해서 폭락이라고 단정하기 어렵습니다. 종합주가지수가 1000포인트일 때 100포인트(10%)와 2000포인트일 때 100포인트(5%)는 다르기 때문입니다.

다른 기사를 하나 더 보겠습니다. "삼겹살 가격이 큰 폭으로 올라 '금겹살'이 되었다. 여름에는 성장이 느려 출하량이 떨어지는데다 바캉스 및 캠핑 시즌이므로 가격이 작년 겨울 100g당 1500원에서 2000원으로 큰 폭으로 상승해 금겹살이 되었다. 작년 말 대비 30% 이상 올랐다." 여기서는 무엇을 확인해야 할까요? 비교하는 방법에 문제가 있습니다. "올 여름은 지난 겨울에 비해 참 더워." 이상하지 않나요? "올 여름은 작년 여름보다 더운 것 같아." 이게 맞는 표현이죠. 여름은 여름끼리, 겨울은 겨울끼리 비교해야 합니다. 'Apple To Apple 원칙'입니다. 즉, 사과는 사과와 비교해야지 사과를 오렌지와 비교해서는 안 됩니다. 그러므로 이 기사에서도 작년 여름의 삼겹살 가격과 올 여름의 삼겹살 가격을 비교하는 방법이 더 좋습니다. 아이스크림을 파는 기업의 실적을 비교할 때, 가을이 되어 실적이 하락으로 돌아섰다, 여름이 되니 실적이 상승으로 돌아섰다고 표현하는 것은 이치에 맞지 않습니다. 비교의 기본은 '전년 동기 대비'입니다. 대부분의 경제지표는 '전년 동월 대비'를 보아야 하고, GDP나 기업 실적은 '전년 동분기 대비'를 활용해야 합니다.

경기와 물가 중 물가 분석 방법을 사례를 통해 알아보겠습니다. 기사 중 일부입니다. "오늘 통계청이 발표한 바에 따르면 소비자물가지수는 110을 기록하며 전월 대비 0.5%, 전년 동월 대비 1.3%의 상승을 기록하였으며, 최근 6개월 내 가장 높은 물가를 기록했다. 최근 물가가 이렇게 상승한 것은 이상기후로 신선식품 및 과일 가격이 큰 폭으로 올랐기 때문이다." 이중 어느 것이 진짜이고, 어느 것이 가짜일까요?

금융시장은 숫자로 가득한 곳입니다. 한국은행이 제공하는 경제 환경 분석 자료인 '한눈에 보는 우리나라 100대 통계 지표'를 수업 시간에 보여주었습니다. 한 학생이 "토 나올 정도로 숫자가 많네요"라고 말하더군요. 숫자가 많기는 합니다. 자료를 보는 요령이 있습니다.

경제 데이터 4가지만 알자

목적에 맞게 자료를 보면 경기 자료, 물가 자료, 기타 자료로 나누어집니다. 하지만 경기 자료 중에 무엇을 봐야 하는지, 물가는 무엇을 봐야 하는지를 알기가 조금 어렵습니다. 자료를 보니 백분율로 된 것도 있고, 값으로 나오는 것도 있습니다. 또 전기 대비도 있고, 전년 동월 대비도 있습니다. 이것들이 다 무엇을 뜻하는지 숫자 자료를 이해하고, 분석하고 전망하는 방법을 알아보겠습니다.

우리가 보는 경제 데이터는 시계열 자료입니다. 시계열 자료란, 시간의 변화에 따라 측정된 자료라는 뜻입니다. 시간의 경과에 따라 GDP·소비자물가지수·국제수지 등 거시경제 자료나 기업 실적 같은 미시경제

Trend	Cycle	Seasonality	Irregular
장기적인 추세	상승 & 하락 순환	계절 요인에 의한 패턴	예측 불가능

| 시계열 데이터 |

자료는 모두 시계열 자료입니다. 종합주가지수·금리·부동산 가격·환율 등도 시계열 자료에 속합니다.

모든 시계열 자료는 TCSI라는 추세Trend·순환Cycle·계절Seasonality·불규칙Irregular의 네 가지 요소로 구성되어 있습니다. 추세 변동은 장기적으로 변화하는 큰 파도를 나타냅니다. 우리나라는 10%를 넘는 고성장기에서 저성장기로 추세가 변화했습니다. 순환 변동은 상향과 하향을 교대로 되풀이하는 작은 파도입니다. 경기 변동이 호황과 불황을 반복하는 것이 대표적 예입니다. 계절 변동은 계절적 요인에 따라 나타나는 패턴인데, 예를 들어 여름에는 아이스크림의 매출이 크게 상승합니다. 마지막으로 불규칙은 우연히 발생하는 예측 불가능한 변동입니다. 요약하면 경제 데이터는 두 가지 파도 요인에 의한 변화, 한 가지의 계절 요인에 의한 변화, 마지막으로 예측이 어려운 한 가지 이유에 의한 변화가 있습니다. 진짜는 추세와 순환입니다. 가짜는 계절과 불규칙입니다. 알곡인 진짜를 찾기 위해 껍데기인 가짜를 제거해야 합니다.

첫 번째는 불규칙한 예측 불가능 원인에 의한 변화입니다. 말 그대로 이는 불규칙하고 랜덤한 이유이므로 제거해야 합니다. 하지만 시계열 자료를 보면 이를 알아차리기 어렵습니다. 다만 우리가 아는 방법은 얼마나 많은 데이터에서 그런 결과가 나왔는가입니다. 예를 들어, 10타수 3안타인 선수와 100타수 30안타인 선수 중 누가 3할 선수냐고 물으면 당연히 후자라고 할 것입니다.

그래서 정확한 진단을 위해 우리가 활용하는 방법이 대량 데이터를 활용하는 것입니다. 통계적으로는 30개 이상의 데이터를 대량의 데이터라고 이야기합니다. 경기 순환 주기의 평균인 4년 정도의 월 데이터는 금융시장 전망을 위한 최소한의 데이터라고 봅니다. 그래서 이 케이스에 나온 '6개월 내 최고 상승률'은 진단도 아니고 전망을 위한 자료도 아닙니다. 4장에서 이미 장기 투자와 분산 투자를 통해 확률을 확실성으로 바꿀 수 있음을 확인했습니다. 우리에게는 긴 기간과 많은 데이터가 필요합니다.

다음은 계절 요인에 의한 변화입니다. 대부분의 경제 데이터는 월 자료나 분기 자료를 사용하므로 착각하기 쉬운 자료는 계절 요인 자료입니다. 조금 전 예시처럼 아이스크림 매출을 보고 해당 기업이 7월에 흑자로 돌아섰다거나 10월에 적자로 돌아섰다고 판단한다면 그 기업의 매출, 이익 등을 오해하게 됩니다. 비교 분석을 위해서는 작년 여름과 올여름, 작년 10월과 올해 10월을 비교 분석해야 합니다. 이런 이유로 계절 조정을 통해 원 통계 데이터에서 계절 변동 요인을 제거해야 합니다. 그래서 통계청이나 한국은행에서는 원 데이터와 함께 전년 동월 대비·전년 동분기 대비 자료를 함께 제공합니다. 대부분의 경제지표는 월간 지표를 활용하지만 GDP 같은 자료는 분기 자료를 사용하고, 기업 실적도 분기 자료를 활용합니다.

애널리스트 리포트에는 가끔 전년 동월 대비를 YoY^{Year on Year}로, 전분기 대비를 QoQ^{Quarter on Quarter}로, 전월 대비는 MoM^{Month on Month}으로 표기합니다. 우리가 보아야 하는 자료는 YoY입니다. 그래서 사례에 나온 전월 대비 0.5%, 전년 동월 대비 1.3% 중 '진짜'는 후자입니다.

앞에 나온 기사를 다시 보겠습니다. "오늘 통계청에서 발표한 바에 따르면 소비자물가지수는 110을 기록하며 전월 대비 0.5%, 전년 동월 대비 1.3%의 상승을 기록하였으며, 최근 6개월 내 가장 높은 물가를 기록했다. 최근 물가가 이렇게 상승한 것은 이상기후로 신선식품 및 과일 가격이 큰 폭으로 올랐기 때문이다"를 다시 분석하면, 소비자물가지수 110은 비교를 위한 숫자일 뿐이고 전월 대비 0.5%는 중요한 숫자가 아닙니다. 중요한 것은 전년 동월 대비 1.3%입니다. 그리고 6개월이라는 기간은 충분하지 않은 결과이므로 전망에 활용할 수 없습니다. 그리고 뒤에서 이야기하겠지만 물가에서 중요한 부분은 방향이 아니라 크기입니다. 1.3% 상승은 한국은행이 정한 기준(2016~8년) 2%보다 낮으므로 저물가 상황으로 보아야 합니다. 시계열 데이터를 해석하는 것이 처음에는 어려울 수 있습니다. 하지만 조금만 들여다보면 크게 어렵지 않습니다. 그저 익숙하지 않을 뿐입니다.

이제까지 '진짜' 자료를 찾아내는 방법으로 장기간의 데이터를 기반으로 전년 동기 대비를 활용해서 불규칙성과 계절성을 제거하였습니다. 그럼 '진짜' 자료인 추세와 순환은 어떻게 분석해야 할까요? 추세는 긴 파도이고 순환은 작은 파도라고 했습니다. 파도를 어떻게 전망해야 할까요? 경기가 좋다, 나쁘다고 말하기는 쉽습니다. 회사 매출이 늘거나 연봉이 오를 때, 그리고 주가나 금리, 부동산 가격이 오를 때도 그렇게 느낍니다. 하지만 "왜 경기가 좋아?" 혹은 "앞으로도 계속 좋아질까?"라는 질문에는 대답하기 어렵습니다. 매출이나 연봉 같은 부분은 주관적인 사실이고, 주식·채권·부동산 같은 자산 가격은 등락이 거듭되기 때문입니다. 그럼 어떻게 전망해야 할까요?

경기를 진단하고 전망하기 위해서는 경기 지표 중 경기선행지수를 보는 것이 좋습니다. 이름 그대로 경기선행지수는 3∼6개월 후의 경기 흐름을 전망할 목적으로 만든 자료입니다. 현재 경기선행지수는 생산·소비·투자·해외 요인·금융지표 등 여러 구성 지표를 사용하여 정부와 같은 공적 기관이 작성하고 발표합니다. 이런 지표의 신뢰성에 대해 잠시 이야기해볼까요? 유사 사례로 물가 지표를 살펴보겠습니다. 왜 정부가 발표하는 물가 지표는 체감 물가와 다를까요?

주부들은 마트만 갔다 오면 물가가 이렇게 높은데 왜 정부는 물가가 낮다고 하는지 모르겠다고 이야기합니다. 예를 들어 삼겹살과 상추 가격이 올랐다거나 10년 만에 냉장고를 새로 샀는데 과거에 비해 너무 비싸다는 등의 이야기들이죠. 착시의 이유는 여러 가지입니다. 삼겹살이나 상추는 전체 생계비에서 차지하는 비중이 작습니다. 삼겹살 가격이 올라도 가중치가 작습니다. 냉장고는 가격을 비교하는 시점에 문제가 있습니다. 또 생활 수준 상승으로 인해 소형차를 중형차로 바꾸거나 아이가 늘어 생활비가 오르는 등의 이유도 체감 물가와 발표 물가를 다르게 느끼게 합니다.

경기선행지수 같은 종합경기지표는 정부를 비롯한 공적인 기관에서 발표합니다. 가끔 개편도 합니다. 왜 바꿀까요? 구성 항목이나 계산 방법에 변화가 필요하기 때문입니다. 소비자물가지수도 정부는 소비 추세에 따라 구성 항목을 재산정합니다. 1970년대에는 흑백 TV가 들어갔지만 지금은 빠졌고, 삐삐나 유선전화기도 현재 지표에서 탈락했습니다. 경기 전망은 물가보다 더 복잡합니다. 데이터에 모델이 더해져 있기 때문입니다. 경제 환경 변화를 반영하는 데이터를 고르는 일도 쉽지 않습니다. 거기에 구성 지표를 표준화하는 등 작성 방법도 추가로 변경해야 합니다. 이런 이유로 경기나 물가 같은 지표를 계산하고 발표하는 방식은 마치 내비게이션이 교통량을 고려하여 최적의 경로를 제시하는 것과 비슷합니다. 정부는 지도가 바뀌면 될 수 있는 대로 이른 시일 내에 업데이트하여 오류를 줄이고자 합니다. 어찌 되었든 우리에게는 여전히 다른 대안이 없습니다. 선택의 문제일 뿐이지 자료가 맞다, 틀리다를 논할 사안은 아닌 것 같습니다.

OECD가 발표하는 경기선행지수를 분석해보겠습니다. 국내 시장뿐만 아니라 국외 시장도 분석할 수 있습니다. OECD가 발표한 각 나라의 경기선행지수에서 어떤 자료를 봐야 할까요? 값도 있고, 값을 통해 계산한 전월비 자료와 전년 동월비 자료도 있습니다. 이때는 값과 전월비 자료를 동시에 보는 것이 좋습니다. 경기를 날씨와 연결해서 생각해보면 쉽게 이해할 수 있습니다. 날씨는 크기인 온도가 있고, 방향인 더워진다와 추워진다가 있습니다. 봄은 회복기, 여름은 확장기, 가을은 후퇴기, 겨울은 침체기입니다. 크기인 온도가 높은 계절은 여름과 가을이고 온도가 낮은 계절은 겨울과 봄입니다. 봄·여름에는 갈수록 날씨가 더워지고 가을·겨울에는 점점 추워집니다. 경제지표에서 크기의 기준은 100입니다. 그리고 숫자가 커지면 봄과 여름이고, 숫자가 내려가면 가을과 겨울입니다.

만일 미국의 경기선행지수가 지난달 90이었는데 이달에 95가 되면 어떻게 해석해야 할까요? 낮은 온도가 따뜻해지니 계절로는 봄이고 경기는 회복기입니다. 만일 중국의 경기선행지수가 지난달 110이었는데 이달에 105가 되었다면 가을에 해당하는 후퇴기입니다. 그렇다면 경기를 고려할 때 어느 나라의 주식을 사야 할까요? 미국의 주식을 사는 것이 좋겠습니다. 경기가 좋아지는 나라는 미국이니까요. 과거로 돌아가 보면 서브프라임 사태 이후인 2009년 OECD 회원국 중 우리나라가 가 장 먼저 경기가 상승세로 돌아섰고, 2010년 이후에는 전반적으로 미국 이 중국보다 경기선행지수가 오히려 더 좋았던 점 등을 느낄 수 있을 것 입니다. OECD 홈페이지를 확인할 필요까지는 없고 OECD 대한민국 대 표부http://oecd.mofa.go.kr/korean에서 발표하는 지표는 참고하시길 바랍니다. OECD 경기선행지수는 매월 10일 전후로 발표됩니다.

2016년	6월	7월	8월	9월	10월	전월비 (%)	전년 동월비(%)	경기 전망
OECD 전체	99.7	99.7	99.8	99.8	99.8	0.04	−0.07	Stable growth momentum
(유로 지역)	100.2	100.2	100.2	100.3	100.3	0.05	−0.12	Stable growth momentum
(아시아 5개국)	99.3	99.4	99.5	99.7	99.8	0.17	0.56	Growth gaining momentum
(선진 7개국)	99.5	99.5	99.5	99.6	99.7	0.08	−0.17	Stable growth momentum
미국	99.1	99.1	99.1	99.2	99.3	0.09	−0.27	Signs of growth gaining momentum
일본	99.6	99.6	99.6	99.7	99.7	0.05	−0.38	Stable growth momentum
영국	99.3	99.4	99.5	99.6	99.8	0.14	−0.09	Signs of growth gaining momentum
독일	99.8	99.9	99.9	100.0	100.2	0.11	0.25	Signs of growth gaining momentum
프랑스	100.3	100.3	100.4	100.4	100.5	0.08	0.09	Signs of growth gaining momentum
한국	100.8	100.8	100.8	100.8	100.8	−0.05	0.05	Signs of growth gaining momentum
브라질	99.6	100.2	100.7	101.1	101.5	0.38	4.38	Growth gaining momentum
중국	98.6	98.7	98.8	99.0	99.2	0.23	0.11	Growth gaining momentum
인도	100.3	100.5	100.7	100.9	101.1	0.20	1.90	Growth gaining momentum
러시아	99.6	99.9	100.1	100.3	100.6	0.25	2.09	Growth gaining momentum

2016년 12월 발표 기준

| OECD 경기선행지수 |

시계열 자료에서 가짜를 제거하고 진짜를 해석하는 방법에 대해 알아보았습니다. 그런데 어떤 경제지표는 절댓값으로 제시할 뿐 상댓값인 비율 지표를 제시하지 않기도 합니다. 또 비율 지표는 제시하더라도 전년동월비나 전월비를 제시하지 않기도 하죠. 이때는 어떻게 진단하고 전망해야 할까요?

먼저 절댓값만 제시되었다면 원 데이터를 직접 이용할 수 있습니다. 케이스를 단순화하겠습니다. 가장 최근 발표된 지표가 20X2년 2월 자료라고 가정하겠습니다. 지난달인 20X2년 1월 데이터값은 110, 2월 데이터값은 115입니다. 그리고 작년 이때 자료인 20X1년 1월 데이터값은 100, 2월 데이터값도 100입니다. 어떻게 계산해야 할까요? 20X2년 1월은 전년 동월 대비 10%, 2월은 전년 동월 대비 15% 상승했습니다. 이제 어떻게 판단하면 될까요? 네, 올라가는 중입니다. 정확하게는 전년 동월비 전월비가 플러스 값을 보인다고 표현합니다. 즉, 이 지표는 상승 추세입니다. 전년 동월 대비 전월비가 플러스 값을 보이는 것은 상승 추세입니다. 그리고 이렇듯 전년 동월 대비 전월비가 플러스에서 마이너스 값

연도		발표된 지표 값	전년동월비	전년동월대비 전월비
20×1년	1월	100		
	2월	100		
20×2년	1월	110	10%	
	2월	115	15%	5% (상승 추세)

| 시계열 데이터 분석법 예시 |

으로 돌아설 때 하락 추세로 돌아섰다고 하면 됩니다. 전년동월비, 전월비를 계산하면 됩니다.

하지만 만일 전년 동월비의 전월비 자료가 들쑥날쑥하면 어떻게 해야 할까요? 분석 데이터가 안정적인 흐름을 보인다면 해당 자료를 이용하여 판단할 수 있습니다. 하지만 불규칙 요인이 커서 안정적인 흐름을 보이지 않는다면 그 자료는 유용하지 않은 자료로 판단하고 사용하지 않는 것이 좋습니다. 대표적인 경우가 설문 조사에 기반을 둔 지표입니다. 우리는 느낌으로 경기가 좋다 나쁘다고 말할 수 있고 데이터가 많으면 신뢰할 수 있다고 했습니다. 이런 아이디어를 기반으로 한 경기 판단 지표도 있습니다. 미국에서는 컨퍼런스보드의 소비자신뢰지수가 있고, 미시간대학교의 소비자심리지수도 있습니다. 우리나라에도 기업경기실사지수나 소비자심리지수가 있습니다.

이런 자료의 장점은 빠르고 쉽게 만들 수 있다는 것입니다. 물어보고 답변을 기록하면 되기 때문입니다. 경제 구조가 바뀌어 경기종합지수가 대응이 늦어질 때 대안으로 제기되기도 합니다. 하지만 치명적 단점으로는 개인의 주관에 치우치기 쉽습니다. 예를 들어 주가가 큰 폭으로 내린 후 조사하면 대부분 경기가 나쁘다고 합니다. 영국의 브렉시트를 되돌아보면 당일은 주가가 큰 폭으로 내렸으나 다음 주는 내내 올랐습니다.

그랬더니 브렉시트 발표 직후에는 경기 하락을 예상하던 사람들이 일주일 후에는 국내 경기가 오히려 좋아질 수도 있다고 말했습니다. 일관성이 떨어지는 지표는 사용하지 않는 것이 좋습니다.

| 블룸버그 앱 |

스마트지수 높이기

예전에는 블룸버그의 별명이 '블대리'였습니다. 블룸버그 단말기의 월
사용료가 금융회사의 대리 연봉 수준이었기 때문입니다. 하지만 이제는
많은 정보가 모바일 앱을 통해 무료로 제공되고 있습니다. 그래서 이제
는 고기가 아닌 고기 잡는 법을 알아야 합니다. 고기는 아주 많습니다.
고기 잡는 과정에 익숙해지면 경제지표를 스스로 해석하고 판단하는 즐
거움도 느낄 수 있습니다. 낚시는 옆에서 구경하는 것보다 직접 낚는 손
맛이 진짜입니다.

　오랫동안 개인 투자자의 한계는 정보 접근력의 한계에서 출발했습니
다. 그러나 이제 정보 접근은 상당히 평등해졌습니다. 세상을 평평하게

만든 사람들에 대해 잠시 이야기해보죠.

세계 경제대통령인 FRB의 의장은 재닛 옐런입니다. 재닛 옐런 의장의 배우자는 2001년 노벨 경제학상을 받은 조지 애컬로프입니다. 대단하죠. 그리고 그들의 아들도 경제학을 가르치는 교수입니다. 정말 엄청난 전문가 집안입니다. 조지 애컬로프는 정보경제학을 만든 사람입니다. 서른 살 무렵 레몬시장 이론Market for Lemons 으로 정보의 비대칭 문제를 다루었죠. 그는 중고 자동차시장을 예로 들었습니다. 중고 자동차를 파는 사람은 정보를 갖고 있지만 사는 사람은 정보를 갖고 있지 않다는 것입니다. 결국 정보 부족으로 시장이 제대로 작동하지 않고, 그래서 효율적인 자원 배분이 되지 않는다는 점을 지적했습니다.

재닛 옐런은 예일대학교에서 경제학 박사학위를 받고 하버드대학교에서 교수로 재직했으며 FRB에서 이코노미스트로 일할 때 조지 애컬로프와 결혼했습니다. 두 사람이 연애할 때 대화의 주제는 어떤 내용이었을까요? 정보에 관해, 금융시장 정보의 중요성에 관해, 정보의 비대칭을 해결할 방법 등을 함께 이야기하지 않았을까요? 그들의 진짜 연애사는 알 수 없지만 상상만 해도 재미있습니다.

이런 정보의 비대칭 문제를 해결할 제도적 장치는 '공시제도'입니다. 미국 연방대법원 대법관 출신인 루이스 브랜다이스가 "햇빛이 최고의 살균제"라고 말했습니다. 투명성은 경제민주주의로 가는 중요한 해결책입니다.

과거와 현재를 비교해보겠습니다. 예전에 정보는 어떻게 움직였을까요? FRB의 앨런 그린스펀 의장이 발언합니다. 그곳에 참석한 기자들이 기사를 씁니다. 그 내용은 블룸버그나 로이터를 통해 확인할 수 있었습

| FRED 앱 |

니다. 얼마 후 누군가가 시간을 들여 그 내용을 우리말로 옮겨 게시하면 우리는 그제야 그 사실을 알 수 있었습니다. 그러나 지금은 스마트폰이 보급되고 놀라운 앱이 등장했습니다. 바로 FRED^{Federal Reserve Economic Data}(연방준비은행 경제 데이터)입니다. FRB가 제공하는 경제 데이터를 볼 수 있는 앱입니다. 루이스 브랜다이스 판사가 감동할 도구입니다. 레몬 같은 정보가 판을 치던 세상에 고급 정보가 모든 사람의 손 안에 존재하다니 말입니다. 게다가 무료로 제공되니 감사할 따름입니다. 조지 애컬로프와 재닛 옐런은 얼마나 뿌듯했을까요? 정보가 쉽게 공유되는 시대, FRB조차 그 경계를 무너뜨렸습니다.

이제 우리는 무엇을 해야 할까요? 맞습니다. 즐기면 됩니다. 첫 단계는 FRED 앱을 스마트폰에 내려받아 설치하는 것입니다. 설치를 마치면 안드로이드 계열에서는 By Popularity, 아이폰 계열에서는 Most Popular를 눌러보세요. 소비자물가지수·실업률·하이일드 스프레드 등 수많은 자료가 같은 포맷으로 제공됩니다. 놀랍지 않습니까? 예전에는 신문 기사나 리포트로 보던 자료를 이제 실시간으로 생생하게 볼 수 있습니다. 미국 FRB의 경제학자들이 누리던 자료를 우리도 실시간으로 받을 수 있는 길이 열린 것입니다!

제가 왜 그들의 연애에서 이런 느낌을 상상했는지 짐작하겠죠? 그들의 목표는 '경제민주주의로 가는 길'이 아니었을까요? 그 방법으로 남편은 필요에 관한 논문을 제시했고, 아내는 이를 FRB에서 구현한 것은 아닐까요? 세상이 모바일 환경으로 바뀌었으니 FRB도 바뀌었다고 생각할지 모르겠습니다. 이유야 어찌 되었든 정말 감사한 일입니다.

스스로 자료를 발굴하고 결론을 내보면 오히려 믿음을 가질 수 있습니다. 하지만 과거에는 그 방법에 치명적인 단점이 있었습니다. 자료를 발굴할 방법이 없었습니다. 블대리는 비싸고, 경제 상황은 매일같이 바뀌니 답답할 노릇이었습니다. 유일한 답은 누군가에게 정답을 들어 빨리 문제를 해결하는 것이었습니다. 하지만 정작 문제는 그것이 정답인지 알 수 없었고, 정답이라도 적시에 공급되지 않는 것은 문제였습니다. 예전에는 정보의 노예처럼 항상 "무엇을 살까요? 지금 살까요, 팔까요?" 혹은 "왜 오르죠? 대체 왜 내리죠?"라는 질문을 해야 했습니다. 드디어 이런 상황을 반전시킬 강력한 무기가 생겼습니다.

어떻게 활용하면 되는지 사례로 알아보겠습니다. 이번에 미국이 금리를 인상할까요? 보통은 검색부터 합니다. '미국 금리 인상'이라고 입력하면 관련 기사가 쏟아집니다. 기사의 내용은 대동소이합니다. 결론은 두 가지 의견으로 나뉩니다. A는 곧 인상된다, B는 당분간 인상은 없다고 말합니다. 언론은 인상하자고 주장하면 매파(급진적 강경파, 금리 인상을 통해 물가를 안정하자는 주장하는 사람들을 일컫는다), 인상을 유보하자면 비둘기파(보수적 온건파, 금리 인하를 통해 성장과 경기 부양을 주장하는 사람들을 일컫는다)로 규정합니다. 달을 가리키는 재닛 엘런의 손가락만 봅니다. 매가 이길까요, 비둘기가 이길까요?

달에 해당하는 부분이 주가지수가 되기도 합니다. 주가가 하락하면 언론은 매파가 이길 것으로 보고 금리 인상이 임박했다고 주장합니다. 주가가 내려가다 보니 인상을 주장한 A의 의견에 '좋아요!'가 많이 달립니다. 그래서 결론을 내립니다. "금리 인상은 없을 것이라는 의견이 일부 있지만 아무래도 이번에는 금리가 오를 것 같습니다. 주식 비중을 줄이는 것이 좋겠습니다." 그리고 시간이 지납니다. 이번에는 주가가 오르기 시작합니다. 이제는 B의 의견이 주류로 바뀝니다. B의 의견에 '좋아요!'가 달립니다.

금융 상품, 나눠보고 쪼개보고

사례로 FOMC의 금리 예측 방법을 다루어보겠습니다. 3장에서 금리는 단기적으로 물가 요인, 장기적으로 경기와 물가 요인라고 이야기했죠. FRB 자료를 경기와 물가 두 가지로 구분해보겠습니다. 먼저 경기입니다. 경기가 바뀐 시기를 알아보겠습니다. 고성장·고물가 상황에서 저성장·고물가 상황으로 돌아섰던 시기입니다. FOMC연방공개시장위원회 자료의 경기 부분과 물가 부분을 보겠습니다. FOMC 자료는 다음과 같습니다. 하나의 자료만 보면 해석이 어렵지만 두 자료를 비교 · 분석하다 보면 뉘앙스의 차이도 느낄 수 있습니다.

FOMC 자료 (2007년 10월)

경기는 이번 3/4분기에는 견고한 성장을 보였습니다.

Economic growth was solid in the third quarter.

근원 물가는 금년 들어 상승하였습니다.

Readings on core inflation have improved modestly this year.

즉, FRB는 경기도 상승하고 물가도 상승하고 있다고 진단하고 있습니다. 다음에 있었던 2007년 12월의 FOMC 자료입니다.

FOMC 자료(2007년 12월)

부동산시장의 조정과 투자와 소비가 꺾이며, 경제성장은 둔화되고 있습니다.

Economic growth is slowing, reflecting the intensification of the housing correction and some softening in business and consumer spending.

근원 물가는 금년 들어 상승했습니다.

Core inflation have improved modestly this year.

물가에 대한 진단은 동일하지만 경기가 상승에서 하락으로 돌아섰습니다. 경기에 관련된 주어는 경제 활동Economic Activity입니다. FOMC는 경기 회복은 Moderate·Recover 같은 단어를 사용하고, 확장은 Expand·Solid, 후퇴는 Slow·Decline, 침체는 Deteriorate·Weaken 같은 단어를 사용하더군요. 대략 상승과 하락의 느낌을 알면 해석에 어려움은 없을 것입니다. 경기는 크기가 아니라 방향이 중요합니다.

다음은 물가와 관련된 부분입니다. 왜 2016년 12월에 금리를 인상했을까요? 2016년 10월 물가와 관련된 자료입니다.

FOMC 자료(2016년 10월)

물가는 FOMC의 목표인 2%보다 낮은 상태입니다.

Inflation has continued to run below the Committee's 2 percent longer-run objective.

시장이 판단하는 물가도 낮은 상태입니다.

Market-based measures of inflation compensation remain low.

이 자료는 12월에 다음과 같이 바뀝니다.

FOMC 자료(2016년 12월)

물가는 금년 들어 상승하였으나 아직도 목표인 2%보다 낮은 상태입니다.

Inflation has increased since earlier this year but is still below the Committee's 2 percent longer-run objective.

시장이 판단하는 물가는 상당히 올랐습니다. 그러나 여전히 낮은 상태입니다.

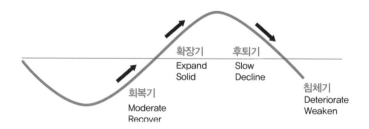

| 경기 순환별 FOMC 자료 코멘트 |

Market-based measures of inflation compensation have moved up considerably but still are low.

FRB가 보는 인플레이션^{Inflation}은 근원 물가입니다. 더 정확히는 근원 PCE^{Personal Consumption Expenditure} 지수입니다. 주어가 인플레이션^{Inflation}(정부가 측정하는 물가)과 시장이 판단하는 물가^{Market-based measure of inflation} 두 가지입니다. 인플레이션은 연준이 보는 근원 물가입니다. 연준은 왜 근원 PCE 지수를 볼까요? 물가는 물건의 가격입니다. 물가를 구성하는 요소 중 35% 가까이가 에너지 가격입니다. 3장에서 원자재 가격은 수요와 공급으로 구성된다고 했습니다. 따라서 변동성도 크다고 했습니다. 그렇다고 연준이 이달은 국제 유가가 올라서 금리를 올리고 다음 달은 국제 유가가 떨어져서 금리를 내리는 식으로 정책을 관리할 수 없습니다. 그러므로 물가 지수에서 공급 요인으로 변동하는 부분을 제외하는 것이 합리적인 판단입니다. 농산물과 석유류는 수요는 안정적이나 공급이 불안정합니다. 근원 PCE 지수는 이 두 부분을 제외한 것입니다. 안정적인 근원 PCE 지수는 연준이 보는 물가입니다.

다음은 Market-based inflation입니다. 시장과의 소통을 중요하게 생각하는 연준은 채권 시장을 통해 시장 참가자들의 의견을 체크합니다. 어떻게 계산할까요? 10년물 국채 금리는 무엇으로 구성될까

요? 물가에 경기를 합해서 결정됩니다. 그렇다면 10년물 물가채 금리는 어떻게 구성될까요? 경기에 의해 결정됩니다. 물가채는 물가가 상승하는 만큼 금리가 조정되는 물가 연동 채권이기 때문입니다. 예를 들어 국채 금리가 3%, 물가채 금리가 1%라면, 물가가 2% 수준으로 상승하면 국채와 물가채의 수익은 같아집니다. 이 차이를 손익 분기의 인플레이션율Breakeven Inflation Rate이라고 합니다. FRED에서 두 자료를 모두 검색해보겠습니다. 물가에 해당하는 부분은 근원 PCE로 영어로는 'Personal Consumption Expenditure Excluding Food and Energy'라고 검색하면 됩니다. 2016년 초와 말에 상승했습니다. 다음은 Market Based Measure of Inflation입니다. 이 부분은 'Breakeven Inflation Rate'라고 검색하면 됩니다. 자료에 나오는 10-year Breakeven Inflation Rate가 이에 해당합니다. 11월과 12월에 크게 상승했으나 여전히 2% 아래에 있는 것도 보입니다. 이런 이유로 연준은 12월에 금리를 인상하게 된 것입니다.

물론 기계처럼 물가만 보고 금리 정책을 판단할 수는 없습니다. 실제로 연준은 완전 고용과 물가 안정을 목표로 합니다. 이를 위해 경기·물가 외 자산시장·금융시장 상황 등도 검토합니다. 또 경기 요인도 소비·투자·수출입으로 나누어 검토하고, 물가도 시차를 두고 검토합니다. 이렇게 많은 자료를 검토함에도 가장 중요한 요인은 물가 상황입니다.

이렇게 천천히 스스로 답을 찾아가시길 추천합니다. 최고의 방법은 FRED 앱을 항상 옆에 두는 것입니다. 오늘 신문 기사에 최근 국제 유가가 올랐다는 기사가 있으면 FRED에서 'Oil'을 키워드로 검색하면 됩니다. 환율에 관한 기사가 나오면 'Dollar'를, 돈이 안전 자산으로 간다고 하면 'Spread'를 키워드로 검색하면 됩니다. 검색할 때는 키워드를 아는 것이 중요합니다. 이를 알 수 있는 좋은 방법은 애널리스트 리포트를 보는 것입니다. 애널리스트들이 언제 어떤 상품을 어떤 지표를 통해 분석하는지를 리포트를 통해 확인할 수 있습니다. 한국은행 같은 전문기관 또는 전문가 집단도 어떻게 자료를 분석하고 사용하는지 확인할 수 있습니다.

리포트 자료는 결과보다 그들이 무엇을 어떻게 보는지 알아보는 것이 좋습니다. 그 자료의 원 데이터를 직접 보고 판단하는 것이 전문가가 되는 가장 빠른 지름길입니다. 하루에 한 가지씩 알겠다는 마음으로 접근하면 어느 순간 금융시장 전문가가 되어 있을 것입니다. 신문을 볼 때 FRED, 리포트 읽을 때 FRED, 궁금하면 FRED를 켜고 키워드를 검색하면서 찾아보는 것을 생활화합시다.

지금까지 경기와 물가를 통해 자산시장을 예측하는 방법에 대해 알아보았습니다. 금융상품은 조금 더 복잡합니다. 갈수록 금융상품들이 더 빠른 속도로 분화되어 의사 결정이나 판단하기가 더욱 어려워집니다. 특히 수익의 변동이 큰 국내외 주식형 펀드나 국외 채권은 예측하기가 더 어렵습니다. 변동성 높은 상품들을 과거 수익률로만 설명하는 것은 분명 한계가 있습니다. 어떻게 미래를 예측하고 전망할 것인가가 상담의 핵심입니다.

상품을 분해하는 법, 분해한 상품의 시장 요인을 구별하는 법, 그리고 분석한 시장 요인을 결합하는 법을 사례를 통해 자세히 알아보겠습니다. 부분과 전체에 관한 이야기를 하면 좀 더 쉽게 이해할 수 있을 것입니다. 처음 복잡한 상품을 만났을 때 어떤 방법으로 접근하면 좋을까요? 가장 좋은 방법은 나누어서 부분별로 들여다보는 것입니다. 곤충은 머리·가슴·배 세 부분으로 나눕니다. 상품을 분해하는 방법도 마찬가지입니다.

다음은 상품을 구별하고 결합하는 방법입니다. 복잡한 계산 문제를 만났을 때 접근하는 방법의 머리·가슴·배는 다음과 같습니다.

> 1단계 쫄지 않는다.
> 2단계 식을 쓴다.
> 3단계 찾는다.

1단계 '쫄지 않는다'는 주식이나 채권 상품의 미래 수익률을 단번에 판단하려 하지 말고 불가능하다고 포기해서도 안 된다는 것입니다. 2단계의 '식을 쓴다'는 알고 있는 이론적 근거를 사용하는 것입니다. 마지막 단계인 '찾는다'는 가장 합리적이라고 생각하는 변수를 찾아서 대입하는 것입니다. 방법이 나왔으니 주식과 채권의 두 가지 사례로 확인해보겠습니다.

주식형 펀드의 미래 기대 수익률을 계산해보겠습니다. 기대 수익률 이론은 어떻게 배웠나요? 현재까지 나온 수식 가운데 사용하기 가장 쉽고 활용하기 좋은 수식은 1960년대 윌리엄 샤프의 단일지수모형Single Factor Model입니다. 금융 자격시험에 많이 나오는 모델이죠. 주식형 펀드의 [기대 수익률=알파+(베타×시장 수익률)]. 조금 더 정확하려면, 주식형 펀드의 [기대 수익률=알파+(베타×시장

$$R_i = \alpha_i + \beta_i R_m + e_i$$

| 윌리엄 샤프의 단일지수 모형 |

수익률)+에러]로 써야 합니다.

앞부분인 〔알파+(베타×시장 수익률)〕은 예측할 수 있는 부분이고, 에러 부분은 예측할 수 없는 부분입니다. 불규칙한 부분을 제거하기 위해서는 대량의 데이터가 필요합니다. 펀드의 경우 분산 효과는 충분합니다. 문제는 기간입니다. 국내 경기 순환 주기는 평균 4년 정도입니다. 그래서 저는 운용 기간이 4년이 되지 않으면 과거 수익률이 미래 수익률을 설명할 수 없다고 생각합니다. 4년 이상 펀드의 과거 수익률은 미래를 설명할 수 있는 실력의 성적표지만, 아주 짧은 기간의 수익률은 실력보다 운이 더 크게 좌우될 수 있어 운의 성적표일 수 있습니다. 운용 기간이 4년이 지난 펀드는 과거 수익률로 미래를 전망할 수 있습니다.

그런데 만약 그 4년 동안 전체 주식시장이 너무 좋았거나 너무 나빴다면 펀드매니저의 진짜 실력을 알 수가 없겠죠. 그래서 등장하는 것이 바로 알파와 베타입니다. 알파는 펀드매니저의 실력을 따로 평가하기 위해 등장한 지표이고, 베타는 전체 금액 중 얼마를 주식시장에 투자했는지와 같은 민감도 지표입니다.

펀드 분석 부분에는 이렇게 매니저의 실력을 평가하는 알파와 전체 주식시장과의 민감도 수준을 나타내는 베타가 있습니다. 펀드 평가회사는 기간에 따라 많은 알파와 베타를 제공합니다. 그래서 어떤 알파와 베타를 선정할지 판단해야 합니다. 펀드매니저의 능력은 장기 판단이 유효할 것 같아 4년 이상의 알파를 쓰는 것이 합리적이라고 생각합니다. 다만 베타는 현재 주식시장에 대한 노출이나 민감도를 나타내므로 가장 최근의 베타를 쓰는 것이 좋은 의사 결정이라고 봅니다.

더 구체화시켜보죠. A 펀드와 B 펀드가 있습니다. 계산의 편의를 위해

	알파	베타	시장 수익률	기대 수익률
A 펀드	5%	0.6	10%	5%+(0.6×10%)=11%
B 펀드	3%	1.2	10%	3%+(1.2×10%)=15%
인덱스펀드	0	1	10%	0%+(1×10%)=10%

| 주식형 펀드의 기대 수익률 |

A 펀드는 5년 알파가 5%, 현재 베타는 0.6, B 펀드는 5년 알파가 3%, 현재 베타는 1.2입니다. 그리고 이와 별도로 인덱스펀드가 있다고 가정하겠습니다. 다음 장에서 적정 주가지수를 계산하는 법을 알아볼 텐데, 현재 주가는 2000선, 적정 주가지수는 2200선이라고 가정하겠습니다.

A 펀드는 5%+(0.6×10%)로 11%의 기대 수익률이 나옵니다. B 펀드는 3%+(1.2×10%)로 15%의 기대 수익률이 나옵니다. 그리고 인덱스펀드는 알파가 0이고, 베타는 1입니다. 그러니 시장 수익률인 10%가 인덱스펀드의 기대 수익률이 되겠습니다. 이럴 때는 B 펀드를 선택하는 것이 합리적인 의사 결정입니다. 그러나 만일 현재 주가가 2200선이라면 시장 수익률이 0%이므로 A 펀드를 사야 합니다. 현재 주가가 다시 2000선이라고 가정하고 레버리지 ETF가 있다고 가정하면, 레버리지 ETF의 경우 베타가 2이므로 기대 수익률이 20%가 되니 이때는 레버리지 ETF가 더 나은 선택이 될 수 있겠습니다.

중요한 시사점이 있습니다. 과거 수익률의 높고 낮음보다 중요한 것은 이렇게 시장 상황에 따라 금융상품 선택이 바뀌어야 한다는 점입니다. 이렇게 상품을 나누어보니 시장이 보이고, 시장을 다시 합치니 상품이 나옵니다. 기계를 가장 잘 아는 방법은 분해한 다음 재조립해보는 것이라고 하더군요. 상품도 분해해보고, 시장도 합쳐보면 금융 전문가로 가는 나를 발견할 수 있을 것입니다. 또, 자극적인 기사에 현혹되지 않고, 냉철하고 객관적으로 금융상품을 바라볼 수 있을 것입니다. 막연한 불안감보다는 내일을 예측하고 한 발짝 먼저 대비할 수 있을 것입니다.

이번에는 해외 채권을 분석해보겠습니다. 해외 채권도 분석하는 순서는 같습니다. 먼저 식을 쓰고 분해하는 것입니다. 분해하고 들여다보면 의외로 쉽게 답을 얻을 수 있습니다. 3장에서 이야기했듯이, 채권 금리는 물가와 경기, 각종 프리미엄의 합으로 구성됩니다. 하지만 여기서 문제가 발생합니다. 해외 채권은 관련 자료를 찾기가 어렵습니다. 이때는 블룸버그 앱이 도움이 됩니다. 애널리스트나 펀드매니저처럼 분석할 것이 아니므로 블룸버그 앱에서 제공하는 무료 정보만으로도 원하는 바를 충분히 분석할 수 있습니다. 지금 휴대전화를 꺼내고 설치해보세요.

몇 년간 뜨거운 감자였던 브라질 국채를 사례로 들어 분해하고 설명해보겠습니다. 블룸버그 앱을 보니 미국의 10년 국채 금리는 2% 수준입니다. 그리고 달러로 발행되는 브라질의 10년 국채 금리는 5% 수준입니다. 이 금리 차이는 무엇을 뜻할까요? 화폐는 같은데 주체가 다릅니다. 바로 국가 부도 위험입니다. 신용 위험이죠. 그런데 국내 금융기관에서 많이 판매한 상품은 브라질 헤알화로 발행된 브라질 국채였습니다. 현재 금리는 11.5% 수준입니다. 이 차이는 어디서 날까요? 이번에는 발행 주체는 같지만 화폐가 다릅니다. 차이는 환 위험입니다. 분해된 자료를 통해 시장을 분석해보면, 먼저 헤알화의 가치가 하락할 위험인 환 위험에 대한 보상이 6%로 가장 큽니다. 다음은 브라질 정부의 재정 위험에 대한 보상이

주체	통화	물가+경기	부도 위험	환 위험	금리	위험 보상
미국	USD	○			2%	
브라질	USD	○	○		5%	재정 위험=3%
브라질	BRL	○	○	○	12%	환 위험=7%

| 해외채권 분석 예: 브라질 국채 투자 |

3%입니다. 남은 부분은 경기와 물가에 해당하는 2.5% 수준입니다.

매수·매도 여부를 판단하기에 앞서 애널리스트나 전문가에게 확인하고 질문해야 할 내용은 무엇일까요? 브라질 국채를 살까, 팔까가 아니라 앞으로 "브라질 헤알화는 어디로 갈 것으로 생각하세요?"입니다. 즉, 시장과 관련된 질문을 해야 합니다. 다음은 "브라질 정부가 설마 부도 나지는 않겠죠?"가 될 것입니다. 환 리스크와 국가 신용 리스크에 관해 질문하고 판단해야 합니다. 분해하면 시장이 보입니다.

이제 환율과 재정 위험을 분석해야 합니다. 브라질 헤알화를 분석하기 위해 경상수지·경기·물가를 알아보아야 합니다. 브라질이 경기가 상승하고, 물가가 하락하고, 경상수지가 호전된다면 헤알화의 강세를 예상할 수 있습니다. 재정 위험은 브라질 정부의 세입·세출, 재정 적자 규모와 GDP, 국가 채무와 GDP 등을 분석해야 합니다. 현재 헤알화 환율과 변동 추이가 궁금하다면 FRED로 알아볼 수 있습니다. 이처럼 국외 상품은 블룸버그와 FRED를 함께 활용하면 효과적입니다.

어떤가요? 상품을 분해하면 문제 해결도 쉽습니다. 상품의 매수·매도는 결론이고, 그 여부를 분석하는 방법은 이렇게 제대로 된 과정이어야 합니다. 과정이 옳다면 결과는 당연히 옳을 확률이 높습니다. 이것이 금융시장을 대하는 우리의 최선이자 최고의 자세라 생각합니다. '상품을 분석하면 시장' '시장을 통합하면 상품'입니다. 전체를 부분으로 나누고 부분을 다시 합하면 전체가 됩니다. 이런 과정을 통해 금융은 과학이 될 수 있습니다.

이번 장에서는 시장 정보를 어떻게 읽어야 하는지 알아보았습니다. 그리고 실천 전략으로 FRED·블룸버그·펀드 평가회사 등에서 정보를 찾는 방법, 그리고 어떤 정보를 찾아야 하는지도 함께 알아보았습니다. 상품을 분해하니 주가지수와 금리에 관한 예측 같은 전체 시장에 관한 분석이 필요하다는 것도 알게 되었습니다. 다음 장에는 적정 금리와 적정 주가지수를 계산하는 방법론을 알아보겠습니다.

8 장

상상을 현실로 만드는
적정 계산법

일이관지一以貫之 : 진리에 따라 이치를 그대로 행함으로써 막힘없이 해답을 찾아냄.

적정 주가와 적정 금리 분석은 금융상품 선택의 1차 기준이 됩니다.
역사적인 가치측정기법을 통한 밸류에이션을 해보겠습니다.
현재 적정 금리는 어느 수준이며 적정 주가지수는 과연 얼마일까요?
가치 측정에 대한 명확한 기준을 세울 수 있는 장이 되시길 바랍니다.

적정 금리와 적정 주가를 계산할 수 있어야 자산에 대한 비중을 정하고 금융 상품을 선정할 수 있습니다. "지금 주가가 싼가요, 비싼가요?" 압도적으로 많이 받는 질문입니다. 매입·매도 여부에서 가장 중요하기 때문일 것입니다. 그와 비슷한 질문도 많이 받습니다. "○○이 주가가 3000까지 오른다는데 맞나요?" "□□가 주가가 1000까지 내린다는데 어떻게 생각하세요?" 낙관론자는 무조건 3000, 비론관자는 무조건 1000입니다. 일단 숫자를 화끈하게 질러놓습니다. 근거를 보면 그런 것 같기도 합니다. 하지만 진짜 그럴까요?

두 번째 질문은 "주가 예측이 불가능한 이유는 원인이 바뀌면 결과가 바뀌기 때문입니다. 원인에 해당하는 정부 정책이 바뀌고 기술도 바뀌고 환율이 바뀌는데 어떻게 주가를 예측할 수 있겠습니까?"입니다. 우리는 흔히 주가 움직임을 주로 외부 요인이나 정부 정책으로 평가합니다. 이와 비슷한 채권 부분의 질문은 "FOMC는 이번에 매파 의원들로 대거 교체되니 조만간 금리를 올리지 않을까요? 한국은행은 왜 정부 정책과 달리 금리를 인하하지 않나요?"입니다. 의사결정에 영향을 미치는 사람을 통해 변화를 판단하는 것이 과연 옳은 결정일까요?

세 번째 질문은 코스피는 2000 근처에서 계속 횡보하는데 미국의 다우지수는 19000을 넘고, 중국의 상해지수는 3000 수준입니다. 왜 국내 주가는 중국보다 낮을까요? 왜 낮은 수준에서 계속 횡보할까요? 앞으로 우리나라는 저성장으로 돌입했으니 주가 상승은 더 어렵겠지요? 지수를 보면 우리나라만 안 오르는 것 같습니다. 정말 그럴까요?

한·중·미 경제성장과 주가 상승률

마지막 질문부터 대답하겠습니다. 주가는 결국 실적을 반영한다고 말합니다. 각 나라의 종합주가지수는 그 나라의 경제를 반영합니다. 그러므로 주가지수의 변화는 그 나라의 경제 변화를 반영해야 합니다. 주식시장을 일컬어 '시장경제의 꽃'이라고 합니다. 실물경제가 뿌리라면 주식시장은 꽃인 셈입니다. 하지만 주식시장이 1990년대는 항상 500에서 1000 사이를 오가더니 2007년 처음 2000을 넘겼습니다. 2011년 이후로는 2000에서 계속 머물러 혹자는 '박스피'라고 하고 더 심하게는 '껌딱지'라고도 하더군요.

국내 실물경제와 금융경제의 괴리를 보면서 신기해하는 사람들도 있습니다. 우리나라는 세계가 인정하는 경제 발전을 이루었는데 금융시장에서 종합주가지수는 계속 박스권이라면 어쩐지 수상하지 않나요? 의심스러운 이유로는 세 가지 가능성이 있습니다. 첫째, 경기에 비해 과거에 주가가 아주 비쌌다거나 둘째, 주가가 지금도 여전히 낮은 상황으로 종합주가지수가 국내 실물경기를 반영하지 못했거나 셋째, 아예 종합주가지수 계산에 결함이 존재할 수도 있겠죠. 아마도 증권시장이 발달하지 않았던 1970~80년대에는 마지막 가능성도 컸을 것입니다.

일단 국내 주가가 얼마나 상승했는지 변화 폭부터 살펴보겠습니다. 정확한 비교를 위해 주요 국가 중 우리나라의 코스피, 미국의 다우지수, 중국의 상해지수를 대표적으로 살펴보겠습니다. 현재 값은 다우지수 19000선, 코스피지수 2000선, 상해지수 3000선 수준입니다. 그런데 종합주가지수의 크기가 경제력의 크기를 의미하지는 않습니다. 종합주가지수마다 각 기준 시점과 기준 지수가 다르기 때문입니다. 주식도 각 기업의 설립 시기가 다르고 액면가도 다르며, 주식 수가 다른 것과 비슷하다고 보면 쉽게 이해할 수 있을 것입니다.

종합주가지수는 그래서 단순히 현재 값만으로 비교할 수 없습니다. 나라마다 기준 시기가 다르기 때문입니다. 예를 들어, 미국의 다우지수는 1896년 처음 만들어졌습니다. 우리나라의 코스닥지수는 1996년이 기준 시점입니다. 두 지수의 기준 시점 차이는 무려 100년이나 됩니다. 우리나라의 코스피는 1980년, 중국의 상해지수는 1990년을 기준으로 합니다. 기준 지수도 각각 다릅니다. 대부분 100을 기준 지수로 하지만 코스닥지수는 1996년의 기준 지수를 1000으로 하고, 일본의 니케이지수는 1949년의 기준 지수를 50으로 합니다. 이런 자료는 외울 필요도 없습니다. 숫자는 변화와 성과를 파악하기 위한 판단 지표, 즉 인덱스일 뿐입니다.

이제 변화의 추이를 계산해보겠습니다. 성장률 계산은 시간과 복리 개념을 사용해야 합니다. 만일 종합주가지수가 10%씩 성장했다면 지수는 첫해에는 100이지만 다음은 110, 121, 133으로 상승합니다. 3년간 100이 133이 되었다면 성장률은 133/100을 3년으로 나눈 11%가 아니라

국가별	지수명	기준 시점	기준 지수	현재 지수	주가 상승률
미국	다우	1896년	100	19,000	4.5%
중국	상해종합	1990년	100	3,000	14%
한국	코스피	1980년	100	2,000	8.7%

| 주요 국가별 주가지수 상승 현황 |

10%가 됩니다. 이렇게 계산된 수익률이 연복리성장률CAGR(Compound Annual Growth Rate)입니다. 이 계산은 재무 계산기나 엑셀의 재무함수IRR · RATE를 사용하면 편리합니다. 이 방식으로 미국의 다우지수를 계산해보면 120년 동안 100에서 19000으로 상승했습니다. 다우 지수의 연평균 복리 증가율은 4.5%가 나오고, 같은 방법을 활용하면 코스피는 8.7%, 중국의 상해지수는 14%가 나옵니다.

이 결과값은 무엇을 의미할까요? 1980년부터 비교한다면 경제성장률이 우리나라가 미국보다 높았고 실제 주가 상승률도 같은 순서로 나왔습니다. 1990년부터 비교한다면 가장 높은 경제성장률을 기록한 나라는 중국이고 결과 역시 같이 나왔습니다. 결국 경제성장률이 높은 나라가 주가 상승률이 높으니 실물과 금융은 같이 움직인다고 보아도 무방합니다. 고성장 국가의 주가 상승률은 낮지 않았습니다. 다시 말해 경제성장률을 견인한 기업들의 실적 변화는 결국 주가 변화로 이어진 셈입니다. 실물과 금융은 하나라는 믿음을 얻었으면 좋겠습니다. 그런 믿음이 있어야 적정 주가를 알고 싶은 욕구도 생길 테니 말입니다.

계산하고 보니 궁금한 점이 생깁니다. 조금 전에 종합주가지수 계산에 결함이 존재할 수 있다고 했습니다. 그 문제에 관해 알아보겠습니다. 문제점은 두 군데에서 나옵니다. 하나는 길게, 또 하나는 짧게 나타나는 문제입니다. 먼저 길게 나타나는 문제입니다. 장기적으로 보면 결국 주가(종합주가지수)는 실적(실물 경기)을 반영한다고 했습니다. 이번에는 이를 주가지수가 생긴 시점부터 10년 단위로 구분해보겠습니다. 10년이면 충분히 긴 시간입니다. 주가가 당시의 실적을 제대로 반영했을까요? 종합주가지수는 1980년 100, 1990년 900, 2000년 1000, 2010년 1700, 2016년 2000 수준이었습니다. 기간의 연복리 수익률을 계산하면 1980~90년은 25%, 1990~2000년은 1%, 2000~10년은 5%, 2010~16년은 3%입니다.

고성장하던 한국 경제가 저성장으로 큰 추세가 바뀌고 있음을 확인할 수 있는 대목입니다. 그래도 가장 이해하기 어려운 기간과 값은 1990~2000년입니다. 이 기간에는 국내 금융 환경에 엄청난 변화와 고통을 안겨준 IMF 외환 위기가 있었습니다. IMF는 주가지수에 어떤 영향

	종합주가지수	연 복리 성장률
1980년	100	
1990년	900	25%
2000년	1000	1%
2010년	1700	5%
2016년	2000	3%

| 연도별 주가와 상승률 |

을 미쳤을까요? 주가지수는 과연 제대로 경제 변화를 반영할까요?

이번에는 짧게 나타나는 문제입니다. 한국 경제에 삼성전자의 비중은 절대적입니다. 삼성전자의 주가가 오르면 종합주가지수는 오릅니다. 삼성전자의 주가가 오르면 항상 나오는 기사가 있습니다. 종합주가지수는 올랐는데 개인이 산 주식은 오르지 않았거나, 삼성전자의 주가 상승을 제외하면 실제 주가는 오르지 않았다는 내용입니다. 주가지수를 착시라고 부르기도 합니다. 대신 삼성전자의 주가가 하락하면 종합주가지수는 오르지 않습니다. 이 상황에서 중소형 주식이 오르면 이번에는 '개별 종목 장세'라고 말합니다. 종합주가지수라는 지표 지수와 투자에 참여하는 개인 투자자들의 체감 지수 차이는 결국 삼성전자 주가의 상승과 하락이 주가지수에 반영하는 방법 때문에 생깁니다.

정부가 발표하는 지표와 소비자의 체감 지표에 차이가 발생하는 지수에 대해 이야기한 적이 있었죠. 네, 소비자물가지수입니다. 국내 소비자 물가의 전체 품목은 500개 가까이 됩니다. 어떻게 물가를 발표해야 많은 사람에게 의미 있으면서도 실제를 잘 반영할 수 있을까요? 소비에서 차지하는 비중이 클수록 많이 반영하고, 비중이 작을수록 작게 반영해야 합니다. 국내 소비자 물가에서 가장 큰 비중을 차지하는 항목을 순서대로 나열하면 전세·월세·휘발유·이동전화 요금이 있습니다. 물가를 계산할 때 이 항목들은 가중치가 높습니다. 땅콩이나 피부질환제, 꽁치는 비중이 작으니 당연히 가중치는 작습니다.

소비자물가지수가 가중치를 반영하듯 주가지수가 기업들의 가중치를 반영한 방식이 바로 '시가총액 가중 방식'입니다. 기업들은 모두 주식 수가 다릅니다. 우리나라에서 가장 주식 수가 많은 기업은 한화생명으로 8억 주가 넘습니다. 반면 국내 최고가 주식인 롯데칠성은 주식 수가 100만 주를 겨우 넘습니다. 그래서 주식 수가 많은 한화생명은 주가가 낮고 주식 수가 적은 롯데칠성은 주가가 높습니다. 그래서 개별 기업의 가치를 평가할 때는 시가총액을 써야 합니다. 예를 들어, 피자 조각 수가 기업의 주식 수라면, 주가는 피자 한 조각입니다. 시가총액은 주식 수에 주가를 곱한 값이니 피자 한 판이 되겠지요. 그래서 기업 가치는 주식 수에 주가를 곱한 시가총액 방식을 사용합니다.

그렇다면 국내 기업의 전체 가치는 어떻게 반영해야 할까요? 시가총액이 200조 원인 기업의 주가가 10% 상승하는 것과 시가총액이 200억 원인 기업의 주가가 100% 상승하는 것은 다릅니다. 국가 전체에 미치는 영향은 당연히 시가총액이 큰 기업의 움직임입니다. 그래서 대부분의 나라는 시가총액이 큰 기업에 가중치를 부여하는 방식을 사용합니다. 코스피를 비롯한 대부분 거래소가 채택한 방식은 시가총액 가중 방식입니다. 시가총액을 통해 각 나라의 자본시장 규모도 파악할 수 있습니다.

삼성전자는 상장된 2000개 회사 중 하나입니다. 하지만 단순 숫자로는 0.05%에 해당하는 삼성전자가 실제 주식시장에서 차지하는 비중은 15% 안팎입니다. 삼성전자가 주가지수에 차지하는 비중은 전세·월세·휘발유·이동전화 요금을 합한 값이 소비자 물가에서 차치하는 비중과 비슷하다고 생각하면 됩니다. 주식시장에서 삼성전자가 10% 상승했다는 것은 소비자 물가를 계산할 때 전세·월세·휘발유·이동전화 요금이 모두 10% 상승했다는 것입니다. 그래서 삼성전자가 오르면 종합주가지수가 올라 전체적으로 주식시장이 좋아 보이는 착시현상이 발생합니다. 비록 착시현상을 일으키지만 시가총액 계산 방식이 현재는 가장 바람직합니다.

1990~2000년에 발생한 주가지수의 변화는 아직 해결되지 않았습니다. 다우지수는 시가총액 가중 방식이 아닌 단순 평균을 사용합니다. 1896년 찰스 다우와 에드워드 존스가 설립한 다우지수는 여전히 건재합니다. 새로운 시가총액 가중 방식인 S&P500이 나타났는데도요. 최초에 다우지수를 만든 방식은 아주 단순합니다. 겨우 30개 종목으로 충분했고 계산도 쉽습니다. 주가를 다 더한 다음 30으로 나누면 됩니다. 문제는 주식 수가 열 배로 늘면 주가는 1/10로 하락할 것이고, 그러면 계산에 오류가 생길 수 있습니다. 그런 일은 일어나지 않는다 하더라도 100만 원짜리 주식이 1만 원 오르거나 1만 원 주식이 1만 원 오를 때 반영하는 방식이 같으니 주가가 높은 종목이 오르면 주가 상승률이 높아 보이는 착시현상이 생깁니다. 그런데도 여전히 주가지수 방송은 다우·S&P·나스닥의 순서로 안내합니다. 과연 다우지수는 어떤 장점이 있을까요?

2015년에 한국판 다우지수를 만든다는 기사가 나왔습니다. KTOP30(유가증권시장과 코스닥의 30개 우량 종목으로 구성된 지수)으로 다우의 방식을 충실히 따라 한 것입니다. 코스피지수가 국내 기업의 성장성을 제대로 반영하지 못한다는 점이 그 이유였습니다. 코스피가 기준 시점과 현재 시점을 비교하는 방식을 사용하기 때문에 생기는 문제입니다. 이 현상이 일어난 시기가 바로 IMF 전후입니다. 1990년 당시 주식시장의 시가총액 순위는 한국전력·포항제철·한일은행·제일은행·조흥은행·상업은행·서울신탁은행·신한은행·삼성전자·대우·금성사·현대자동차·대우증권·유공·럭키증권·동서증권·대신증권 순이었습니다. 지금 보니 추억 속의 기업도 많습니다. 당연히 지금과 비교하면 큰 차이가 납니다. 특히 많은 은행과 증권사가 사라졌습니다. 코스피가 만들어지고 코스피200이 만들어진 이후

순위	1990년 시가 총액	2016년 12월 31일 현재
1	한국전력 (9.9%)	삼성전자 (16.7%)
2	포항제철 (2.1%)	SK하이닉스 (2.2%)
3	한일은행 (1.6%)	현대차 (2.1%)
4	제일은행 (1.6%)	한국전력 (1.9%)
5	조흥은행 (1.6%)	현대모비스 (1.7%)
6	상업은행 (1.6%)	NAVER (1.7%)
7	서울신탁은행 (1.6%)	삼성물산 (1.6%)
8	신한은행 (1.4%)	삼성생명 (1.5%)
9	삼성전자 (1.3%)	POSCO (1.5%)
10	대우 (1.3%)	신한지주 (1.4%)

| 1990년도 VS. 2016년도 시가총액 상위 10 |

일부 기업들은 상장 폐지 혹은 대량 감자 등으로 사라졌습니다. 자연스럽게 가격 왜곡이 심해졌습니다. 이런 이유로 KTOP30 지수가 개발되었고 이 지수는 금융 기업들을 제외한 초우량주로 포트폴리오가 구성되었습니다. 그리고 이런 이유로 1990년 이후 성과는 KTOP30이 코스피를 압도하게 됩니다.

그러나 결론부터 이야기하자면, 코스피 같은 시가총액 가중 방식이 국내 경제 변화를 반영할 수 있는 더 나은 방법입니다. 하지만 금융 위기 전후와 같이 금융시장에 큰 이벤트가 있을 때 코스피는 경제 환경을 제대로 반영하지 못할 수 있습니다. 그래서 KTOP30같이 다양한 지수가 만들어지는 것은 생산자와 수요자 모두에게 좋은 일입니다. 통계적으로 30이라는 숫자는 큰 숫자여서 나름 분산되어 있고, 비체계적 위험도 적정하게 제거합니다. 현재 상위 30개 기업의 시가총액은 전체 주식시장의 50%를 반영하므로 KTOP30과 코스피는 거의 비슷한 패턴을 보일 것입니다. 개인적인 바람은 앞으로 코스피와 KTOP30 사이에 큰 편차가 나타나지 않았으면 좋겠습니다.

주가가 실적을 반영한다는 확신이 조금 더 커졌습니다. 이제 예측의 세계로 더 들어가보겠습니다. 역사에 상상을 덧입혀 재밌는 이야기로 먼저 시작하겠습니다. 금융가 은어에 일본말이 많습니다. 그중 '메사끼'와 '마바라'는 재밌는 표현입니다. 메사끼는 목전目前에서 온 말로 앞을 내다보는 능력, 즉 좋게는 직관력, 나쁘게는 눈치를 뜻합니다. 주가의 움직임을 재빨리 파악해 한발 앞서 사거나 파는 능력을 보유한 사람을 '메사끼 있다'고 표현하죠. 결과가 좋으므로 긍정적인 어감의 표현입니다. 반면, 마바라의 최초 의미는 객장에 상주하면서 뇌동매매雷同賣買(투자자의 독자적이고 확실한 시세 예측에 의한 매매가 아닌 남을 따라 하는 매매)로 소액을 투자하는 사람이었으나 최근에는 개미 투자자나 소액 투자자를 상징하고, 이제는 개미 투자자에게 뇌동매매를 부채질하는 사람 혹은 작전 주를 홍보하는 사람의 의미로 다가가기도 했습니다. 뇌동매매를 하든 부추기든 마바라는 부정적인 어감의 표현입니다. 재미있는 질문 하나. 금융시장에서 메사끼가 가능할까요?

400년 전으로 돌아가보죠. 공동 소유에 기반을 둔 최초의 유한회사는 동인도회사(17세기 초 유럽 여러 나라에서 아시아의 무역을 독점하기 위해 세워진

회사)였습니다. 당시 유럽 국가들은 동인도회사를 통해 향신료를 얻으려 했습니다. 얻을 수만 있다면 100배의 막대한 수익이 예상되었지만 자연 재해와 무력 충돌로 손실을 볼 가능성도 아주 컸습니다. 동인도회사는 '악티'라는 세계 최초의 주식 증서를 발행했습니다. 이 증서는 환급은 불가능하지만 다른 투자자에게 되팔 수 있었으므로 증서를 사고파는 세계 최초의 주식시장이 만들어질 수 있었습니다.

동인도회사에 투자했다고 상상해보죠. 여러 사람이 이 회사에 투자했고, 배는 인도를 향해 떠났습니다. 투자자들은 대박을 기원하며 시간만 나면 암스테르담 거래소 앞을 서성거립니다. 새로운 소식이 있을까요? 날씨는 좋아야 할 텐데요. 별자리를 보고 기온과 날씨를 예상해봅니다. 적과의 전쟁에서 패하지 않아야 할 텐데요. 배를 탄 병사들이 제 역할을 해야 할 텐데요. 온갖 걱정이 많습니다. 정부가 국가 공인 대기업인 동인도회사에 지원을 강화해야 안심이 될 텐데 말입니다. 최초의 주식 투자는 이렇게 투기성이 강했습니다.

중국 CCTV 다큐멘터리 〈월스트리트〉에서 로버트 쉴러 교수는 이렇게 주장합니다. "금융 세계는 전쟁과 같습니다. 정서적으로 그렇죠. 사람들은 상승장인지 하락장인지를 알고자 했습니다. 예전에는 별자리 연구를 통해 주식시장의 미래를 예측했습니다. 여자들의 치마 길이도 주식시장을 예측하는 데 활용되었습니다. 치마가 길어지면 주가가 하락하고 짧아지면 주가가 오른다고 생각했습니다."

지금 들으면 어처구니없는 생각 같지만 불과 20년 전에도 이런 세미나가 있었습니다. 제가 들은 이야기 중에 가장 황당한 것은 일본 투자자의 메사끼였습니다. 수십 년째 돈을 벌었는데 그 방식이 실로 황당무계

합니다. 해마다 정월 첫날 바다에 알몸으로 들어가 온도를 재보면 금융 시장의 상승과 하락을 점칠 수 있다는 것입니다. 날씨의 변화는 농산물에 영향을 미치고, 1차산업의 변화는 2차 제조업의 변화로 이어지는 등 여전히 기업 활동은 날씨에 영향을 받는다는 것이 그의 주장이었습니다. 황당했지만 여기까지는 인정하기로 했는데 방식이 기가 막혔습니다. 굳이 추운 겨울에 바다로 직접 들어가지 말고 온도계를 바닷물에 담가보면 되지 않느냐고 물었더니, "부정을 타서 안 된다"는 것입니다. 더는 아무 말도 할 수 없었습니다. 맬킬 법칙을 만든 버튼 맬킬 교수는 주식시장을 블랙잭 게임에 비유하기도 했습니다. 주식시장을 단순한 가위바위보 게임처럼 무작위의 게임으로 생각한 것입니다. 과학적인 메사끼(?)는 없을까요?

제대로 된 투자 방법도 없이 이런 방식으로 투기를 가장한 투자를 해온 세월은 정말 길었습니다. 왜 이렇게 오랫동안 프레임도 없이 무모하게 살았을까요? 학문의 세계를 보면 이해하기 쉽습니다. 투자론은 경영학과에서 가르칩니다. 경영학은 경제학에서 나왔습니다. 역사적으로 보자면 경제가 발전하면서 기업경영이 나왔고, 그 뒤 기업의 주주와 채권자의 가치를 평가하는 투자론이 나왔습니다. 금융과 관련하여 시간을 나누어보면, 인류의 역사와 함께 시작된 경제학 할아버지는 나이가 6000살, 동인도회사와 함께 시작된 경영학의 나이는 400살, 그리고 투자라는 손자는 벤저민 그레이엄(1934년 증권 분석)이나 해리 마코위츠(1952년 포트폴리오 선택)를 생각하더라도 100살이 채 되지 않습니다. 오랫동안 감에 의존하는 메사끼의 시대였던 것입니다. 치마 길이의 변화로, 별자리의 변화로, 바닷물에 알몸으로 들어가는…… 이렇듯 투자는 오랫동안 '과학'이 아닌 '예술'의 영역이었습니다.

3장에서 부동산과 원자재는 적정 가격이 존재하지 않는다고 말씀드렸습니다. 부동산과 원자재는 경제학의 프레임인 수요와 공급의 모멘텀으로 분석하고 희소성이 가격을 결정했습니다. 반면 유가증권인 주식과 채권은 가격과 가치로 분석되고 적정 가격과 적정 금리가 존재합니다. 과학으로 접근해서 예측할 수 있는 자산은 현금 흐름이 존재하는 자산이며 주식과 채권이 대표적입니다. 채권이 조금 더 예측하기 쉽고 주식은 어렵습니다. 이야기를 전개하면서 주식을 소재로 많이 사용했지만 채권을 소재로 삼지 않은 이유는 채권이 상대적으로 예측하기 쉬운 자산이기 때문이었습니다. 두 자산을 비유하자면, 주식이 좀 더 예술이라면 채권은 좀 더 과학입니다. 채권은 과학이므로 처음 이해하는 데는 힘이 들겠지만 시간이 지나면 훨씬 쉬운 자산입니다. 밸류에이션의 시작은 바로 채권입니다. 채권은 적정 가격이라고 부르지 않고 적정 금리라고 부릅니다.

―――

합리적인 결정과 전망

뉴스를 보면 "오늘 종합주가지수는 ○○○입니다. 최근 부동산 가격은 □□□, 최근 금 가격은 ●●●, 최근 달러 가격은 △△△……" 이렇게 가격을 보도하면서 유독 채권만 다르게 말합니다. "오늘 채권 금리는 ▽▽▽ 인해 하락했습니다. 다시 말해 가격은 상승했습니다." 왜 채권은 "금리가 하락했습니다. 다시 말해 가격은 상승했습니다"로 두 번씩 다시 말할까요? 이유는, 채권은 모두 다르기 때문입니다. 만일 채권 가격이 10원 올랐습니다, 이렇게 말하면 우리는 물어야 합니다. 무슨 채권? 국채 아니면 회사채? 국채면 만기가 1년, 10년, 30년? 만기가 10년이면 언제 발행한 채권? 이렇듯 모두 확인해야 합니다. 주식은 동일한 유가증권이지만, 채권은 서로 다른 유가증권입니다. 주식은 공동으로 소유하고 투자하고 분배 받지만, 채권은 계약조건(발행주체, 만기, 표면금리 등)에 따라 다르기 때문입니다. 그래서, 채권은 가격이 아니라 금리로 설명됩니다.

　적정 금리는 어떻게 결정되고, 우리는 어떻게 전망할 수 있을까요? '명목 금리=실질경제성장률(또는 실질금리)+물가 상승률(인플레이션)'로 배웠습니다. 유명한 피셔 방정식입니다. 간단하게는 '금리=경기+물가'로 배웠습니다. 해석하면, 경제성장률과 물가 상승률이 금리 수준을 결정하고 경기의 상승과 하락, 물가의 상승과 하락이 금리 모멘텀을 결정한다는 것입니다. 단 한 줄의 간단한 수식만 필요합니다.

　금융은 항상 모델인 수식은 간단하고, 입력 값인 데이터는 어렵고, 결괏값의 해석은 세심한 주의가 필요합니다. 3장 자산시장 프레임에서 채권에 관해 말씀드릴 때 이런 이야기를 했습니다. 단기 금리는 정부에 의해, 장기 금리는 시장에 의해 결정됩니다. 정부는 한국은행이고, 시장은 채권시장 참가자들입니다. 물가 안정 목표제를 취하고 있는 한국은행은 물가를 반영하여 기준 금리를 결정합니다. 이는 다른 나라의 중앙은행도 마찬가지입니다. 한국은행이 기준 금리를 결정하면 각 은행과 증권사들은 예·적금이나 CMA 같은 단기 금리를 조정하게 됩니다. 결국 단기 금리는 물가에 의해 결정되죠. 반면 장기 금리는 시장 참가자들에 의해 결정됩니다. 경제학의 프레임인 수요와 공급으로 보겠습니다. 자금 수요와 자금 공급이 만나는 곳에서 가격인 금리가 결정됩니다. 경기가 좋아지면 자금 수요가 상승해 금리가 오르고, 경기 침체가 예상되면 자금 수요는 줄고 자금 공급은 늘어 금리는 하락합니다. 따라서 장기 금리는 물가에 경기(경제성장률) 부분이 더해져야 합니다. 이 부분까지도 특별히 어려울 것은 없을 것입니다.

하지만 장기 금리 수준이 과거와 달라졌습니다. 간단히 실증 분석을 해보면 그 이유를 이해하기 쉬울 것입니다. 우리나라는 30년물 국채가 2012년에 최초로 발행되는 등 장기 채권시장이 사실상 존재하지 않았습니다. 그러므로 쉽게 비교하기 위해 장기 금리는 국채 3년물 수익률을, 물가상승률은 근원 물가상승률을 적용하겠습니다. 근원 물가지수는 소비자물가에서 농산물과 석유류 변동분을 제외한 부분으로, 일시적인 외부 충격에 의한 물가 변동을 제외한 것입니다. 7장에서 FOMC 리포트를 해석하면서 물가 부분에서 근원 PCE 지수에 관해 이야기했습니다. FOMC의 금리 결정 자료에서 설명한 근원 PCE 지수의 한국판으로 생각해도 좋습니다. 비교를 위해 1년 미만의 수신 금리도 같이 보겠습니다.

한국은행 ECOS 데이터베이스에는 1995년부터 자료가 존재합니다.

연도	금리		물가	실질 금리
	국채	예금		
1995	11.5%	10.5%	5.5%	5%
2005	5.1%	3.4%	3.3%	0%
2015	1.7%	2.1%	2.4%	–

| 국내 주요 연도별 실질금리 현황 |

1995년 말 국채는 11.5%, 수신 금리는 10.5%, 물가는 5.5%였습니다. 2005년 국채는 5.1%, 수신 금리는 3.4%, 물가는 3.3%였습니다. 2015년 국채는 1.7%, 수신 금리는 2.1%, 물가는 2.4%였습니다. 조금 이상하지 않나요? 가장 큰 부분은 1995년 말 실질금리는 5%가 넘었는데 2005년과 2015년은 제로이거나 마이너스로 떨어졌습니다.

고성장이 저성장으로 갔다고 하지만 경제성장률이 마이너스가 아닌데도 실질금리가 하락한 것은 기존의 프레임으로는 설명하기 힘듭니다. 로버트 쉴러 교수는 1952~71년의 장기 채권시장은 설명하기도 예측하기도 쉬웠다고 지적했습니다. 장기 금리는 인플레이션과 단기 실질금리로 설명할 수 있고 경기가 상승하거나 물가가 오르면 장기 금리는 올랐습니다. 하지만 이 설명이 1990년대 중반 이후 어긋나기 시작합니다. 벤 버냉키와 재닛 옐런 전·현 FRB 의장은 세계적인 저금리의 원인을 글로벌 저축 과잉으로 봅니다. 즉, 자금 공급자가 자금 수요자보다 많고, 이런 글로벌 불균형이 실질금리를 제로 수준으로 떨어뜨렸다는 것입니다.

저는 또 다른 이유로 베를린 장벽 붕괴로부터 이어진 자본주의의 승리와 냉전체제의 종말을 본질적 원인으로 봅니다. 1990년은 독일이 통일되던 역사적인 해이기도 합니다. 1991년에는 소련이 해체됩니다. 1992년에는 중국의 덩샤오핑이 남순강화라는 담화를 통해 개혁·개방에 나섭니다. 그로부터 10여 년이 흘러 골드만삭스에서는 빠른 경제성장을 보이는 국가를 '브릭스'로 일컬었고 브라질·러시아·인도·중국이 세계 경제의 새로운 성장 엔진이 되었습니다. 미국과 소련으로 나뉘어 있던 냉전체제도, 중국의 죽의 장막(중국의 배타적 정책을 가리키는 말)도 사라졌습니다. 이제 사람도 돈도 국경을 넘나들고 체제를 넘어다니기 시작했습니다. 여유

자금은 높은 실질금리를 찾아다녔고, 결국 전 세계는 제로 실질금리를 받아들이게 된 것입니다.

제가 가장 놀란 채권 금리의 경험은 2007년 중국이었습니다. 당시 중국은 경제성장률 10%에 달했습니다. 고성장이었으나 물가는 2%의 낮은 수준으로 관리되었습니다. 하지만 놀랍게도 중국의 예금 금리는 3%, 대출 금리는 4%였습니다. 생각해보죠. 사업해서 평균 경제성장률을 달성한다면 이는 10%에 달합니다. 하지만 대출 금리는 겨우 4%입니다. 만일 4%에 자금을 조달해 사업에 뛰어든다면 특별한 잘못이 없는 한 자금 조달자들은 사업으로 성공할 수 있는 상황입니다. 돈을 빌릴 수만 있다면 부자가 되는 길은 가까이 있었습니다. 하지만 자금 공급자들로서는 억울하지 않을까요? 공상은행·초상은행 등 은행에 가서 이야기하겠죠. 그리고 중앙은행인 인민은행에도 억울함을 토로할 것입니다. 금리가 아주 낮습니다. 경기와 물가를 고려하면 금리가 최고 10%는 넘어야 하지 않나요? 그러면 은행들이 뭐라고 할까요? "실질금리는 플러스잖아(요). 싫으면 말고(요). 당신 말고도 돈은 흔해(요)."

모두 자본주의를 받아들였고, 그 결과 자본의 국경이 사라졌습니다. 이제 돈을 가진 사람이 아니라 돈을 활용할 아이디어를 가진 사람이 희소해졌습니다. 돈이 필요한 사람이 아니라 돈을 가진 사람들이 신음하는 시대입니다. 이제 명목 금리의 프레임은 기존 경제성장률과 물가 상승률을 더한 값이 아니라 물가 이상(즉, 실질금리 플러스)으로 수정해야 금리 예측에 도움이 될 것입니다. 가끔 우리나라도 일본처럼 금리가 제로 금리 또는 마이너스 금리로 갈지 질문하는 사람들이 있는데, 그럴 가능성은 몹시 낮습니다. 일본이나 유럽은 물가 상승률이 마이너스이므로 명목 금

금리 = 경제성장률 + 물가 상승률

물가 상승률 < 금리 < 경제성장률 + 물가상승률

| 채권 금리 결정 요소 |

리가 마이너스이거나 제로라 하더라도 실질금리는 플러스일 수 있기 때문입니다. 금리 수준은 이렇게 물가 수준에 의해서 결정됩니다.

그럼 장기 금리와 단기 금리는 어떻게 결정될까요? 장기 금리는 경기에 대한 기대감이 높으면 단기 금리보다 높을 테지만 경기 침체가 심각한 경우는 단기 금리가 장기 금리를 역전하는 상황이 벌어지기도 합니다. 이런 상황에서는 일시적인 실질금리 마이너스 상황이 일어날 수 있습니다. 앞의 2015년 사례입니다. 결론적으로 채권 금리는 물가 수준에 의해 결정되고, 장·단기 채권 금리는 경기 모멘텀이 만들어냅니다.

마지막으로 제로 금리 수준까지 하락한 채권 금리가 갑자기 상승(채권 가격 하락)해서 채권시장 전체가 폭락하는 일은 없을지 질문하는 사람도 있었는데 그럴 일은 없을 것입니다. 금융 위기나 재정 위기는 거의 채권시장의 변화에서부터 출발합니다. 하지만 채권시장 전체가 폭등하거나 폭락하는 일은 없을 것입니다. 위키피디아의 자료에서도 버블과 패닉이 발생하는 자산으로 부동산과 원자재, 일부 주식시장을 이야기하지만 채권은 버블과 패닉의 대상이 아닙니다. 채권은 효율적 자산입니다.

적정 지수 계산법

이제 주식시장입니다. 주식시장은 버블과 패닉이 발생하기도 하는 비효율과 효율이 공존하는 시장입니다. 버블과 패닉이 발생한다는 것은 가격을 믿어서는 안 된다는 뜻입니다. 한 사람을 영원히 속이는 것과 여러 사람을 잠깐 속이는 것은 가능하지만 모든 사람을 영원히 속이는 일은 불가능하다고 말했습니다. 4장에 이야기한 효율적인 주식시장의 두 가지 조건은 기간과 주식 수였습니다. 기간과 주식 수의 조건은 4년과 50개 종목이라고 언급했습니다. 여기서 다룰 내용은 개별 주식의 평가가 아니라 종합주가지수의 적정 가격입니다. 종합주가지수는 충분히 분산된 상태입니다. 효율성의 문제가 되는 것은 오로지 기간입니다.

　종합주가지수란 국내 경제 상황을 총체적으로 나타내는 지표입니다. 경기가 좋고 실적이 상승하면 주가가 오르지만 사람들은 주가를 통해 경기와 실적을 판단하기도 합니다. 주가지수가 오르면 경제가 좋거나 좋아질 것으로 생각하고, 하락하면 경제가 문제가 있다고 생각합니다. 그런데 이 기준이 흔들리면 어떻게 될까요? 종합주가지수가 2007년 12월에서 2008년 12월까지 1년 동안 2000에서 1000으로 거의 반 토막이 났습니다. 그럼 그동안 국내 경제 수준인 GDP도 반 토막이 나고, GDP를 만들어내는 기업들의 가치도 절반으로 줄어들고, 그래서 우리의 생산이 반으로 줄어들어 소득과 소비까지도 반 토막이 날까요? 당장은 아니어도 앞으로 이런 일이 일어날 가능성이 있을까요? 이미 답을 알다시피 1년 동안 그런 일은 발생하지 않았습니다. 그렇다면 2007년의 종합주가지수인 2000이 틀린 것일까요? 2008년 주가지수인 1000이 틀렸을까요? 아니면 둘 다 틀렸을까요? 종합주가지수는 사전적 의미와는 다르게 국내 경제 상황을 제대로 평가하고 있을까요?

가치 평가를 통한 가격 예측 시도는 뜻밖에 오랜 시간이 걸렸습니다. 그동안 태양의 흑점과 별자리로 주가를 예측하고 치마 길이로 주식시장의 호황과 불황을 점쳤습니다. 심지어는 슈퍼볼에서 아메리칸리그가 우승하는가 내셔널리그가 우승하는가도 주가 전망에 사용되었습니다. 왜 이렇게 오랫동안 주가 전망은 미신이 과학을 압도했을까요? 사람들에게 4년은 아주 긴 시간입니다. 정답을 확인하기까지 이토록 긴 시간을 기다리기가 힘이 듭니다.

또 하나 금융업은 그 중요성에 비해 게임의 규칙이 아주 간단합니다. 시장은 상승 아니면 하락이고, 게임은 매수 아니면 매도입니다. 그런 점에서 투자는 마치 홀짝 게임 같습니다. 매일같이 Mr. Market이 묻습니다. 홀(상승)입니까, 짝(하락)입니까? 어떤 사람들은 과거의 경험을 가지고 이야기합니다. 치마가 짧아지면 홀이고, 아메리칸리그 풋볼팀이 우승하면 짝이라고 말합니다. 복잡한 현상이 이렇게 단순화될 수 있다니요. 더 기가 막힌 것은 풋볼팀의 승리와 그해 주가 움직임의 상관관계가 무려 80%라는 것입니다. 돈에 관한 관심은 높고, 제대로 된 분석법은 힘이 드는데 홀짝은 전혀 힘들지 않습니다. ① 그런데 여러분은 홀짝 경기에 1억 원, 10억 원, 100억 원을 투자할 수 있을까요? ② 이 게임에서는 홀(상승)이기는 하지만 과연 얼마나 되는지 알 수가 없습니다. 지수가 10 포인트 오르건 1000포인트 오르건 그냥 오른다만 알 수 있습니다.

수많은 방법이 만들어졌고 지금도 만들어집니다. 여기서는 세 가지 방법을 사용할 생각입니다. 하나는 GDP라는 실물경제와 비교하는 것입니다. 또 하나는 PBR, 마지막 하나는 PER로 이 두 기법은 재무제표를 사용하는 방법입니다. 이 방법들로 적정 주가지수를 계산할 수 있습니다. 다른 더 정교한 방법도 존재하지만 이 세 가지는 데이터도 쉽게 구할 수 있고, 충분히 과학적이며 전문가가 널리 활용하는 방법입니다.

가장 많이 활용되는 적정 주가지수 계산법

1 │ GDP vs 시가총액 비교

2 │ PBR 평균 vs PBR 현재

3 │ PER 평균 vs PER 현재

　

오랜 기간 많은 주식 전문가가 가치에 기반을 둔 가격 예측을 고민했지만 이를 해결하고자 하는 첫 시도는 1900년대에야 일어납니다. 문제 해결을 시도한 사람은 바로 찰스 다우입니다. 그는 다우존스 사를 만들고, 다우존스지수를 통해 어제와 오늘 사이의 기업 가치의 변화를 알고자 했습니다. 30대 우량 기업을 통해 경제에 어떤 일이 일어났는지 전체 상황을 알고자 했습니다.

현재 전 세계 GDP의 94%를 민간 기업이 생산합니다. 그래서 GDP가 상승한다는 것은 기업 생산이 늘고 기업 가치가 상승한다는 의미입니다. 우리는 다우·코스피·상해 지수 계산을 통해 경제성장률이 높은 국가가 주가 상승률이 높다는 것을 확인했습니다. 주식시장은 실물시장의 가치를 반영했습니다. 왜 현재 코스피는 2000대에 머물며, 2007년과 2008년도의 값은 옳았는지 먼저 GDP를 활용해서 적정 주가지수를 계산해보겠습니다. 가치에 해당하는 것은 GDP이고, 가격에 해당하는 것은 시가총액입니다. 가치에 해당하는 국내 GDP는 얼마일까요? 이 자료는 ECOS DB(한국은행이 제공하는 경제 통계 시스템)에서 확인할 수 있습니다. GDP 자료를 보면 2005년은 900조 원, 2006년은 950조 원, 2007년은 1050조 원, 2008년은 1100조 원, 2009년은 1150조 원으로 계속 상승했습니다. 2014년도는 1480조 원, 2015년은 1560조 원 수준입니다. 밸류에이션이니 자세히 계산해보겠습니다. 현재 가장 최근 GDP 자료를 누적하면 2016년 3/4분기의 자료까지가 발표되었는데 1609조 원입니다.

다음으로 가격에 해당하는 시가총액을 구해야 합니다. 이 자료는 거래소에 있습니다. 주식 통계를 보면 2016년 12월 말 현재 코스피는 1308조 원, 코스닥은 210조 원이 나옵니다. 합하면 현재 상장된 기업의 시가총액 합계는 1510조 원이 나옵니다. 이제 적정 주가를 계산할 수 있습니다. 계산하려면 도구가 필요합니다. 계산이 복잡하니 계산기보다는 엑셀이 더 편리합니다. 현재 어느 정도 수준일까요? 가격인 시가총액을 가치인 GDP로 나누면 94%가 나옵니다. 그렇다면 어느 정도가 적정한 수준일까요? 가격은 하락하면 어디까지, 상승하면 어디까지 이를 수 있을까요? 시가총액과 GDP를 집중 분석한 결과 우리나라 시가총액은 GDP의 100% 수준에서 상하로 30% 수준을 오르내렸습니다. 즉, 70% 수준이면 패닉, 100% 수준이면 적정, 130% 수준이면 버블로 나타난 것입니다. 현재 주가는 가치에 비해 낮은 수준입니다.

값으로 바꾸어보겠습니다. 2016년 12월 말 코스피지수가 2026.46이었습니다. 비례식을 활용하면 적정 주가지수는 94%:2026.46=100%:x입니다. 식을 풀면 적정 주가지수는 2159가 나옵니다. 그리고 버블과 패

닉은 각각 1512와 2807이 나옵니다. 이 값은 무슨 뜻일까요? 현재 우리
나라의 펀더멘털을 반영하면 주가는 많이 하락해도 1500선 아래로 떨어
지기 어렵고 많이 올라도 2800 수준으로 오르기 어렵다는 것을 의미합
니다. 그러니 혹자가 이야기한 주가가 1000으로 하락하거나 3000으로
오를 일은 당분간 없겠죠.

　논란의 해인 2007년과 2008년을 보겠습니다. 당시는 현재와 상장된
기업이 일부 달랐지만 대세에 지장을 주는 수준은 아니므로 현재와 비슷
하다고 가정하고 계산해보겠습니다. 2007년의 GDP는 1050조 원, 2008
년은 1100조 원이었습니다. 적정 주가 수준은 얼마가 나오나요? 2007년
은 버블이 1830이고, 2008년은 패닉이 1030입니다. 2007년 코스피지수
는 이미 버블인 2000을 넘었는데 3000까지 오를 수 있다는 혹자의 주장
은 정말 말이 안 되는 이야기였습니다. 또한 2008년의 패닉은 1000인데
주가가 500까지 하락한다는 것 역시 마찬가지로 비논리적 주장임을 알
수 있습니다.

　이 방법에는 장·단점이 있습니다. 가장 큰 장점은 직관적으로 이해하
기가 쉽다는 것입니다. 미국·중국·일본은 시가총액 순서와 GDP 순서가
동일하게 1, 2, 3위입니다. 또 하나의 장점은 GDP는 장기 우상향하고
있어 왜 주식을 장기 투자해야 하는지에 관한 논리적 근거를 제공합니
다. 또한 GDP라는 실물경제와의 비교를 통해 버블과 패닉에 대응하기
도 수월합니다. 일부 긍정론자의 주장처럼 종합주가지수는 3000까지 오
를 수 있습니다. 하지만 시간이 많이 지나야 가능한 일입니다. 일부 비관
적 미래학자가 주장하는 주가지수 1000에는 또 다른 가정들이 필요합니
다. 이를테면 삼성전자·현대차·한국전력 등이 폭격을 맞아 생산이 마비

되거나 서울 시민이 모두 원인 모를 전염병에 걸려 사라진다면 가능할지도 모르겠습니다.

이 산출 방법의 문제점에 관해 알아보겠습니다. 미국의 GDP는 17조 달러로 세계에서 차지하는 비중이 22% 수준이고, 중국은 10조 달러로 13% 수준입니다. 하지만 미국이 전 세계에서 차지하는 시가총액 비중은 25조 달러로 30%가 넘고, 중국이 전 세계에서 차지하는 시가총액 비중은 7조 달러로 10%가 되지 않습니다. 왜일까요? 한 기업을 예로 들겠습니다. 중국의 애플이라고 불리는 알리바바가 어디에 상장되어 있을까요? 그렇습니다. 중국이 아닌 미국 뉴욕에 상장되어 있습니다. 중국의 기업이 미국에 상장된 것처럼 세계적인 대기업들은 미국 시장에 상장을 원합니다. 그래서 미국은 GDP보다 시가총액이 큰 상태를 유지합니다. 반면, 중국은 GDP보다 시가총액이 여전히 낮습니다. 아직도 주식시장을 통한 직접 자금 조달보다 은행을 통한 간접 자금 조달이 선호되기 때문으로 보입니다.

참고로 같은 서양인데도 유럽과 미국은 좀 다릅니다. 미국은 자본시장 위주로 직접 채권을 발행해서 자금을 조달하는 반면, 유럽은 은행 대출을 통해 간접적으로 자금을 조달합니다. 그래서 GDP를 이용한 적정주가 찾기는 참고자료 정도로 활용할 수 있습니다. 특히 시장의 버블과 패닉 상태를 파악하는 데 편리합니다.

이제 우리에게는 더 좋은 방식이 필요합니다. 기업의 가치를 국가 개념인 GDP와 비교하는 것보다 더 나은 방법이 필요합니다. 1930년대 밸류에이션 모델이 나오면서 주가지수 계산은 더 나은 과정과 더 나은 해답으로 이어졌습니다. 주가지수 계산이 과학이 되기 위해서 너도나도 이해할 수 있는 상식에 기반을 두어야 합니다. 또한 뉴턴의 법칙처럼 복잡한 사회현상을 몇 개의 수식으로 설명할 수 있는 단순함이 있어야 합니다. 존 버 윌리엄스 등에 의해 투자는 과학의 영역으로 올라섭니다. 4장에서 존 버 윌리엄스의 모형은 크게 절대평가 모델과 상대평가 모델로 나뉨을 알아보았습니다. 존 버 윌리엄스의 모형은 미래 현금 흐름을 배당금으로 보는 모델, 잉여 현금 흐름으로 보는 모델, 잔여 이익으로 보는 모델로 나뉩니다. 주가지수 계산에 이 모델들을 다룰 필요는 없어 보입니다. 이 모델들을 사용하기에는 많은 변수가 필요하고 수식도 아주 복잡합니다.

다음으로 볼 모델은 상대평가 모델입니다. 가장 많이 사용되는 모델은 PER이고, 그다음은 PBR입니다. 많은 전문가가 이 모델들을 활용하고 언론에서도 많이 인용해 금융회사의 직원이나 고객 모두 상대적으로 이해도가 높은 모델입니다. 그 의미는 간단합니다. 얼마나 버는가로 평가하는 것이 PER이고 얼마를 가졌는가로 평가하는 것이 PBR입니다. 3장에서 살펴봤듯이 기업 평가에서 가장 중요한 요소는 수익 가치인 EPS이며, 이 가치와 주가를 비교하는 것이 PER입니다.

하지만 이 방식에도 문제가 있습니다. 기업 실적의 변동성이 크다는 것입니다. 개별 종목처럼 당기 순손실이 일어나 아예 사용할 수 없게 되는 것은 아니지만 여전히 높은 변동성은 문제입니다. 이럴 때는 PBR 모델을 쓸 수 있습니다. PBR은 PER의 단점을 보완하는 방식입니다. 그러므로 PER와 PBR 모델을 이용해 적정 주가지수를 계산할 생각입니다. PBR는 순자산의 낮은 변동성으로 인해 장기적인 밸류에이션으로 쓰기에 적합합니다. 이 자료는 거래소에서 받을 수 있습니다. 거래소에서 제

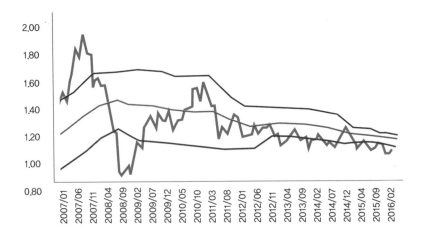

| 대한민국 10년 PBR 분석 |

공하는 코스피 자료를 내려받아 분석할 수 있습니다. 엑셀을 활용하면 손쉽게 계산할 수 있습니다. 먼저 시계열 자료를 내려받아 평균 경기 순환 주기인 4년으로 평균과 표준편차를 계산한 다음 도표로 표현하면 다음과 같이 분석됩니다. 2006년부터 2016년 6월까지를 분석해 보면, 주가 순자산비율인 PBR이 가장 높았던 시기는 2007년 10월(당시 코스피는 2064)이었고, 주가는 평균 PBR보다 무려 40%가 비쌌습니다.

가장 낮았던 시기는 2009년 2월(당시 코스피지수 1063)이었고, 주가는 평균 PBR에 비해 무려 60%가 낮아 바겐세일 기간이었습니다. 양 시기에 국내 펀드시장과 주식시장에 있었던 일을 생각해보면 놀라울 뿐입니다. 세상에는 가끔 눈이 두 개인 사람이 비정상으로 보이는 시기가 있습니다.

2016년 12월 말을 기준으로 적정 주가지수를 계산해보시죠. 2016년 말의 PBR과 당시 종합주가지수를 알면 평균에 회귀할 때 적정지수를 계산할 수 있습니다. 조금 전과 마찬가지로 비례식을 활용하면 됩니다. 1.00:2026.46=1.13:x입니다. 식을 풀면 적정 주가지수는 2294가 나옵니다. 여기에 평균과 표준편차를 활용하면 예상 주가의 상단과 하단을 계산할 수 있습니다. 상단은 2422이고 하단은 2166가 나옵니다. 그래서 현재 주식시장은 매수해야 하는 시점입니다.

PBR은 현재 주가 수준도 판단할 수 있고 버블과 패닉도 판단할 수도 있습니다. 또한 주가가 하단과 평균 사이에 있는 경우는 적립식 투자가, 주가가 하단 아래에 머무는 경우는 거치식 투자를 하는 등 투자 방법에도 활용할 수 있습니다. 또 갑작스러운 주가 하락의 경우에도 현재 주가가 어느 수준인지 판단할 수 있습니다.

이제 마지막 기법입니다. PER를 활용한 방법입니다. PBR에 관해 이야기하면 이런 질문을 하시는 분들이 있죠. BPS는 자산 가치이니 문제라는 의견도 있지만 더 날카로운 질문은 지금까지의 GDP나 BPS가 모두 과거 자료라는 점입니다. 중요한 것은 과거나 현재 자료가 아니라 미래 자료라는 것입니다. 모두 타당한 의견입니다. 다시 정리하면, ① 기업에 중요한 것은 가진 것(BPS)이 아닌 버는 것(EPS)입니다. 그러니 PER가 PBR보다 더 나은 지표입니다. ② 그리고 관심 있는 부분은 미래입니다. 결국 미래 이익과 주가와의 관계가 중요합니다.

그런데 어느 정도가 미래일까요? 3개월 뒤? 1년 뒤? 5년 뒤? 가장 많이 활용되는 자료는 1년 뒤이고, 이는 금융업계에서는 12개월 뒤라는 의미에서 'Forward 12 Month'로 불립니다. 이 수치는 애널리스트들의 컨센서스에 의해 만들어집니다. 개별 종목의 경우에는 애널리스트들의 컨센서스가 틀리기도 하지만, 전체 주식시장의 컨센서스는 믿을 수 있습니다.

과거에는 밸류에이션 자료를 구하기도 힘들었지만 요즘은 신뢰할 수 있는 자료를 지속적으로 제공하는 기관들도 생겼습니다. JP모건은 '가이드 투 더 마켓Guide To the Markets'을 통해 우리나라뿐만 아니라 주요국들의 밸류에이션 지표를 제공합니다. 또, 블룸버그를 통해서는 좀 더 상세히 각 나라 대표 지수의 지표도 볼 수 있습니다. 아래 자료는 블룸버그에서 제공하는 우리나라의 포워드 PER 자료입니다. 현재의 주가Price와 미래의 실적Forward 12 month EPS의 추이를 나타낸 (12 month) Forward PER 그래프입니다.

일단 계산해볼까요? 수치로 나타내면 10년간의 평균 PER는 9.98이고, 현재인 2016년 12월 말 현재 PER는 9.75입니다. 계속 사용하는 비례식으로 풀면 9.75:2026.46=9.98:x입니다. 이를 풀면 적정 주가지수는 2074가 나옵니다.

그런데 지금으로부터 3개월 전, 6개월 전, 12개월 전 국내 기업들의

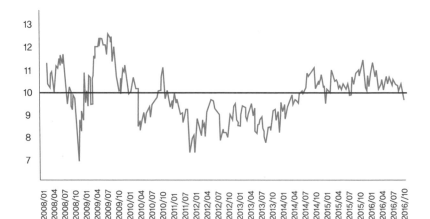

| 대한민국 10년 12 Month Forward PER 분석 |

수익성은 어떻게 평가되었고 이에 따른 적정 주가지수는 얼마였을까요? 이 장에서 자료를 제시하지는 않겠지만 결과로 보면 다음과 같습니다. 적정 주가지수는 2013년 말 2128, 2014년 6월 말 1938, 2014년 12월 말 1916, 2015년 6월 말 2118, 2015년 12월 말 1884, 2016년 6월 말 1911, 2016년 9월 말 1982였습니다. 이 차이는 어디에서 비롯할까요? 이는 PER 평균의 차이라기보다는 포워드 EPS 차이에서 기인합니다. 다시 말해 실적에 대한 기대가 큰 변동을 보였기 때문입니다.

이제 나온 수치를 종합적으로 생각해보죠. 적정 주가지수 계산의 세 가지 방법을 알아보았습니다. 계산한 결과 ①GDP 기법은 2160, ②PBR 기법은 2294, ③PER 기법은 2074가 나옵니다. 어떻게 활용하면 좋을까요? 단기적으로는 PER를 사용하는 것이 가장 좋습니다. 미래 이익과 변동성을 함께 고려할 수 있기 때문입니다. 그런데 만일 펀드 투자나 ELS 투자와 같이 3~4년 정도의 장기 투자를 하는 경우는 PBR을 사용하는 것이 더 나은 방법이 될 수 있습니다. 그리고 10년에 한 번쯤 나타나는 버블이나 패닉의 상황에서는 GDP를 활용하여 역발상 투자를 할 수 있습니다. 당연히 이 기법은 국외 시장과 국외 상품 분석에도 활용될 수 있습니다.

그럼, 현재 자료를 분석해보죠. 어떤 자료가 가장 나은 자료일까요? 현재가 버블이나 패닉의 상황은 아닙니다. 그러니 GDP를 통한 계산은 지금 사용하기에 적합하지 않습니다. 단기 분석은 PER가, 장기 분석은 PBR이 좋습니다. 그리고 PBR과 PER의 차이에 해당하는 220포인트는 국내 기업들의 수익성이 과거에 비해 낮아졌음을 의미합니다.

앞으로도 우리나라와 주요국의 적정 주가지수는 회사 홈페이지www.

ianedu.net를 통해 제공할 것입니다. 참고하셔서 판단에 활용하시기 바랍니다. 다음 장에서는 적정 가격을 계산하지 않았던 부동산과 원자재를 포함하여 사이클을 이용한 매수와 매도 타이밍을 알아보겠습니다.

9 장

사이클 타고
자산시장 달리기

───

유비무환有備無患 : 현재 시장과 미래 시장에 대한 준비를 철저히 하여 근심을 없앰.

가치 측정이 1차 기준이라면 상승과 하락은 자산 선택의 2차 기준입니다.

하지만 금융 소비자의 입장에서는 사이클이 밸류에이션보다 더 중요하기도 합니다.

상승이 예상되는 자산과 하락이 예상되는 자산은 무엇일까요?

미래를 대비하는 사이클 분석의 기준을 세울 수 있는 장이 되시길 바랍니다.

───

이번 장에서 다룰 내용은 '사이클 분석'입니다. 사이클은 순환이고 주기입니다. 투자해서 손해를 보면 어떤 사람들은 끝까지 버티겠다며 장기투자를 이야기합니다. 반면, 일부 전문가들은 손절매하고 상승이 예상되는 새 상품으로 갈아탈 것을 추천하기도 합니다. 손해가 이익이 될 때까지 버틸 것인가, 손해를 받아들이고 상승이 예상되는 자산으로 갈아탈 것인가? 가슴이 시키는 답은 버티기지만 머리가 시키는 답은 갈아타기입니다. 하지만 문제는 또 발생합니다. 과연 갈아탄 자산은 상승할까요? 사이클 분석은 계절을 분석하는 것과 같습니다. 패션 업계는 겨울에 봄 상품을 준비하고 봄에 여름 상품을 준비합니다. 때로는 겨울에 다음 여름 상품을 준비하기도 합니다. 이렇게 한 발 혹은 두 발 앞서 계절을 파악하고 다음 계절을 준비하는 것이 바로 사이클 분석의 목표입니다.

사이클 관련 질문 하나. 어디까지 오를까요? 혹은 어디까지 내릴까요? 부동산 가격이 오르고, 채권 금리가 떨어지고, 국제 유가가 떨어집니다. 과연 어디까지 오르고 어디까지 떨어질까요? '무릎에 사서 어깨에 팔라'고 말하는데, 과연 어디가 무릎이고 어디가 어깨일까요?

질문 둘, 지금 들어가야 하나요, 나와야 하나요? 이 질문은 좀 더 민감한 문제입니다. 단순한 가격 움직임이 아니라 매수와 매도 여부를 결정하려는 질문입니다. 상세한 질문의 내용은 이렇습니다. 요즘 채권(부동산·주식)이 좋은데 고민하다 보니 가격이 올라버렸습니다. 지금 들어가도 늦지 않을까요? 국채(재건축 아파트·중국 주식) 수익률이 높다고 해서 들어갔는데 최근 1개월간 수익률은 낮아졌습니다. 일시적인 상황인가요? 버틸까요?

질문 셋, 밸류에이션상 분명히 저평가라고 생각해서 들어갔는데 오히려 가격이 하락하니 기가 막힙니다. 분명 저평가인데 왜 이런 일이 발생할까요?

첫 번째와 두 번째는 고객 레벨에서의 질문이지만 세 번째는 금융인의 질문입니다. 마지막 질문부터 대답해보겠습니다. 왜 저평가되었는데 더 하락할까요? 또 고평가 상태인데 왜 오를까요? 이런 부분들은 전문가들을 당혹스럽게 만듭니다. 앞에서 안정적이어서 장기 평가에 좋다고 한 PBR을 이용한 적정 주가지수가 기억나나요? 적정 주가지수의 범위는 2166~2422였습니다. 최근 주가의 변동성이 낮아져서 가격의 범위도 많이 줄어들었습니다. 그런데도 가격으로는 250포인트가 넘고 수익률로는 10% 가까이 됩니다. 경제성장률의 예측치가 이런 범위를 정당화할 수 없고, 경기의 호황도 불황도 이 변동성을 설명할 수 없습니다.

변동성을 이기는 사이클 분석

이 현상을 설명할 수 있는 길이 열렸습니다. 변동성 지수 VIX^{Volatility Index}

입니다. 변동성은 옵션 가격 결정의 주요 변수입니다. 시카고옵션거래소는 옵션 가격의 내재한 변동성Implied Volatility을 계산하여 이 지수를 만들고 발표합니다. 주식시장은 이 지표를 '공포 지수'라는 이름으로 활용하는 등 쓰임새가 많은 지표입니다. VIX지수는 앞으로 30일간의 변동성에 대한 기대입니다. 예를 들어, VIX=30은 앞으로 한 달간 주가가 30%의 등락이 예상된다는 뜻입니다. 하지만 변동성 지수는 20을 넘는 일이 일상다반사이며 심하게는 40을 넘기도 합니다. 이것이 뜻하는 것은 무엇일까요? 주가는 특별한 이유 없이 20%씩 움직일 수 있고, 조금 큰 변수가 생기면 40%도 넘을 수 있다는 뜻으로 해석됩니다.

아무 이유 없는 주가의 급등락에 대한 현상을 설명하는 논문은 많지만 근거를 설명하는 제대로 된 논문은 아직 없는 것 같습니다. 이 부분에 대해 좀 억지스럽게 근거를 제시한다면 패러다임 전환으로 설명할 수 있을 것 같습니다. 패러다임은 어떻게 변화했을까요? 아주 오래전 주가 계산 방식은 '귀납법'에 의존했습니다. 별자리를 보고 주가 하락을 예상하거나, 치마가 짧으면 주가는 오른다거나, 특정 팀이 우승하면 주가가 오른다는 것이 이에 해당됩니다. 특별한 방법은 없고 돈에 관한 관심은 높다 보니 여러 현상을 연구하게 되었는데, 우연히 몇 가지 사건이 눈에 띄었던 것입니다. 이런 말도 안 되는 패러다임은 일군의 혁명적인 과학자들에 의해 변화하기 시작합니다. 투자가 귀납법의 예술적 세상에서 연역법이라는 과학적 세상을 만나게 됩니다.

그러나 안타깝게도 새로운 패러다임인 밸류에이션은 세상을 완전히 지배하지는 못한 상황입니다. 투자자들도 이런 돈이 되는 모델들을 세세하게 공유하지 않습니다. 패러다임의 전환기에 일어나는 대표적인 사례가 상관관계와 인과관계 그리고 이를 악용하는 나쁜 사람들, 그리고 여기에 속는 안타까운 일반 투자자들입니다. 상관관계란 치마가 짧으면 주가는 오른다와 같은 우연한 사실입니다. '까마귀 날자 배 떨어진다'에 해당하는 셈이죠. 아무런 관계도 없이, 우연히 동시에 두 가지 일이 일어날 수 있다는 뜻입니다.

하지만 상관관계의 힘이 아주 셉니다. 심리학자의 설명에 따르면 사람들은 이유가 보이지 않으면 불안해합니다. 불안을 해소하기 위해 자신이 이해한 세상을 원인과 결과로 끼워 맞추기 시작합니다. 그래야 좀 안심이 되는 것이죠. 상관관계는 인과관계로 변화하고, 비슷한 사건이 일어나면 이를 정당화하기 시작합니다. 마음이 편안해지면 행동으로 이어지기도 합니다. 지금도 이런 현상은 비일비재합니다. 사기꾼들은 이 점을 놓치지 않고 잘 활용합니다. 일부 종목의 성공 사례를 보여주는 것입니다. 그리고 비싼 차를 보여줍니다. 성공담으로 그럴듯하게 포장합니다. 여기에 낚이는(?) 사람들이 있습니다. "○○○은 좋은 집에 살고 비싼 차도 있고 TV에도 나와. 투자에 성공한 사람이 정말 맞나봐. 지난번에 추천한 종목이 정말 올랐더라고. 앞으로는 의심하지 말고 저 사람이 추천하는 상품(주식)을 사야겠어." 이런 주식은 아무 이유 없이 오릅니다. 그리고 아무 이유 없이 오른 만큼 하락하게 됩니다. 높은 변동성에 대한 좀 억지스러운 해석이었습니다.

아무튼 여전히 투자는 예술과 과학이 혼재되어 있습니다. 투자의 세상에는 천동설을 믿는 사람들과 지동설을 믿는 사람들이 함께 모여 삽니다. 그런 이유로 주가가 하락하거나 상승하므로 전문가 그룹에는 기회가 열려 있습니다. 전문가 그룹은 투자를 과학으로 생각합니다. 그런 과학자들도 접근 방법은 다양합니다. 예를 들어, 갈릴레오처럼 망원경으로 달을 본 후 달에 토끼가 없다고 말하는 경험주의자는 GDP를 통해 주가를 측정하고자 합니다. 데카르트와 같은 합리주의에 기반을 둔 사람은 EPS 미래치를 통해 주가를 분석하고자 합니다. 모델은 합리주의가 우월한데 데이터는 전망치라는 어려움이 존재합니다. 아직도 투자는 가야 할 길이 먼 미지의 세상입니다. 안타깝게도 적정 주가와 적정 금리를 계산하는 것이 당장 오늘과 가까운 미래를 설명하지는 못합니다. 그래서 실질적 보완이 필요합니다. 그중에서도 가장 타당한 방법이 계절의 순환을 이용한 사이클 분석입니다.

칼 세이건 《코스모스》의 명작 다큐멘터리 중 3편의 제목은 〈지식이 두려움을 극복할 때〉입니다. 그 영상에서 처음 나오는 인트로 대사가 감동적입니다.

인류는 수수께끼가 가득한 세상에서 태어났습니다. 그 해답을 찾는 것은 인간의 본능과도 같죠. 우리는 별들이라는 담요에 덮힌 작은 세상에서 눈을 떴습니다. 마치 문 앞에 버려진 아기처럼 우리가 누구인지 어디서 왔는지 우리의 우주가 어떻게 나타났는지 설명하는 쪽지 한 장 없었습니다. 모든 것을 스스로 알아내야 했습니다. 우리가 가진 강점은 지능이었습니다. 특히 기나긴 세월에 걸쳐 진화한 패턴을 인식할 수 있는 능력이었죠. 먹잇감과 천적을 알아보고, 독초와 이로운 식물을 구별할 수 있어 생존 확률이 높아졌습니다. 그들은 살아남아 유용한 패턴 인식 유전자를 대대로 물려줍니다. 지구 전역의 다양한 문화권에서 사람들은 같은 별들을 올려다보며 다른 그림을 그렸습니다. 자연의 패턴을 알아보는 능력을 이용해 인류는 하늘의 달력을 읽었습니다. 우리 조상들은 하늘에 적힌 별들의 메시지를 보고 머물 때와 이동할 때를 알았습니다. 동물이 이주하고 비가 내리고 추위가 왔다 물러갈 때를 예측했죠. 별들의 움직임과 생명의 계절적 순환이 직접 연관되었음을 깨달았을 때 인류는 하늘에서 일어나는 일들이 우리를 겨냥할 것이라는 결론을 내렸습니다. 말이 되는 이야기죠. 하늘이 달력이고 누가 거기에 쪽지를 붙여놓았다면 그것이 메시지가 아니고 무엇일까요?

이 이야기를 금융 스타일로 조금 각색해보겠습니다.

우리는 숫자와 정보로 가득한 세상에서 살고 있습니다. 숫자와 정보에 대한 해석은 사람마다 다르고 상황마다 달랐습니다. 결국 우리는 스스로 선택하고 판단해야 했습니다. 우리가 가진 강점은 천재들이 제공한 이론 지식과 스스로 터득하게 된 경험 지식이었습니다. 우리는 이론 지식과 현실 경험, 그리고 과거 데이터를 이용해 패턴을 인식해왔습니다. 앎의 수준이 깊어질수록 수익 수준은 증가했고, 위험은 감소했으며, 투기 횟수보다 투자 횟수가 늘어났습니다.

하지만 여전히 문제가 있었습니다. 어떤 데이터를 사용하는지에 따라, 또 데이터의 기간을 어떻게 선정하는지에 따라 결과가 다르게 나타나기도 했습니다. 핵심 데이터를 찾고 데이터 분석 방법을 익히고 가격을 계산했지만 계절적 순환 또한 존재함을 알게 되었습니다. 경기와 물가 금리의 경제지표 변화와 정부 정책의 변화는 금융시장에 계절을 만들어냅니다. 또 그런 계절적 변화는 자산시장에 영향을 줍니다. 봄이 오면 씨를 뿌리고 가을이 오면 추수하듯 어떤 자산을 사는 타이밍과 파는 타이밍이 존재할 것입니다. 현재 데이터가 제공하는 메시지는 무엇일까요?

8장에서 밸류에이션에 대해 이야기하더니 왜 갑자기 계절을 운운하며 사이클 이야기를 하지? 의아할 수 있습니다. 변동성 지수VIX Volatility Index 라는 현상에 대해 설명하고, 패러다임 전환에 대해 우기더니 결국 금융시장에 진리는 없고 기준은 상대적이라 영원한 것은 없다는 상대주의로 마무리되고 마는 것인가? 혹시 이런 생각을 하지 않으셨나요?

밸류에이션과 사이클 분석의 의미와 위상을 정리할 필요가 있습니다. 7장에서 시계열 자료의 네 가지 구성 요소-추세·순환·계절·불규칙-를 알아보았습니다. 그중 우연히 일어나고 예측하기 어려운 것이 불규칙입니다. 여름에 갑자기 아이스크림 매출이 상승하는 것은 계절 요인이고, 이는 지속성이 없어 예측하기 어렵습니다. 그래서 계절과 불규칙이라는 가짜를 제거하면 진짜인 추세와 순환, 즉 트렌드와 사이클이 남습니다. 이 진짜 추세가 우리의 분석 대상입니다.

트렌드와 사이클은 무엇일까요? 트렌드는 긴 파도, 사이클은 작은 파도입니다. 밸류에이션과 사이클이 각각 긴 파도와 작은 파도에 해당됩니다. 아주 유명한 이야기 중에 코스톨라니는 기업 가치와 주가를 주인과 개를 통해 설명했습니다. 기업 가치에 해당하는 것은 주인이고, 주가에 해당하는 것은 개입니다. 주인이 개와 함께 산책하러 나가면 개는 주인보다 앞서거나 뒤서거나 하지만 결국 함께 집으로 돌아옵니다. 결국 주가는 기업 가치를 반영할 수밖에 없다는 뜻입니다. 이를 밸류에이션과 사이클에 적용해보겠습니다. 밸류에이션은 주인, 사이클은 개입니다. 이

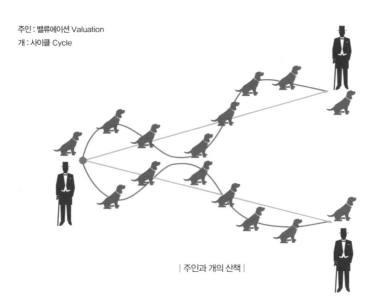

주인 : 밸류에이션 Valuation
개 : 사이클 Cycle

| 주인과 개의 산책 |

비유에서는 개를 매일·매시·매분 움직이는 가격 요인으로 분석했지만 조금 긴 안목으로 보면 개의 움직임은 예측 가능한 사이클일 수 있습니다. 우리가 분석할 사이클은 키친 파동으로 2~6년 정도의 단기 파동입니다.

경기 순환과 파동에 대한 이해가 필요합니다. 경기는 일상에서 경제 형편을 나타내는 의미로 사용됩니다. 기업 매출이 늘거나 가계 형편이 좋아지면 경기가 좋다고 느낍니다. 하지만 국민경제를 대상으로 말할 때 경기는 국민경제의 총체적인 활동 수준을 의미합니다. 그래서 경기가 좋다는 것은 생산과 소비 등의 경제 활동이 평균 수준 이상으로 활발하다는 뜻입니다. 경기가 나쁘다는 것은 이 반대 현상입니다. 여기서 점검해야 할 포인트는 '경기가 파도와 같이 순환하며 변동한다'는 점입니다. 일부 전문가들이 범하는 오류 중 하나가 경기를 오로지 추세로만 본다는 것입니다. '국내 경제성장률이 갈수록 하락한다.' '추락하는 한국 경제에 날개가 없다.' 이런 식의 비관론으로 불안감을 부추깁니다. 그러나 트렌드와 사이클을 모두 반영하면 경기는 장기 성장 추세를 중심으로 상승과 하강을 반복하며 변동합니다.

통계청이 발표한 국내 경기 순환 주기는 평균 49개월입니다. 확장기가 31개월, 수축기가 18개월입니다. 대략 상승과 하락이 65:35 수준입니다. 사람들이 체감하는 것보다 실제로는 확장기가 더 깁니다. 전체 주기는 가장 짧은 경우는 35개월로 3년 정도고, 가장 긴 경우는 67개월로 7년이 약간 되지 않습니다. 다른 나라와 비교하면 미국은 평균이 60개월, 일본은 54개월 수준입니다.

이런 경기 순환 주기는 장기 투자 기간을 선정할 때 유용하게 활용될 수 있습니다. 4장에서 장기 투자는 최소한 평균 경기 순환 주기를 넘는 것이 좋으므로 최소 4년은 되어야 한다고 말했습니다. 그래서 국내 운용사의 5년 누적 실적은 코스피를 능가했다고 했습니다. 미국 투자자들의 장기 투자는 평균 경기 순환 주기 5년보다 긴 7년 정도라고 합니다.

경기 순환 주기는 또 어디에 활용될 수 있을까요? 자주 받는 질문 중 하나가 "○○○에 물렸는데 얼마나 버티면 될까요?"입니다. "결과가 좋지 않은데 손절매하지 않고 얼마나 버티면 원금을 회복할 수 있을까요"도 비슷한 질문 유형입니다. 이런 말을 하는 증권 전문가를 본 적이 있습니다. "고객님 좀 길게 보시죠, 한 달 정도요." 이래서는 신뢰를 확보하기 어렵습니다. 평균 주기가 4년이니 특별히 상품과 분석에 결합이 없다면 4년 정도를 기다리면 되겠죠. ELS 같은 구조화 상품의 만기도 1년이 좋을지 3년이 좋을지 물어보는 사람들이 있는데, 당연히 3년이 아닐까요. 만일 사모 형태로 만들 수 있다면 저는 4년이 더 안정적이라고 생각합니다. 왜 이렇게 이야기하는지 이해되시죠?

장기 투자나 보유 기간에 관해 답변하고 나면 "그럼 언제 바닥일까요?"라는 질문이 이어집니다. 제 대답은 "모르겠습니다"입니다. 이유는 경기 순환의 특징은 조금 전 본 것처럼 주기와 진폭이 다르기 때문입니다. 다시 말해 "언제가 바닥이야?" "언제까지 오를까?"라는 질문에 대한 대답은 "모르겠습니다"가 맞습니다. 2/4분기가 바닥이다, 4/4분기에 정점을 칠 것이다 같은 이야기는 글쎄요, 무모한 것 같습니다.

이외에도 경기 순환을 이해하기 위해 다음의 세 가지 특징을 기억하면 좋겠습니다. 첫째, 경기는 미시 접근과 거시 접근이 다르고 개별 지표의 순환과 전체 시장의 순환이 다를 수 있습니다. 예를 들어 환율과 해외 경기의 호조로 수출 기업의 수익성이 좋아져도 내수 경기와 투자는 침체할 수 있습니다. 둘째, 경제 활동은 동시에 같은 방향으로 변동하는 것이 아니라 일정한 시차를 두고 파급됩니다. 예를 들어 정부의 재정 정책은 1/4분기에 발표되었는데 그 영향은 다음 분기인 2/4분기 혹은 더 먼 4/4분기에 미칠 수도 있습니다. 셋째, 경기는 일정한 방향으로 계속 확대해 나가는 누적성의 특징을 갖고 있습니다. 예를 들어 경기를 열 가지로 구분한다면 처음에는 하나가 좋고 둘이 좋고 넷이 좋고 일곱이 좋고 아홉이 좋다는 식으로 빨라지고 증폭됩니다. 그리고 시간이 지나면 이러한 상태가 반전되기 시작합니다.

경기 변동의 원인을 알고자 하는 시도는 자본주의 경제 발달과 더불어 시작되었습니다. 1876년 영국의 경제학자 윌리엄 스탠리 제번스는 〈경제 공황과 태양 흑점〉이라는 논문을 발표했습니다. 태양과 별에 관한 관심은 정말 오래되었죠. 당시는 1차산업이 주축을 이루던 시기이므로 태양의 일조량과 곡물 생산의 관계가 경기로 이어질 수 있었을 것입니다. 만일 지금 어떤 경제학자가 이런 주장을 한다면 말도 안 된다고 욕먹기 좋겠죠.

지금도 활용되는 유명한 경기 순환 주기에는 콘트라티에프 파동·주글라 파동·키친 파동이 있습니다. 소련의 경제학자인 콘트라티에프는 긴 장기 파동을 발견했는데, 1930년의 대공황을 장기 파동의 하강기에 해당할 뿐이라고 주장했습니다. 대공황이 자본주의의 내재적 모순이라는 마르크스의 학설과 대립한다는 비판의 대상이 되어 시베리아로 유배되었고 그 후로 소식이 없습니다. 그는 경기 순환의 원인을 기술 혁신으로 보았습니다. 베네수엘라 출신의 학자 카롤타 페레즈는 그의 아이디어를 5단계로 구분했습니다. 1차 산업 혁명, 2차 철도 혁명, 3차 철강 혁명, 4차 자동차 혁명, 그리고 지금의 기술 혁신은 IT 혁명입니다. 새로운 기술이 도입되고 확산되고 붕괴되는 과정을 경기 순환의 원인으로 지적한 그의 통찰은 놀랍습니다. 그러나 이 주기가 아주 길어 자산시장 전망에 활용되기는 어렵다는 한계가 있습니다. 콘트라티에프 파동은 기술 변화가 원인이고, 주기는 45~60년입니다. 주글라 파동은 설비 투자를 원인으로 지적했고, 주기는 10년입니다.

우리가 활용할 수 있는 수준은 미국의 조셉 키친이 발견한 키친 파동일 것입니다. 키친 파동은 재고 변동, 물가와 금리, 정부 정책을 원인으로 제시했고, 주기는 3~5년으로 단기적 성격의 파동으로 자산시장 선택에 활용하기 쉽습니다. 예를 들어, 정부 정책이 경기 순환에 미치는 영향을 생각해보겠습니다. 경기가 나쁜 상황을 가정하고 보겠습니다. 소비가 둔화되어 기업은 생산과 투자를 하지 않고, 이에 따라 고용이 둔화되고, 가계의 소득이 줄어들면 다시 소비가 더 악화됩니다. 경기 침체의 악순환으로 돌파구가 보이지 않는 상황이죠. 이때 정부는 부동산 가격 상승 등의 자산시장 가격을 올려 소비를 회복시킬 수 있습니다. 금리를 낮춰 생산과 투자 확대를 견인할 수도 있고, 고용을 확대하는 기업에 인센티브를 제공할 수도 있습니다. 그렇게 경기 악순환의 고리를 끊고 선순환 고리를 새로 만들 수 있습니다. 이 과정에서 우리의 관심 대상인 부동산·주식·채권 같은 자산시장은 영향을 받게 됩니다.

이 부분을 정리하자면, 밸류에이션은 큰 파동을, 사이클은 작은 파동의 만듭니다. 그리고 우리는 키친 파동에 활용되는 경기(재고)·물가·금리 그리고 정부 정책을 자산시장 사이클 분석에 활용할 수 있습니다.

———

워런 버핏의 라이딩

경기·물가·금리를 통한 자산시장 분석. 익숙하지 않나요? 6장에서 살펴본 경기·물가·금리 이야기와 이어지는 부분입니다. 경기·물가·금리에 따라 경제 상황은 골디락스·리세션·인플레이션·스태그플레이션으로 나뉘고 각 경제 상황에 적합한 자산은 주식·채권·원자재·물가채였습니다. 이번에는 그 기법을 조금 더 확대해보겠습니다. 그리고 실물자산인 부동산과 원자재를 포함하겠습니다. 우리나라 전체 개인 자산에서 부동산이 차지하는 비중은 무려 75%입니다. 그렇기 때문에 경기 사이클을 통한 부동산 전망은 포함되어야 합니다. 미국과 일본도 부동산이 차지하는 비중이 각각 30%, 40% 수준으로 중요합니다. 해외 부동산시장에 대한 타이밍 분석에도 활용될 수 있습니다.

분석 방법은 동적인 개념을 사용하고자 합니다. 사실 세상의 모든 것은 움직입니다. 절기 중에 하지는 낮이 가장 길고, 동지는 밤이 가장 긴 날입니다. 하지만 생각해보면 하지와 동지는 가장 정점에 해당하는 날로, 하지의 의미는 이제 앞으로 밤이 길어질 것이라는 방향을 의미합니다. 동지도 마찬가지로 앞으로 낮이 길어질 것임을 암시합니다. 즉, 경기가 하락하는 상황도 ① 하락이 시작된 것과 ② 하락이 마무리되는 것은 엄연히 다릅니다. 만일 물가가 하락하는 상황에서 ① 경기가 계속 하락한다면 채권을 사야 하지만, 만일 물가가 하락하는 상황에서 ② 경기 하락이 마무리되는 시점이라면 주식을 사는 것이 옳기 때문입니다.

부동산을 포함한 동적 개념의 자산 시장 사이클은 뒤쪽의 그림과 같습니다. 두 그림을 함께 보겠습니다. 하나는 6장에서 이야기한 사이클 분석법이고, 하나는 이번 장에서 배울 사이클 분석법입니다. 위 사이클 분석법을 사용하는 사람은 빌 그로스, 아래 사이클 분석법을 사용하는 사람은 워런 버핏입니다. 버핏은 주식 투자가 전문이고, 빌 그로스는 채권 투자가 전문입니다.

두 사람은 모델과 핵심 데이터는 같습니다. 그러나 결과는 다릅니다. 모델은 모두 존 버 윌리엄스의 투자가치이론을 사용합니다. 데이터는 당연히 경기·물가·금리를 활용합니다. 다른 점은 보는 방법과 시점입니다.

빌 그로스는 핌코의 공동 설립자로 유명합니다. 그는 세계 최대의 채권 운용사인 핌코에서 국내 GDP 수준인 1.5조 달러를 운용한 채권시장의 왕이었습니다. 버핏은 말이 필요 없는 주식 투자의 대가입니다. 두 사

| 현재에 충실한 '빌 그로스' |

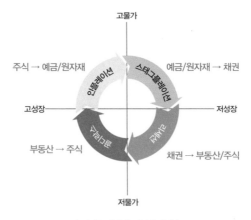

| 미래를 대비하는 '워런 버핏' |

람의 차이점은 빌 그로스가 운용사의 대표로서 현재 시점에 충실하다면 워런 버핏은 미래 시점에 충실하다는 점입니다. 그래서 저성장·저물가에서 빌 그로스는 채권을 사지만 워런 버핏은 다음 경기와 물가를 판단하고 예측하는 미래에 충실한 투자를 합니다.

그림을 다시 보겠습니다. 빌 그로스의 모델이 점이라면, 워런 버핏의 모델은 선에 기반을 둔 투자입니다. 빌 그로스는 운용사 사람입니다. 단말기 앞에서 언제라도 의사결정이 가능하고 투자 집행도 가능한 운용사의 펀드매니저입니다. 그에 반해 워런 버핏은 미래를 보고 장기적으로 의사결정을 하는 투자자입니다. 펀드매니저이기보다는 PB나 금융 소비자에 가깝습니다. 그래서 금융인들과 고객들에게는 워런 버핏의 투자가 더 적합합니다.

워런 버핏의 사이클 분석 방법은 무엇일까요? 그의 투자 방식과 관련된 기사들을 보면 매우 흥미롭습니다. 2011년 많은 사람이 달러의 시대는 끝났다며 금을 사야 한다고 말할 때 그는 금 투자는 어리석다며 매도를 권했습니다. 2012년 3월 서브프라임의 상처가 여전히 큰 상태에서 그는 단독주택 수십만 채를 사고 싶다고 말합니다. 부동산 매수를 권한 것이죠. 2013년 5월엔 주식을 사고 채권을 매도하라고 말합니다. 한 자산은 매수를, 다른 자산은 매도를 권유했습니다. 지금 와서 결과 자료를 살펴보니, 2011년 원자재는 -13%의 손실을 기록했고, 2012년 미국 부동산시장(미국 리츠)은 18%의 수익을 기록했습니다. 2013년의 선진 주식은 27%의 놀라운 성적을 거두었고 채권은 -2%의 성적을 기록했습니다. 주식만 투자하는 주식 투자자인 줄 알았는데 워런 버핏은 다른 자산에 대해서도 놀라운 통찰을 보여주었습니다. 이것은 우연일까요, 필연일까요? 저는 이 모든 것이 필연이라고 생각합니다.

사이클 타고 자산시장 정하기

워런 버핏의 통찰의 결과가 아니라 통찰의 근거를 찾아보겠습니다. 그는 경기·물가·금리의 3대 지표를 활용해 어떻게 자산시장의 길 찾기를 했던 것일까요? 워런 버핏의 자산 찾기를 알려고 하면 그의 행적을 좇아가봐야 합니다. 일단 지도가 필요합니다. 지도는 생각보다 단순합니다. 우선 지도에는 동서와 남북이 있습니다. 그림을 그려보겠습니다. 단순한 그림이지만 직접 그릴 수 있어야 합니다. 함께 그려보면 이해하기 쉬울 것입니다. 가로축은 경기, 세로축은 물가입니다. 통상적으로 경기를 중심으로 그리는 사람들은 가로를 물가, 세로를 경기로 두는데, 금융시장은 물가를 기준으로 하는 것이 이해하기가 더 쉽습니다. 이제 표기를 하겠습니다. 먼저 경기입니다. 이 방식을 사용하면 좌측의 고성장 부분은 경기가 가장 좋은 정점입니다. 우측의 저성장 부분은 경기의 바닥에 해당하는 저점입니다. 고성장·저성장으로 표기합니다. 정점에서 저점으로 향하는 방향, 즉 경기의 수축 국면으로 우리는 이것을 저성장으로 보아야 합니다. 반대쪽은 경기의 확장 국면, 즉 고성장으로 보아야 합니다. 과연 고성장과 저성장은 어떻게 나누어야 할까요? 간혹 어떤 사람들이 경기를 크기로 평가하는데 여기서는 순환으로 평가해야 합니다. 밸류에이션에서는 경기를 실적의 크기로 봐야 하지만 사이클 분석에서는 경기를 순환으로 보아야 합니다. 경기는 크기가 아닌 순환, 즉 파동입니다. 키친 파동입니다.

예를 들어보죠. 미국은 경기가 작년 2%에서 올해 3%로 상승했습니다. 중국은 경기가 작년 10%에서 올해 7%로 하락했습니다. 올해 미국은 고성장일까요, 저성장일까요? 답은 고성장입니다. 중국은 저성장입니다. 경기는 크기가 아닌 순환, 즉 파동입니다. 영어로 설명하면 쉬운데 경기는 Up과 Down이 중요합니다.

다음은 물가입니다. 물가는 고물가와 저물가로 구별됩니다. 6장에서 경기와 물가를 모두 상승과 하락으로 구별했지만 꼼꼼하게 설명하면 물가는 순환보다 크기가 더 중요합니다. 물가는 고물가와 저물가로 나뉩니다. 다시 영어로 설명하면 물가는 Above와 Below로 나뉩니다.

그럼 높다, 낮다의 기준은 무엇일까요? 기준은 중앙은행의 물가 목표치로 보는 것이 좋습니다. 예를 들어 현재 미국과 유럽, 일본은 모두 물가 안정 목표치를 2%로 제시합니다. 이는 2% 이상이면 고물가로 보고 금리를 인상하겠다는 뜻입니다. 2%보다 낮은 수준에서는 금리 인상을 늦추거나 유보하겠다는 뜻이기도 합니다. 그래서 기준을 물가 목표치로 보면 됩니다. 하지만 나라마다 물가 목표치에 차이는 있습니다. 예를 들어, 브라질은 물가 목표치가 4.5%(±1.5%)로 3%에서 6% 사이입니다. 우리나라도 2016~8년까지는 목표를 2%로 정하고 있습니다.

다시 예를 들죠. 만일 최근 물가가 1%에서 1.2%로 상승했다면 고물가인가요, 저물가인가요? 크기가 중요하므로 당연히 저물가입니다.

다음은 금리입니다. 금리는 물가와 방향성이 같습니다. 고물가이므로 고금리, 저물가이므로 저금리입니다. 그럼 여기서 말하는 금리는 시장 금리일까요, 정책 금리일까요? 다시 말해 장기 금리일까요, 단기 금리일까요? 이 금리는 정책 금리이고 단기 금리입니다. 한국은행과 FRB 같은 중앙은행은 경기보다 물가를 기준으로 금리를 정합니다. 고성장이어도 저물가면 저금리입니다. 중국은 경제성장률이 10%였을 때도 물가가 2%로 금리가 3~4% 수준이었음을 기억하면 이해하기 쉽겠죠.

이제 동서와 남북이 완성되었습니다. 그리고 라벨도 붙었습니다. 이제 지도를 읽는 방법이 필요합니다. 먼저 경기부터 보죠. 경기 순환은 회복

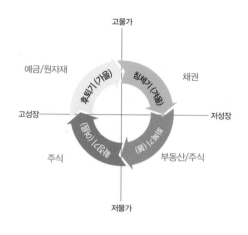

| 투자의 사계 |

기-확장기-후퇴기-침체기로 나뉩니다. 어디가 회복기일까요? 우측의
저성장에서 좌측의 고성장으로 움직이는 부분은 경기가 바닥을 치고 상
승하기 시작하는 시점, 바로 회복기입니다. 계절로 설명한다면 추운 겨
울이 끝나고 봄이 오는 시기입니다. 회복기, 그리고 봄이라고 표기하세
요. 다음 왼쪽 아래의 고성장으로 향하는 구간은 확장기, 여름이라고 표
기하세요. 왼쪽 위는 고성장이 꺾이기 시작한 시점, 가을과 후퇴기입니
다. 오른쪽 위는 경기는 계속 하락하고 바닥을 향해 갑니다. 겨울, 침체
기입니다.

이제 물가입니다. 경기와 같은 순서로 진행하겠습니다. 이제는 회복기
라는 말보다 봄이 이해하기 쉬우므로 계절로 설명하겠습니다. 봄은 저물
가이며 물가 하락 지속, 여름은 저물가이며 물가 상승 시작, 가을은 고물
가이며 물가 상승 지속, 겨울은 고물가이며 물가 하락 시작입니다. 따로
표기하지 않아도 이제 명확하게 이해가 될 것입니다. 이어 금리 정책은

어떻게 될까요? 겨울과 봄은 물가가 하락하는 기간이니 정책 금리가 인하되는 구간입니다. 여름과 가을은 물가가 상승하는 기간이니 정책 금리 인상 구간입니다.

드디어 지도가 완성되었습니다. 이제 길 찾기를 시작해볼까요? 우리에게 길 찾기는 자산시장 찾기입니다. 이 부분은 흐름상 추운 겨울에서 출발하는 것이 이해하는 데 도움이 됩니다. 1사분면입니다. 추가로 이해를 돕기 위해 경기가 하락하는 가운데 물가가 가장 높았던 지점에서 출발하겠습니다. 여기에 새로운 개념을 하나 가져오겠습니다. 고통 지수 Misery Index입니다. 영어 이름이나 우리나라 이름이나 기분이 썩 좋지는 않습니다. 대학에서 고통 지수 수식을 쓰면 학생들 사이에 탄식이 저절로 흘러나옵니다. '고통 지수=실업률+물가 상승률'이기 때문입니다. 고통이 느껴지시나요? 학생들은 취업이 힘든 상황에서 등록금 상승률이 높아지면 더욱 고통을 크게 느낍니다.

연도별로 국내 고통 지수를 보면 세 군데 정도가 큰 수치를 보입니다. 첫 번째는 모두 예상하는 1997년 금융 위기로 당시는 실업률이 폭등했습니다. 두 번째는 2001년 IT 버블 붕괴 사태와 2003년 신용카드 사태까지 이어진 시기였습니다. 세 번째, 가장 최근인 2008년 서브프라임 위기였습니다. 2008년 당시 경기는 설명할 필요도 없습니다. 물가는 어떤 상황이었을까요? 국제 유가는 폭등해서 150달러였습니다. 골드만삭스는 200달러까지 오른다고 예상했습니다. 즉, 저성장과 고물가인 상황입니다. 스태그플레이션은 엄청난 고통 지수를 수반합니다.

고통의 크기는 불만으로 이어집니다. 매슬로의 욕구 5단계에서 생존의 욕구는 가장 하위 단계의 욕구입니다. 하지만 취업이 힘들어 돈을 벌

| 매슬로우의 욕구 5단계 |

지도 못하고, 물가가 높아 제대로 돈을 쓸 수도 없다면 이 최소한의 욕구 마저 흔들리게 됩니다. 고통 지수는 물속에 빠졌는데 물이 조금씩 차오르는 상황을 가정해도 느껴볼 수 있습니다. 무릎 높이의 물은 대수롭지 않지만 물이 배꼽을 통과하고 가슴 높이로 차 오르면 공포를 느끼기 시작합니다. 그러다 물이 조금 빠지면 욕설이 터져 나옵니다. 운전을 해도 이런 기분이 들 때가 있습니다. 조금만 실수해도 위협을 느낍니다. 보복 운전이라는 신조어가 탄생하기도 했습니다. 모두 신경이 극도로 곤두선 사회입니다.

2016년의 뜨거운 여름은 누진세가 불만의 이유였습니다. 전기요금은 전기 세금이 되었습니다. 사람들은 "대체 정부는 뭐하는 거냐?" "전기요금 체계를 바꿔라"고 주장합니다. 스태그플레이션에서 사이클 분석을 시작한 이유는 이 기간이 경기 악순환의 고리를 끊을 정부 개입의 명분이 가장 확실하기 때문입니다. 리세션이나 인플레이션 상황에서는 정부 개입의 정당성이 상대적으로 낮습니다. 그럼 정부의 개입은 어떻게 일어날까요? 고통을 줄이기 위해서는 실업률을 낮추든지 물가를 낮추어야 합니다. 실업률을 낮추기가 쉬울까요, 물가를 낮추기가 쉬울까요? 정부는 통상 물가를 낮추는 정책을 사용합니다. 정부가 직접 청년들을 고용할 수도, 기업들에 고용을 강요할 수도 없기 때문입니다. 정부는 2011년도에 1.13물가대책으로 전기·가스 같은 공공요금을 동결했고, 통신요금 같이 물가에서 비중이 큰 부분도 조정했습니다. 기름값도 일시적으로 3개월간 리터당 100원을 인하한다는 대책을 내놓았습니다. 이런 정책을 미세 조정Fine Tuning이라고 합니다. 미국은 2011년에 전략 비축유를 방출해 물가를 낮추려고 시도했고, 그해 5월에서 9월 사이에는 은Silver 증거금을 인상해서 은 가격의 급락을 초래하기도 했습니다.

이제 자산시장은 어떻게 될까요? 물가가 떨어졌으니 한국은행은 기준금리를 떨어뜨릴 명분을 갖게 됩니다. 단기 금리가 떨어지니 장기 금리가 떨어집니다. 장기 채권 가격은 상승하는 것입니다. 정리하면 물가 하락 → 단기 금리 인하 → 장기 금리 인하로 이어지게 됩니다. 그래서 고통스러운 경제 환경인 스태그플레이션에서 정부 정책(물가 대책)이 발표되기 시작할 때 최고의 자산은 장기 채권입니다.

예전에 그런 생각을 한 적이 있었습니다. 봄 → 여름 → 가을 → 겨울 → 봄은 신기한 일입니다. 봄 → 여름 → 가을 → 겨울 → 가을 → 여름 → 봄 → 여름. 차라리 이해하기가 쉬운 것 같습니다. 봄이 여름이 되고, 여름이 가을이 되고, 가을이 겨울이 되는 것은 자연스럽고 이해하기도 쉽지만 추운 겨울이 갑자기 따뜻해진다는 봄은 너무 혁명적이라 이해하기 어렵습니다. 자연의 겨울이 힘든 것처럼 인간의 겨울도 힘듭니다. 인간이 만든 겨울은, 자연이 만든 겨울과 달라 기술 발전이나 정부 정책 등 새로운 모멘텀이 필요합니다. 인간의 겨울은 정치경제학의 계절입니다. 하지만 겨울이 지나면 정치경제학은 경제학으로 바뀌고, 계절 변화는 이해하기 쉽고 변화도 자연스러워집니다. 이제 정부의 개입으로 물가가 낮아져서 사람들의 고통은 줄어들었습니다.

낮은 물가가 낮은 금리를 만들면 어떤 일이 생길까요? 장기 금리가 낮아지면 대출 금리가 낮아집니다. 겨울의 고물가 상황에서는 임대료 같은 소비자 물가도 크게 상승합니다. 정부가 물가를 안정화한다고 해도 집주인들에게 임대료를 내리라고 요구할 수는 없습니다. 다른 물가는 떨어졌지만 임대료는 요지부동입니다. 그런데 금리가 낮아지니 세입자들은 이런 생각을 합니다. 대출 금리도 낮은데 차라리 집을 사버릴까? "은행에 내는 이자가 임대료보다 더 낮잖아." "그리고 월세는 사라지는 돈이지만 집을 사고 이자를 내다 보면 결국 그 집은 내 것이 되잖아." 이렇게 생각하는 매수세가 부동산시장에 나타납니다. 실수요자들의 매수세인 것이죠. 실수요자들의 매수로 가격이 오르니 가수요자들인 투자자도 나타납니다. 예전에 금리가 10%였을 때는 1억 원을 빌리던 사람들이 금리가 3%로 낮아지니 3억 원을 빌립니다. 내야 할 원리금이 비슷하기 때문입니다. 이런 이유로 집값이 상승하기 시작합니다. 봄 국면에서 정부는 경기의 불씨를 유지하기 위해 우호적인 부동산 정책을 내놓습니다.

3장에서 살펴본 것처럼 부동산시장은 단기적으로 금리에 영향을 받습니다. 조금 사족을 더한다면, 여기서 가수요자인 투자자가 많아지면 부동산시장에 버블이 형성될 수 있습니다. 미국에서 2006년부터 이루어진 NINJA론No Income·No Job·No Asset은 - 소득·직업·자산이 없는 신용 등급이 낮은 사람들에게 대출을 용인한 고위험 대출 상품-결국 2008년 서브프라임 모기지 사태까지 부르게 됩니다. 정리하면 장기 금리 하락 → 모기지 금리 인하 → 부동산 매수로 이어지게 됩니다. 채권 다음 최고의 자산은 부동산입니다.

그럼 부동산 가격이 상승하면 어떤 일이 발생할까요? 미국 GDP에서 가장 비중이 큰 항목은 민간 소비입니다. 민간 소비가 일어나는 조건은 두 가지입니다. 소득이 늘거나 자산이 늘어나는 것입니다. 실업률이 떨어져 고용이 늘고, 그래서 소득이 늘면 소비가 늘겠지만 봄 국면은 회복기이므로 여전히 취업이 어렵습니다. 하지만 자산 가격의 30%를 차지하는 부동산 가격의 상승은 부의 효과를 통해 소비로 이어질 수 있습니다. 1장에서 이야기한 것처럼 "기분 좋다고 쇠고기 사 묵겠지"의 자산 효과입니다. 봄 국면에서 정부는 경기의 불씨를 유지하기 위해 우호적인 부동산 정책을 내놓습니다.

낮은 금리 때문에 부동산 매수가 가격 상승으로 나타나면서 소비는 서서히 바닥을 통과하고 경기도 살아나기 시작합니다. 이제 경기는 확장 국면, 즉 여름으로 진입합니다. 경기 회복에는 낮은 물가도 한몫합니다. 물가가 낮으니 자연스럽게 소비가 늘어납니다. 기업들도 소비가 증가하니 투자를 늘립니다. 자산 가격 경로로도 신용 경로로도 경기가 살아나기 시작합니다. 모든 부분에서 경기 상승이 완연합니다. 아직 물가도 낮은 수준이라 중앙은행은 금리를 올리기 시작했지만 금리 수준이 낮아 금리 인상은 경기에 별다른 영향을 주지 못합니다. 부채를 조달한 가계나 기업도 충분히 감내할 수 있습니다. 오히려 이 시기에는 경제 상황을 믿고 레버리지 투자가 더욱 늘어납니다. 흥청거린다는 느낌이 들 만큼 경기는 좋습니다. 자산 가격도 오르고 소득도 늘어나니 잉여 자산이 생깁니다. 잉여 자산은 투자 수요로 이어집니다.

정리하면 경기(수요) 상승 → 기업 실적 상승 → 주가 상승으로 이어집니다. 가는 곳마다 투자가 화두이고, 성공 투자는 사람들에게 질투를 일으킵니다. 고수익을 좇아 고수익 채권에 투자하고 해외 주식이나 부동산에 투자하고, 비상장기업에도 투자하는 등 투자 규모는 늘어만 갑니다. 여기에 사족을 약간 더한다면 가수요자인 투자자가 많아지면 주식시장에도 버블이 형성될 수 있습니다. 버블이 있어도 당시에는 두렵지 않습니다. 골디락스는 높은 주가도 시간이 지나면 곧 정당화될 수 있다고 믿게 합니다.

그러나 영원할 것 같던 골디락스도 작별을 고합니다. 경기가 주춤하지만 기업은 생산을 늘립니다. 경제성장을 믿고 기업들은 투자를 늘리고 설비를 늘리고 재고를 늘립니다. 생산은 다시 원자재 구매로 이어지고, 물가 상승으로 이어집니다. 원자재시장이 호황을 누립니다. 정리하면 수요 상승 → 생산 상승 → 원자재 수요 상승으로 이어집니다.

이 시기 중앙은행은 확장기에 시작한 금리 인상을 계속합니다. 물가 상승으로 금리는 지속해서 상승하고 이제 금리 수준이 높아지니 과잉 부채의 가계와 기업은 고통을 겪기 시작합니다. 일부 기업은 경기 상승을 믿고 출하를 늘리고 재고를 늘렸는데 제품 판매가 원활하지 않습니다. 경기는 갑자기 꺾이기 시작합니다. 사람들은 경기 하락이 일시적 현상이라고 판단합니다. 그리고 경기와 무관하게 여전히 물가는 계속 오릅니다. 정부는 이에 따라 금리를 올립니다. 주식시장은 붕괴되기 시작합니다.

과거로 돌아가서 크게 볼까요? 세계 최강국 미국을 기준으로 봅시다.

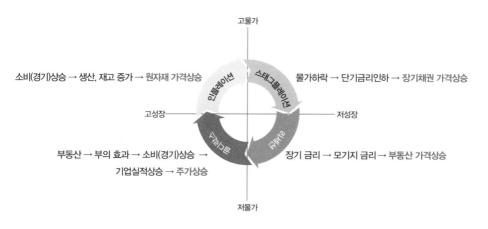

고물가

소비(경기)상승 → 생산, 재고 증가 → 원자재 가격상승

물가하락 → 단기금리인하 → 장기채권 가격상승

인플레이션

스태그플레이션

고성장

저성장

리세션

리플레이션

부동산 → 부의 효과 → 소비(경기)상승 →
기업실적상승 → 주가상승

장기 금리 → 모기지 금리 → 부동산 가격상승

저물가

| 사이클의 원인과 자산시장의 방향 |

2000년 IT 버블이 붕괴되었습니다. 2001년 9·11테러가 있었고 금융시장인 월가에서는 LTCM^Long Term Capital Management (미국의 헤지펀드)이 무너졌습니다. "세상에 이런 일이!" 모두 놀랐습니다. 경기는 하락하고 실업률은 오르고 고통 지수도 오릅니다. 고통을 해소하기 위해 FRB는 통화정책을 사용합니다. 금리를 6%대에서 1%까지 하락시킵니다. 고통 지수로 고통스러웠던 2000~2년 겨울이었습니다. FRB는 통화정책이 있었고, 이 시기는 장기 채권의 시대였습니다. 2003~6년은 봄의 시대였습니다. 당연히 부동산의 시대였습니다. 개별 부동산 가격 상승은 말할 것도 없습니다. 국내 금융권에서도 리츠라는 부동산 상품을 팔기 시작했습니다. 미국·유럽·일본 모든 나라에서 부동산은 폭발적인 수익을 기록했습니다. 글로벌 리츠라는 부동산 상품들이 거래되기 시작합니다. 그리고 과잉된 투자로 서브프라임이라는 씨앗이 잉태되었습니다.

2005~7년은 여름의 시대였고 주식의 시대였습니다. 다우지수는

7500에서 2007년 말 12000까지 오릅니다. 국내 코스피도 1000에서 2000까지 오릅니다. 재테크의 기본은 주식형 펀드가 되었고, 사람들은 이제 브릭스BRIC (브라질·러시아·인도·중국) 같은 해외 투자도 두려워하지 않습니다.

2005~8년은 원자재의 시대였습니다. 사람들은 중국이 원자재시장의 블랙홀이며, 중국이 존재하는 한 상품 시장은 하락하지 않는다고 주장합니다. 원자재 시장의 35%를 차지하는 유가는 계속 오릅니다. 2005년 50달러이던 국제 유가는 2008년 150달러까지 치솟습니다. 원자재 부국인 러시아와 브라질의 성공 신화가 연일 TV를 장식하고, 사람들은 러브(러시아·브라질) 펀드를 사면서 성공의 단꿈에 빠져듭니다.

지금(2016년 말 현재)은 어디에 있을까요? 미국은 금리 인상이 시작된 (2016년 초) 확장기로 접어들었습니다. 중국은 경기 회복의 초기로 접어들었습니다. 우리나라도 중국과 비슷한 경기 회복 초기로 접어 들었습니다. 어떤 자산에 대한 투자 비중을 줄여야 할까요? 거치식 투자와 적립식 투자에 적합한 자산은 무엇일까요? 주요 나라별 사이클과 자산시장 자료도 이안금융교육 홈페이지를 통해 제공할 예정입니다.

사이클 분석은 아주 과학적이지는 않지만 그렇다고 예술도 아닙니다. 예술과 과학 사이 정도에 해당되는 것 같습니다.

사이클에 관한 질문을 과학과 예술로 정리해보겠습니다. 사이클에 대한 좀 더 명확한 느낌이 생길 것입니다.

1 | 주기는 얼마나 걸리나요?

우리가 1년에 4계절을 모두 만나는 자연의 계절과 다른 점은 인간

사이클의 계절은 길이가 조금씩 다를 수밖에 없습니다. 고통의 기간에 따라 치유의 기간도 다를 수밖에 없기 때문입니다.

2 | 혹시 봄 다음에 여름이 오지 않고 다시 겨울이 오는 경우는 없나요?

저는 좀 의문이 드는데 워런 버핏은 그런 일은 없다고 단호하게 말하더군요. 아마도 그는 투자 기간이 길어서 당당하게 말하는 것 같습니다.

3 | 사이클에서 확장 시라고 해도 선진국과 개발도상국 간에 격차가 발생할 수 있을 것 같습니다. 그 격차도 순서가 있나요?

선진국이 먼저 오를까요, 개발도상국이 먼저 오를까요? 직관적으로도 선진국이 소비해야 개발도상국이 생산하겠죠. 선진국이 먼저 오르는 것이 일반적인 상황입니다.

4 | 사이클 분석 시 주의할 사항은 무엇입니까?

예전에 워런 버핏은 사이클 분석을 운전으로 비유했습니다. 사람들이 운전할 때는 앞을 보면서 투자할 때는 백미러rear-view mirror를 본다는 것입니다. 대부분의 사람이 "요즘 수익률이 높은 펀드는 뭔가요?"라고 질문하는데 올바른 질문은 "앞으로 수익률이 높을 펀드는 무엇인가요?"입니다. 저는 이렇게 추천하고 싶습니다. 옷을 살 때 현재 계절의 옷을 사거나 다음 계절의 옷을 사는 것은 유용하지만 땡처리한다고 지난 계절의 옷을 사는 실수를 해서는 안 됩니다. 당장 성과에 소탐대실하지 말고 긴 안목으로 대탐소실하기 바랍니다.

10장

시장 고수의
칼 다루기

실천궁행實踐躬行 : 실제로 몸소 이행함. 금융의 핵심은 정보입니다.

따라서 제대로 된 정보는 이익과 손실로 직결됩니다.
금융 전문가가 되기 위해서는 시장을 보는 올바른 태도, 시장을 분석하는 방법과
능력을 키워야 합니다. 시장 분석 전문가가 되기 위한 실천 방법을
정립해보는 장이 되시길 바랍니다.

금융시장과 관련해 강의하다 보면 공부법에 대한 질문도 받곤 합니다.

1 │ 하루에 얼마나 주무세요? 몇 시간 정도 공부하고 연구하세요?

2 │ 신문 읽고, 책 읽고, 리포트 읽는데 왜 여전히 아는 것은 없고, 갈수
록 더 헷갈리기만 할까요?

3 │ 시장 분석에 관한 공부는 어떻게 하는 것이 좋을까요?

마지막 장에서는 이 질문들에 대한 답을 해보겠습니다. 옛말에 '백문
이 불여일견百聞不如一見'이라고 했습니다. 백 번 듣는 것보다 한 번 보는 것
이 낫다는 이야기입니다. 요즘에는 이 말도 발전하여 '백견이 불여일행
百見不如一行'이라는 말도 있고 '백행이 불여일각百行不如一覺'이라는 말도 합니
다. 백 번 보는 것보다 한 번 실행해보는 것이 중요하고, 백 번 실행하는
것보다 한 번 깨닫는 것이 더 중요하다는 뜻입니다.

정보가 넘쳐나는 시대, 내 손 안에 든 컴퓨터인 스마트폰과 24시간 함
께하는 시대를 사는 우리에게 시장에 대한 정보와 정보 분석 자료를 발
견하기는 쉽습니다. 또 스마트폰 앱으로 실행하기도 쉬운 세상입니다.

하지만 아이러니하게도 정보와 분석 자료가 많이 넘쳐나다 보니 제대로 깨닫기가 점점 어려워지고 있습니다.

깨닫는 사람의 경지까지는 알지 못하지만 많은 분을 만나고 강의를 하면서 나름대로 느낀 부분이 있습니다. 제가 생각하는 시장 전문가가 되기 위한 자세, 방향 그리고 방법에 대해 느낀 점을 이야기해보겠습니다. 이런 부분에 관해 갈증을 느끼는 분들께 도움이 되길 바랍니다.

———

칼 다루기 전 마음가짐

시장 분석은 왜 어려울까요? 정보가 변화무쌍해서일까요? 아니면 시장 참여자가 많아서일까요? 저는 꼭 그렇지만은 않다고 생각합니다. 매일 열심히 문제를 풀지만 성적이 제대로 나오지 않는다면 오히려 문제가 틀리지 않았는지, 문제 푸는 방식이 틀리지 않았는지를 의심해봐야 합니다. 그리고 우리가 너무 많은 문제를 풀고 있지는 않은지도 의심해보아야 합니다. 최근 사회적으로 번아웃 증후군이 문제가 되고 있습니다. 번아웃Burn Out은 말 그대로 일에 몰두해 불타 없어진다는 뜻입니다. 이 증상의 특징은 몸과 마음이 모두 극도로 피로해져 의욕을 잃다가 결국 극심한 무기력에 시달리게 된다고 합니다. 그 상태가 더 심해지면 자신의 무능을 탓하며 우울증 또는 자기혐오까지도 이어진다고 하더군요. 최근 금융업에서도 이런 현상이 두드러지게 나타나고 있습니다. 경쟁이 심화될수록 직원 수는 줄어들고, 성과급 제도는 더욱 강화됩니다. 이에 직원들이 느끼는 업무의 양도 늘어나고 강도는 점점 세지고 있습니다.

예전에 서강대학교의 한 철학과 교수님과 한 시간에 걸쳐 격론(?)을 벌인 적이 있습니다. 저는 '태도Attitude가 능력Ability를 만든다'고 주장했고 교수님은 '능력Ability이 태도Attitude를 만든다'고 주장했습니다. 제 주장은 지금도 유효합니다. 시장을 보는 능력의 문제가 아니라 태도에 문제가 있다고 말입니다. 시장을 보는 태도를 바꾸면 단순히 열심히 사는 방식에서 벗어나 효율적으로 잘사는 방식으로 바꿀 수도 있습니다.

이해하기 쉽도록 예를 들어보겠습니다. 지구의 대기인 하늘은 대류권과 성층권으로 나뉩니다. 대류권은 땅에 인접한 대기층입니다. 지표면은 복사열로 뜨겁고 고도가 높아질수록 온도가 낮아집니다. 온도가 높은 공기가 아래에 있고 낮은 공기가 위에 있으니 불안정하고 난류가 발생합니다. 반면 성층권은 오존이 태양의 자외선을 흡수해 가열되기 때문에 위로 올라갈수록 온도가 올라갑니다. 성층권 아래는 온도가 낮고 위는 온도가 높아 안정적이며 난류가 발생하지도 않습니다. 그래서 성층권은 비행기 고도로 활용되기도 합니다. 바다도 비슷합니다. 표면은 항상 바람 때문에 일렁이지만 중심인 심해는 고요합니다.

갑자기 하늘과 바다 이야기를 해서 황당할 수도 있겠지만, 많은 사람이 시장 분석을 어려워하는 이유 중 하나가 시장을 보는 태도가 잘못되었기 때문입니다. 가장 잘못된 태도는 '매일의 자산 가격을 이해하려고 애를 쓰는 자세'입니다. 밸류에이션과 사이클에서도 이야기했고 중간중간에 계속 강조했듯이 시장 가격은 단기적으로 정보를 반영하지 못합니다. 즉, 오늘 가격은 틀린 정보이며 잘못된 문제일 수도 있다는 것입니다. 하지만 문제를 틀렸다고 생각하는 것이 아니라 문제는 무조건 풀어야 한다고 생각하니 몸도 마음도 항상 바빠집니다. 이런 잘못된 태도는 또 다른 문제를 야기합니다. 풀어야 할 문제가 많으니 시간이 부족하고, 시간이 부족하니 남에게 의지하려고 합니다. 남에게 계속 의지하다 보니 시간이 흘러도 실력이 늘지 않습니다. 남에게 의지하다 보면 자기 의견은 어느새 점점 사라집니다. 갈수록 문제는 많아지고 시간은 모자라니 정답지를 가지고 있을 것 같은 전문가로 보이는 남(?)을 찾아갑니다. 그리고 그의 말을 인용하기 시작합니다. 어느 순간 남의 의견이 곧 나의 의견이고 나의 생각인 듯 착각하게 됩니다. 아무런 비판의식 없이 누군가의 말을 외워 그대로 이야기하면 '앵무새'라는 비난에서 자유롭기가 어렵습니다. 결국 금융 소비자들이 원하고 사회가 원하는 사람은 거칠고 투박해도 자기주장이 분명하고 남의 의견을 비판할 수 있는 사람입니다.

또한 문제의 답을 빨리 찾으려고 애쓰다 보면 더 심각한 문제에 부딪치게 됩니다. 제대로 된 깊이 있는 분석을 하기가 더욱 어렵게 됩니다. 문제의 언저리에서만 계속 머물며 정작 문제의 핵심으로는 진입해보지 못하게 됩니다. 안정적이고 본질적인 성층권과 심해보다 눈에 보이는 표면 현상인 대류권과 해수면에 집중하게 되는 것입니다. 성층권과 심해의 움직임을 분석하고 판단하면 일은 쉬워지지만 대류권과 해수면은 이해하기도 어렵고 당연히 분석하기도 어렵습니다. 워런 버핏과 같은 대투자가의 삶을 상상해보시죠.

이제 우리에게 어떤 태도가 도움이 될까요? 세 가지만 말씀드리겠습니다. 첫째, 모르는 것을 당연하게 인정해야 합니다. 고대 아테네에서는 선거가 아닌 추첨으로 대표를 뽑아서 통치해도 될 만큼 세상이 단순했습니다. 500년 전 세계 최고의 도서관에 소장된 책은 겨우 수천 권 정도였습니다. 불과 100년 전만 해도 스무 살이 되면 박사나 교수가 될 수 있었습니다. 애석하게도 지금은 하루에 공유되는 페이스북 콘텐츠가 50억 개 가까이 됩니다. 하루에 50억 개의 정보가 쏟아진다니, 과연 누가 세상을 이해하고 분석할 수 있을까요? 모르는 게 당연합니다. 최소한 대류권과 해수면은 포기하세요. 인정하면 마음이 편해집니다.

둘째, 결론은 천천히 내야 합니다. 소크라테스는 "유일한 선은 앎이요, 유일한 악은 무지다" "무지를 아는 것이 곧 앎의 시작이다"고 했습니다. 모르는 것을 알았으니 이제 알기만 하면 됩니다. 제대로 알기 위해서는 자기중심적 사고가 필요합니다. 남을 중심에 두고 겉모습만 아는 것이 아니라 나를 중심에 두고 하나씩 진짜 알아가야 합니다. 그래서 스스로 학습하고 고민하는 시간이 필요합니다. 금융업은 돈이 움직이다 보니 사람들은 답을 빨리 알고 싶어 합니다. 그래서 스스로 문제를 풀기보다 남들의 정답지를 베끼고 싶어 하는 마음도 듭니다. 때로는 틀린 답을 믿는 것이 재앙을 가져다주기도 합니다. 스스로 배우고 내 머리로 생각하고 판단해야 합니다. 모르는 것을 인정한 다음에는 자기 자신을 믿어야 합니다. 천천히 결론에 도달하는 것이 좋습니다. 100미터 단거리달리기가 아니라 마라톤 풀 코스를 달린다고 생각하세요.

셋째, 멈춰서 생각하세요. 《논어》에 "배우지만 생각하지 않으면 얻는 것이 없고, 생각하지만 배우지 않으면 위태롭다"는 말이 있습니다. 오래전에는 '학學'이 문제였지만 지금은 '사思'가 문제입니다. 많은 전공자가 공부는 열심히 하지만 생각은 많이 부족합니다. 생각이 부족하니 배운 공부를 어디에 적용할지 잘 모릅니다. 당연히 얻는 것도 없습니다. 우리 어릴 적만 생각해봐도 선생님이 숙제를 내주면 교과서를 보고 참고서를 뒤지고 백과사전을 뒤져서 답을 찾아갔습니다. 찾고 연결하다 보니 지식이 정리되고, 몰랐던 내용을 새로 알기도 했습니다. 이제는 인터넷이 숙제를 합니다. '네이버 지식In'에 물어보거나 구글링을 합니다. 네이버와 구글은 검색의 특성상 많은 사람이 생각하는 해답을 정답이라고 우기기도 합니다. 학생들에게 과제를 내면 인터넷 자료를 참고해서 리포트를 작성해옵니다. 제가 틀렸다고 지적하면 "네이버에서 봤어요!"라고 당당히 말하는 학생도 있습니다. 네이버에서 봤다는 답은 널리 퍼진 생각과 답일 수 있지만 정답이 아닐 수도 있습니다. 세상의 중심이 지구라는 주장이 널리 퍼져 있었지만 정답은 지구가 우주의 중심이 아니었습니다. 생각을 멈추는 Stop Thinking이 아니라 생각을 위해 멈추는 Stop To Think가 필요한 시점입니다.

———

칼을 다루는 방법

남은 두 질문을 함께 생각해보겠습니다. 시장 전문가가 되기 위한 방향과 방법에 대한 이야기입니다. 예전에 한 외국계 금융회사의 임원과 식사 중에 나눈 대화 일부입니다. 제가 질문을 했습니다.

"금융의 핵심 경쟁력은 무엇일까요?"

"금융은 교육이지."

"왜요?"

"금융은 거의 동일한 상품을 취급하기 때문이지. 과자는 회사마다 맛이 다르고, 자동차도 회사마다 디자인이 다르고, 스마트폰도 회사마다 기능의 차이가 있지만 금융은 거의 비슷한 예금과 채권, 주식을 취급하지. 그래서 금융은 제품을 가지고 차별화를 이룰 수 없네."

"그게 교육과 무슨 상관인가요?"

"자네는 금융의 핵심 기능이 뭐라고 생각하나?"

"글쎄요, 금융 상품을 개발하고 판매하고 관리하는 것인데, 결국은 판매와 운용 아닐까요."

"그렇다면 판매와 운용의 본질은 뭔가?"

"글쎄요……."

"판매는 고객을 설득하고 운용은 자기 자신을 설득해야 하네. 그런데 설득의 최고 단계가 바로 교육 아닌가. 그래서 고객을 교육하고 설득하는 것이 판매이고, 공부하고 생각해서 자기 자신을 설득하는 과정이 바로 운용이라네."

이 말씀을 듣고 새삼 깨달았습니다. 이 식사 자리는 금융 전문 교육회사를 만들게 된 결정적 계기가 되었습니다.

오랜 질문이 있습니다. "왜 금융에는 삼성전자가 없는가?" 오랫동안 '금융의 삼성전자를 만들자'는 국가나 금융인에게 하나의 목표였습니다. 하지만 여전히 '금융의 삼성전자'를 만든다는 이야기는 구호 수준에 머물러 있습니다. 누구는 해외 개척으로, 핀테크로, 또는 자본금 확충으로 해결할 수 있다고 주장합니다. 하지만 저는 좀 더 본질적인 내용이 있다고 생각합니다.

금융 교육은 어떤 방향으로 이루어져야 할까요? 워런 버핏의 가장 절친한 친구이자 동료이며 버크셔 해서웨이의 부회장인 찰리 멍거는 "금융은 폭넓은 분야를 기반으로 하는 유기체적 지식덩어리"라고 정의했습니다. 금융 지식인 경제·재무·통계·회계의 중요한 개념들의 모형을 익

| 시장 고수의 학습 체계 |

혀야 하고 여기에 물리학·생물학·심리학·사회과학·철학·문학 등의 빅
아이디어Big Idea도 결합해야 한다고 주장했습니다. 느낌은 오지만 참 어
려운 이야기입니다. 어떻게 하면 그런 지혜를 얻을 수 있을까요? 그는
학습 순서도 이야기했습니다. 데이터 → 정보 → 지식 → 지혜의 순서입
니다.

　최초의 학습은 원시 데이터Raw Data에서 유용한 정보Useful Information를 찾
는 것에서 출발합니다. 다음 단계는 그 정보를 지식에 따라 결합하는 것
입니다. 그리고 마지막 단계는 지식에 경험이 더해지면서 세상을 보는
지혜를 갖게 되는 것입니다. 찰리 멍거의 이야기가 저에게는 금융시장
공부의 좋은 이정표를 제시해주었습니다. 고기 잡는 법에 대한 친절한
설명이었습니다.

칼 가는 비법

공부의 첫 단계는 원시 데이터에서 유용한 정보를 찾아내는 것입니다. 원시 데이터가 있는 곳은 신문과 책입니다. 신문 읽는 법과 책을 잘 고르고 읽는 법에 대해 알아보겠습니다.

먼저 신문 읽기입니다. 현재는 신문을 읽는 방법은 세 가지 정도 됩니다. 종이로, PC로, 모바일로 보는 것입니다. 각각 장·단점이 존재합니다. 종이 신문의 가장 큰 장점은 중요한 자료와 중요하지 않은 자료를 구별하기 쉽다는 점입니다. 처음부터 모바일과 PC로 신문을 보게 되면 중요한 자료가 아니라 자극적인 자료를 보게 됩니다. 알아야 할 정보를 보게 되는 것이 아니라 남들이 많이 보는 자료를 보게 됩니다.

처음에 신문에 입문할 때는 종이 신문으로 읽는 것을 추천합니다. 신문을 잘 읽기 위해서는 효율적 시간 배분 솜씨가 필요합니다. 종이 신문을 읽는 시간이 30분을 넘어설 필요는 없습니다. 내용의 경우 신문기사는 새로운 것New을 다루지만 때로는 사실Fact이 아닐 때가 많습니다. 양에 있어서도 종합지나 경제지가 40면 정도로 할당된다고 하면 사회면과 스포츠면, 광고면을 제외하면 50~60% 정도만 읽을 만한 정보입니다. 큰 그림을 보기 위해서는 신문 가장 상단에 있는 차례(예. 정치·이슈·국제·비즈니스 등)를 먼저 보고 기사를 선택적으로 취하는 것이 좋습니다. 저도 초기에는 한참 읽다가 그 기사가 광고라는 사실을 알아내기도 했습니다. 신문은 영어를 공부하듯 매일 읽는 습관을 들이는 것이 중요합니다.

다음은 PC로 신문 기사를 읽는 방법입니다. PC로 신문 읽기는 흐름을 보는 좋은 방법입니다. 종이 신문이 생생한 활어와 같은 정보라면 PC로 읽는 기사는 건어물 같은 정보쯤 됩니다. 예를 들어, FOMC의 통화 정책을 볼 때 과거부터 현재까지의 기사를 차례로 보면 통화 정책의 흐름과 사이클이 느껴집니다. '점'으로 보는 기사가 종이 신문이라면 '선'으로 보는 기사는 PC 기사가 좋습니다.

저는 일간지는 매일 보고, 경제지 중 하나는 주간 단위로 일주일에 한 번씩 모아서 한꺼번에 봅니다. 또 다른 경제지는 한 달에 한 번씩 모아서 봅니다. 그러다 보면 하루하루는 중요한 듯 보이던 기사도 시간이 지나면 사소하게 바뀌기도 하고, 어떤 경우는 사소해 보이던 뉴스가 큰 뉴스로 바뀌는 것을 알게 됩니다. 이렇게 뉴스를 읽다 보면 검색하는 방법도 알게 됩니다.

마지막은 모바일로 신문 기사를 읽는 방법입니다. 이 방법의 가장 큰 이유는 당연히 스피드입니다. 실시간으로 주요 정보를 얻으려는 것입니다. 하지만 모바일 뉴스의 치명적인 단점은 쓸데없는 뉴스들입니다. 이런 뉴스의 주인공은 주로 연예인과 사회면을 채우는 사람들입니다. 이해는 됩니다. 신문사는 광고를 받으려면 클릭을 받아야 하고, 그러니 자극적인 기사와 가십거리에 집중하게 되는 것입니다. 이런 자극적인 뉴스에 빠져서 클릭하다 보면 한두 시간이 훌쩍 지나가고 얻는 정보는 적습니다. 이런 점을 극복하는 방법은 모바일 뉴스의 편집권을 스스로 갖는 것입니다. 구글 뉴스가 편리한 대안입니다. 금융상품·FOMC·인공지능 등 내가 필요하거나 궁금한 키워드를 등록하면 키워드 순서대로 뉴스가 정리되어 짧은 시간에도 원하는 뉴스를 실시간으로 확인할 수 있습니다. 저는 세 가지 방법을 모두 활용합니다. 처음에는 좀 어려울 수 있지만 익숙해지면 긴 시간을 들이지 않으면서 원하는 자료와 정보를 충분히 다 볼 수 있습니다.

다음은 책입니다. 책을 읽어야 한다는 이유는 동서고금을 막론하고 진리입니다. 안타깝게도 최근에는 책 읽는 사람이 점점 사라지고 있습니다. 서점에 가보면 질 낮은 불량 도서가 많습니다. 너무 쉽게 쓰이고 출판되어 쏟아지는 책 사이에서 좋은 책을 선택하는 것이 중요해졌습니다. 책은 읽기 전에 고르는 것이 중요합니다. 책을 읽는 가장 나쁜 방법은 '사死독서, 독사死서, 독서사死'입니다. 죽도록 책 읽기, 죽은 책 읽기, 책만 읽다 죽기. 이중 가장 위험한 것은 독사서인 죽은 책 읽기입니다. 우리가 양서라고 부르는 것은 시간이 지나도 살아 있는 지식과 지혜를 전달하는 책입니다. 불량 서적은 당파성만 주장하는 책이거나 당장 판매를 위해 세상을 호도하는 책 등입니다.

제가 책을 고르는 기준은 이렇습니다. 나무는 뿌리가 있고 줄기가 있고 열매도 있습니다. 가장 좋은 책은 관찰과 성찰, 통찰에서 오는 Why(왜)를 다루는 '뿌리 같은 책'입니다. 다음은 뿌리와 열매를 이어주

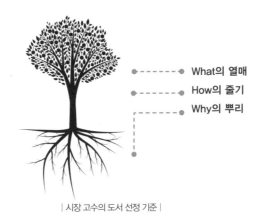

What의 열매
How의 줄기
Why의 뿌리

| 시장 고수의 도서 선정 기준 |

는 How(어떻게)를 다루는 '줄기 같은 책'입니다. 마지막은 What(무엇)으로 '열매를 다루는 책'입니다. 처음 입문할 때는 '열매 같은 책'도 좋지만, 공부에 도움이 되는 책은 '줄기 같은 책'이고, 깨달음에 가장 도움이 되는 책은 '뿌리 같은 책'입니다.

책이 다루는 내용은 깊이와 넓이가 모두 중요한데, 하나만 고르라면 깊이가 더 중요합니다. 사건보다는 국면, 국면보다는 구조를 다루어야 미래에 적용할 수 있기 때문입니다. 이런 일이 언제 있었다, 저런 일이 어디에서 있었다 같은 사건은 미래에 적용할 수 없습니다. 반면 사건이 어떤 국면에서 일어났는지, 어떤 구조에서 일어났는지를 이해하면 앎의 수준도 깊어지고 다양하게 활용할 수 있게 됩니다. 또한 이런 독서는 미래에 대해 여러 가지 통찰과 아이디어도 제공합니다.

지금까지 금융시장 전문가가 되는 태도와 방법 그리고 방향에 대해 이야기해보았습니다. 한계에 대한 인정과 넘기 위한 노력으로 나누어볼 수도 있습니다. 마지막으로 한계를 넘는 정말 좋은 방법을 소개하고 마치겠습니다. 시장 전문가가 되는 최고의 방법은 바로 '토론'입니다. 토론의 과정을 통해 정보는 단순히 읽고 보는 이해의 과정이 아닌 말하고 듣는 표현의 과정이 됩니다. 모두가 개인의 한계를 인식하고, 자신이 분석한 내용을 토론을 통해 공유하며 집단 지성으로 가는 것입니다. 한 사람, 한 사람의 휴먼 라이브러리를 서로 활용해 건전하고 생산적인 논쟁은 부분의 합보다 훨씬 큰 전체를 만들어냅니다.

저희 사무실 벽면 유리창에는 다음의 글귀가 새겨져 있습니다.

우리는 약속합니다.

세상을 바꾼 것은 성을 쌓은 진나라가 아니라 길을 만든 로마라는 것을

믿고, 구성원 서로 간의 발전을 위해 개방적으로 재능을 공유할 것을…

고정관념에서 최초의 출발이 이뤄졌겠지만 거기서 멈추지 않을 것을…

비난이나 비판이 아니라 건전하고 생산적인 논쟁을 할 것을…

금융시장 고수의 길로 성큼 다가오신 것을 환영합니다.

부 록

---

1. 시장의 특효약
2. 사모님 은행 오신 날

만화가 김대진

김대진은 일본과 한국 양국 만화 공모전에서 대상을 차지하며 많은 스포트라이트를 받은 만화가입니다. 묵직하지만 지나쳐 버리는 이야기에 집중하며 환경, 지구 문제 등 소수자를 주인공으로 한 다양한 작품 활동을 전개하고 있습니다. 현재는 다음 웹툰부터 중국 차이나 모바일까지 연재하며 활동 범위를 넓혀가는 실력파로 주목받고 있습니다.

2010년 | 일본 국제만화 공모전 대상 / 2014년 | 대한민국 창작만화공모전 대상
2015년 | 다음 웹툰 〈장기대출〉 연재 / 2016년 | 차이나 모바일 연재/ 중국

아까부터 말도 없고 걱정있는 거 아냐?

응 요즘 장이 안 좋아서 큰일이네.

그렇게 장이 안 좋아?

응 요즘 계속 그러네.

대경아 그렇게 장이 안 좋으면..

그렇게 장이 안 좋으면...

불가리스 먹어.

직빵이야 직빵

씨 익

뭐?

불?

다음 날 아침 증권회사 PB센터 아침회의

뭐? 불가리스?

하 하 하 하

네 장이 안 좋으면 불가리스를 먹으래요.

대경아 객장 전광판에 불가리스 좀 쫙 뿌려라 그럼 장 좋아진다며

하 하 하

불가리스가 만병 통치약이구만.

하

어느 날 한 사모님이 수표를 입금하러 오셨다.

00 은행

입금증 쓰시고 수표 뒤에 이서 부탁드립니다.

무슨 이서를..

이거 제 남편이 발행한 거에요.

아 안녕 하세요.

그 사모님은 지점장님 와이프였다.

지금 지점장님 자리 안 계신데요. 그래도 해주셔야 합니다.

아니 남편이 발행한 건데 저 모르세요?

그렇더라도 수표는 기본적으로 이서해주셔야 처리가 됩니다.

음...알겠어요. 그럼 이리 주세요. 적어 드릴게요.

나중에 누구 것인지 알 수 있게 뒷면 보시면 적는 란에 이서를 해주시면 됩니다.

사모님은 드디어 이서를 하기 시작했다.

감사합니다. 입금 처리 도와드리겠 습니다.

네

자기앞수표
W100 00000

성명   여보 나야♥

생각하는 금융, 지적인 시장분석
금융, 배워야 산다

제1판 1쇄 인쇄 | 2017년 1월 20일
제1판 9쇄 발행 | 2021년 8월 27일

지은이 | 최일 · 박경화
펴낸이 | 유근석
펴낸곳 | 한국경제신문 한경BP
편집 | 이둘숙
교정교열 | 김순영
저작권 | 백상아
홍보 | 서은실 · 이여진 · 박도현
마케팅 | 배한일 · 김규형
디자인 | 지소영
본문디자인 | 최윤선

주소 | 서울특별시 중구 청파로 463
기획출판팀 | 02-3604-590, 584
영업마케팅팀 | 02-3604-595, 583   FAX | 02-3604-599
H | http://bp.hankyung.com   E | bp@hankyung.com
F | www.facebook.com/hankyungbp
등록 | 제 2-315(1967. 5. 15)

ISBN 978-89-475-4174-9   03320